NOTES HISTORIQUES

OU

ÉPHÉMÉRIDES

MONTALBANAISES

ET DU

TARN-ET-GARONNE,

PAR

Ém. FORESTIÉ Neveu,

Membre de la Société archéologique du département,

ANCIEN ARCHIVISTE HONORAIRE DE MONTAUBAN.

MONTAUBAN,
IMPRIMERIE FORESTIÉ, RUE DU VIEUX-PALAIS.

1882.

NOTES HISTORIQUES

ou

ÉPHÉMÉRIDES MONTALBANAISES.

NOTES HISTORIQUES

OU

ÉPHÉMÉRIDES

MONTALBANAISES

ET DU

TARN-ET-GARONNE,

PAR

Ém. FORESTIÉ Neveu,

Membre de la Société archéologique du département,

ANCIEN ARCHIVISTE HONORAIRE DE MONTAUBAN.

MONTAUBAN,
IMPRIMERIE FORESTIÉ, RUE DU VIEUX-PALAIS.

1882.

AU LECTEUR.

« Etudions avec soin l'histoire de notre pays, a dit M. Cousin ; appliquons-nous à le bien connaître : plus nous le connaîtrons, plus nous l'aimerons, et l'amour donne tout ; il donne la foi et l'espérance ; il tourne en joie les sacrifices ; il enseigne la constance et la modération ; il engendre l'union et prépare la force. »

Ces lignes de l'illustre écrivain expliquent, bien mieux que la plus longue préface, quel a été notre but lorsque nous avons commencé, dans le *Courrier de Tarn-et-Garonne*, la publication des **Éphémérides montalbanaises et du département de Tarn-et-Garonne.** Nous ne pouvions avoir l'intention de raconter, dans de longs articles, les grands événements de notre histoire locale.

C'est, pour ainsi dire, la menue monnaie de nos annales que nous voulions offrir à nos compatriotes.

Les généralités scientifiques et historiques ne sauraient se réaliser qu'à la suite d'études minutieuses, qui seront la gloire de notre siècle. Un rédacteur du *Journal officiel* écrivait naguère que « l'histoire du passé n'est pas tout entière dans les livres, et que pour le restituer il n'y a pas de monument si chétif qui doive être négligé : quelques balles de frondes, d'humbles figulines, des tessières gladiatoriales, des tuyaux de plomb portant des noms propres, des figures gravées sur des stèles, des amphores ou des miroirs, fournissent tous les jours, sur quelque côté de la vie antique, des renseignements précieux, qu'on demanderait vainement aux grands historiens moralistes. Il n'y a pas de petits faits dans la science, il n'y en a pas non plus dans l'histoire, et rien n'est à dédaigner de ce qui peut servir à compléter, à rectifier, à rendre plus fidèle, plus exacte et plus vivante l'image des temps disparus. »

Dans toutes les classes de la société, on souhaite aujourd'hui de connaître l'histoire locale ; c'est là une saine curiosité, surtout au moment où l'instruction se répand de plus en plus dans les masses, car la connaissance du passé devrait nous inspirer le courage d'éviter ses fautes et de suivre ses bons exemples.

PRÉFACE.

Ecrites pour un journal, les Éphémérides sont bientôt oubliées et perdues comme la feuille qui les a publiées, quoique leur utilité ne soit plus contestée. Aussi, pour répondre au désir de quelques lecteurs bienveillants, nous avons revu et complété ces *Éphémérides montalbanaises,* auxquelles nous avons ajouté deux tables, afin de faciliter les recherches.

Dans ces modestes chroniques, tirées à un très petit nombre d'exemplaires, la plupart de nos compatriotes auront le plaisir de retrouver leur nom et des souvenirs de famille.

Peut-être un jour reprendrons-nous ce genre de publication, lorsque les archives municipales, dont nous a séparé une politique exclusive, seront de nouveau accessibles aux travailleurs.

Montauban, 26 décembre 1881.

ÉPHÉMÉRIDES MONTALBANAISES

ET

DU DÉPARTEMENT DE TARN-ET-GARONNE.

Mois de Janvier.

1ᵉʳ janvier. — Presse périodique du département de Tarn-et-Garonne.

Pour remercier le *Courrier* de son hospitalité, nous rappellerons, dans notre première *Ephéméride*, la date de la création des Journaux et des Revues qui paraissent en ce moment dans le département, et dont la plupart ont commencé le 1ᵉʳ janvier.

Janvier 1840. — *Le Courrier*, journal quotidien, imprimé à Montauban.

Janvier 1844. — *Le Messager*, journal hebdomadaire, imprimé à Castelsarrasin.

Juillet 1869. — *Bulletin archéologique*, publication trimestrielle, imprimée à Montauban.

Janvier 1871. — *Le Républicain*, journal quotidien, imprimé à Montauban.

Juillet 1874. — *Revue théologique*, publiée tous les trois mois par des professeurs de la Faculté, et imprimée à Montauban.

Décembre 1875. — *L'Electeur*, journal quotidien, imprimé à Agen et publié à Montauban.

Janvier 1876. — *Le Bulletin catholique*, publication hebdomadaire, imprimée d'abord à Moissac et aujourd'hui à Montauban.

Septembre 1878. — *L'Impartial*, journal hebdomadaire, imprimé à Moissac.

Décembre 1878. — *Recueil agronomique*, publication mensuelle, imprimée à Montauban.

Janvier 1879. — *Journal d'Agriculture pratique*, publication mensuelle, imprimée à Montauban.

6 janvier 1826. — *Débordement du Tarn.*

Dans l'espace de 15 jours, le Tarn sortit deux fois de son lit, portant la désolation dans tous les pays qu'il arrose.

Le premier débordement eut lieu le 23 décembre 1825, occasionné par la fonte des neiges dans les montagnes où cette rivière prend sa source. Le pont de Gaillac, nouvellement construit, fut emporté ; dans le Tarn-et-Garonne, toutes les propriétés riveraines furent endommagées.

La ville de Montauban commençait à réparer ses désastres, lorsque la pluie tombée par torrents, le 5 janvier 1826, causa une inondation plus terrible encore. Toute la plaine fut couverte, et la campagne ressemblait à une vaste mer ; on n'apercevait plus que le faîte des maisons et la cîme des arbres.

Le 6 janvier, les eaux envahirent tout le faubourg Sapiac et une grande partie de celui de Villebourbon, et forcèrent les riverains à abandonner leurs maisons, dont la plupart restèrent longtemps inhabitables ou durent être reconstruites.

Le 7 janvier, dans la matinée, la rivière montait à 9 mètres 45 au-dessus de l'étiage, c'est-à-dire à 1 mètre seulement au-dessous de la ligne qui au pont de Sapiac rappelle le niveau atteint par le débordement du 18 novembre 1766, dont le triste souvenir est resté si vivant parmi nos populations.

Les malheurs causés par l'inondation de 1826 furent bien moins grands que ceux de 1766, et l'on n'eut pas de mort d'homme à déplorer, grâce aux précautions prises par les autorités.

Le *Journal de Tarn-et-Garonne* cite notamment : le général duc de Laforce, le préfet M. de Limairac, le maire M. Grenier et son adjoint M. Durat-Lassalle, M. l'ingénieur Legraverend, le commissaire de marine M. Bouyer, ainsi que tous les officiers de la garnison et de la gendarmerie, qui ne cessèrent de surveiller les points les plus menacés.

Le clergé montalbanais suivit l'exemple de son évêque, Mgr de Cheverus, qui parcourut plusieurs fois les quartiers inondés pour rechercher les malheureux privés d'asile et les conduire dans son palais, sans demander à quel culte ils appartenaient.

« On ne peut, sans attendrissement et sans admiration, dit le

Journal de Tarn-et-Garonne, du 14 janvier 1826, se rappeler qu'après avoir introduit dans son palais plusieurs centaines d'habitants privés de tout, notre digne Prélat les y a gardés, nourris, couchés, chauffés pendant plusieurs jours ; qu'il les a à peine quittés, employant une grande partie de son temps à les faire servir, à les consoler, à prier avec eux ; qu'enfin il n'a consenti à les laisser rentrer dans leurs demeures que lorsqu'ils ont pu y revenir sans danger, et que les secours leur ont été assurés. »

Les dons de toute nature recueillis à domicile par des comités et les fonds accordés par la ville et le gouvernement permirent de réparer ou du moins d'atténuer en partie les pertes causées par ce débordement.

Depuis lors, le Tarn n'a atteint que 8 mètres 32 le 19 octobre 1872, et 7 mètres 85 le 14 septembre 1875 Il est probable que la construction des quais et les travaux de défense faits aux abords de la ville nous ont mis pour toujours à l'abri de désastres pareils.

L'inondation de 1826, comme celle de 1766, eut ses poètes, qui nous ont transmis, dans leurs vers, le souvenir de ces malheurs, en même temps que la reconnaissance des populations pour les citoyens qui montrèrent tant de dévouement.

7 janvier 1269. — Donation à l'hôpital Saint-Etienne du Tescou.

Arnaud de Lavelanet et Guillalme, sa mère, donnent aux pauvres de l'hôpital Saint-Etienne, situé au-delà du Tescou, tous leurs biens, sans aucune réserve, sous la condition qu'ils seront économes dudit hôpital, et que dans le cas où ledit Arnaud viendrait à se marier, ses enfants mâles seraient aussi administrateurs de cet établissement, et que chacune de ses filles recevrait 100 sols caorsens.

Les revenus des biens ainsi donnés ne devront pas être confondus avec ceux des autres propriétés que possède l'hôpital du Tescou. Les donnateurs se réservent encore de pouvoir disposer, à leur volonté et par testament, de 50 sols caorsens à prendre sur leur hérédité.

Déjà en 1260 Arnaud Laurabit et sa mère avaient donné une partie de leurs biens à cet hôpital, le plus ancien de Montauban, et dont la date de fondation est inconnue. Pendant les guerres de religion, cet établissement fut complètement ruiné ; il était situé près de l'église Saint-Etienne, bâtie sur les bords du Tescou, et dont il reste à peine quelques fondements.

12 janvier 1665. — Mort de Pierre Fermat.

Pierre Fermat est un des plus illustres enfants du Tarn-et-Garonne : il était à la hauteur des Descartes, des Pascal, des Newton et des Leibnitz, dont il a préparé les travaux ou facilité les découvertes, et dont il partage la gloire. Pascal lui écrivait : « Vous êtes le premier géomètre de l'Europe ; vos enfants portent le nom du premier homme du monde ! » Les mathématiciens s'accordent pour signaler comme les principaux titres de Fermat à leur admiration : sa découverte du calcul infinitésimal ou différentiel, à laquelle il serait parvenu par la géométrie, tandis que Leibnitz l'aurait trouvée par les nombres arithmétiques, et Newton par la mécanique ; — sa théorie du calcul des probabilités, dont il établit les premiers éléments, en cela l'heureux rival de Pascal ; — la création de la géométrie analytique, dont il partage l'honneur avec Descartes ; — enfin, ses travaux sur la théorie des nombres, où il est resté maître encore, et à ce point que dans cette branche, assure-t-on, il en savait plus il y a deux siècles qu'on n'en sait de nos jours.

Fermat, un des conseillers les plus autorisés du parlement de Toulouse, avait de son vivant la réputation d'un juriste consommé. Egalement apprécié pour ses goûts littéraires, il possédait les langues anciennes de manière à interpréter les passages les plus difficiles et jusqu'à lui intraduisibles de Diophante, d'Euclyde et d'Apollonius de Perge. La plupart de ses démonstrations et de ses traités sont écrits en latin. Il composait dans cette langue des vers dignes, dit-on, de Virgile et d'Horace. Il écrivait aussi avec une grande facilité quelques langues modernes, l'Italien, l'Espagnol, et correspondait dans ces langues. Avec tous ces mérites sa modestie était si grande, qu'il ne consentit jamais à publier aucun de ses écrits sous son nom ; la publicité que reçurent ses travaux fut due presque toujours à l'indiscrétion de ses amis, qui se les communiquaient avec avidité.

M. L. Taupiac a publié dans la *Biographie de Tarn-et-Garonne*, sur Fermat, des détails biographiques pleins d'intérêt, et qui feraient aimer l'homme autant qu'on admire le savant. Il résulte des précieux documents qu'il a découverts, que l'illustre géomètre naquit à Beaumont et y fut baptisé le 20 août 1601 ; qu'il passa sa jeunesse et fit ses premières études dans cette ville ; qu'il entra au parlement en mai 1631, et se maria à la même époque avec Louise de Long, fille de Clément de Long, conseiller vétéran dans la même compagnie ; qu'il continua d'entretenir les relations les plus suivies avec ses concitoyens Beaumontois ; qu'il fit baptiser à Beaumont deux de ses enfants ; qu'enfin il mourut à Castres, où il faisait partie de la chambre de l'Edit, et que, peu de temps après, ses restes mortels durent être exhumés de cette ville et transportés dans l'église des Augustins, à Toulouse, où ils étaient encore en 1789.

La ville de Beaumont montre avec fierté la maison où naquit Fermat : quand pourra-t-elle honorer sa mémoire en lui érigeant la statue promise et due à son génie, à sa modestie et à l'affection dont il a donné de si touchantes preuves pour son pays natal ?

14 janvier 1867. — *Mort de J.-D. Ingres.*

Ce n'est pas dans quelques lignes d'une éphéméride qu'il convient de retracer la vie de l'illustre peintre, mais on ne peut laisser passer l'anniversaire du 14 janvier sans rappeler qu'à pareil jour les arts firent une perte irréparable.

« Nous ne voulons aujourd'hui, disait le *Moniteur universel*, que constater la douleur où cette mort plonge les amis et les admirateurs du grand artiste, et l'émotion qu'elle causera en France, dont il était une des gloires les plus pures. »

Dès la réception de la dépêche annonçant cette fatale nouvelle, M. Prax-Paris, maire de Montauban, convoqua le conseil municipal, qui désigna immédiatement son premier magistrat et quatre conseillers pour représenter notre cité aux funérailles de l'ancien directeur de l'école de France à Rome.

Montauban se montra reconnaissant pour le bienfaiteur de son musée ; et le 25 mai 1871 l'élite de notre population se trouvait déjà réunie sur la promenade des Carmes pour assister à l'inauguration du monument élevé par souscription à la mémoire d'Ingres, lorsque le télégraphe nous annonça que les incendiaires de la

Commune avaient brûlé les Tuileries et plusieurs monuments de la capitale. Dès lors, toute inauguration solennelle était impossible, et la commission dut se borner à la réception officielle de l'œuvre d'Etex.

15 janvier 1761. — Naissance du général Portal.

Né à Montauban, le 15 janvier 1761, Pierre Portal entra au service le 5 mai 1792 dans le 1er bataillon des volontaires du Lot, qu'il alla rejoindre à l'armée du Nord. Il était passé depuis peu de temps à l'armée de Mayence lorsque le 30 août 1792 une balle l'atteignit au côté gauche ; le 31 décembre suivant, un éclat d'obus le frappait à la cuisse droite. Sous-lieutenant au 7e d'infanterie le 12 janvier 1793, lieutenant des canonniers du même corps le 11 mai, capitaine le 11 juin, il fit campagne à l'armée des Pyrénées-Orientales. Le 17 juillet 1793 il eut le bras droit brûlé et cinq doigts estropiés par suite de l'explosion d'un magasin à poudre auquel l'ennemi avait mis le feu pendant la bataille de Mas-Deu : le 21 décembre il recevait un nouveau coup de sabre au bras gauche à la retraite de Lachapelle-Saint-Luc.

Aide de camp du général Pérignon le 5 frimaire an II, il se distingua le 2 floréal à l'attaque de la redoute de Montesquiou : monté un des premiers à l'assaut, il tourna les pièces de canon contre une colonne ennemie, qu'il força à la retraite, et fut nommé, en récompense, adjudant chef de bataillon provisoire le 7 messidor an II. A la prise de Figuières, 5 frimaire an III, un coup de feu l'atteignit à l'épaule droite, et il eut son cheval tué sous lui.

Réformé par suite de ses nombreuses blessures le 25 prairial an III, avec le traitement du grade d'adjudant général chef de brigade le 1er messidor an VIII, Portal resta cependant employé dans la 20me division militaire par les généraux Pierre et Chalbos, et passa ensuite dans la 10e jusqu'au moment où ses blessures s'étant rouvertes, il se vit forcé de prendre du repos.

Nommé, le 3 août 1812, au commandement de la 5e cohorte du 1er bataillon, il exerça ces fonctions jusqu'à l'incorporation de ce corps au 152e de ligne. Commandant du département de la Mayenne en 1813, du dépôt des Espagnols en 1814, et chevalier de la Légion d'honneur le 14 février 1815, il prit définitivement sa retraite le 18 octobre. Mais en récompense de ses anciens services, une ordonnance royale du 6 décembre 1820 l'éleva au grade honorifique de maréchal de camp.

Pierre Portal mourut le 13 janvier 1855, à l'âge de 95 ans, dans sa ville natale.

17 janvier 1776. — La dame Delisle, directrice d'une troupe de comédie et d'opéra bouffe à Montauban. — Le général Saint-Géniès.

M. de La Mothe, maire de Montauban, informe M. le maréchal de Richelieu, gouverneur de la province, que le sieur Bonnet, musicien, a loué, au prix de 150 livres, la salle de spectacle pour y donner des bals pendant le carnaval, jusqu'à ce qu'il se présente une troupe de comédiens. Déjà un grand nombre de personnes ont souscrit un abonnement pour ces divertissements.

Cependant la dame Delisle obtint, le 24 janvier, du duc de Richelieu, le privilége de donner des bals sur le théâtre et de jouer la comédie, l'opéra bouffe, etc., avec sa troupe. De là, entre les autorités supérieures et l'administration de la ville un conflit, qui fut heureusement terminé par le remboursement des 150 livres au sieur Bonnet. La dame Falcon Delisle était encore à Montauban en 1783.

Le 25 décembre 1776 naquit dans la ville de Montauban : « Jean-Marie Noël, fils du sieur Jean-Jacques Delisle de Falcon, et de dame Géraude Pazini, son épouse, domiciliés de la paroisse Saint-Jacques. » Par décret impérial du 11 avril 1810, « Jean-Marie Delisle de Falcon, colonel du 19e dragons, officier de la Légion d'honneur, baron de l'Empire fut autorisé à ajouter à son nom celui de Saint-Géniès, qu'il portait depuis son enfance et sous lequel lui avaient été conférés ses divers grades et distinctions. » Nommé lieutenant général le 31 décembre 1835, le vicomte de Saint-Géniès mourut à Vernon le 26 janvier 1836. — Voir la *Biographie de Tarn-et-Garonne.*

20 janvier 1361. — Prise de possession de Montauban au nom du roi d'Angleterre.

En janvier 1303, Philippe-le-Bel autorisa les consuls de Montauban à bâtir sur le Tarn un pont en briques et en pierres, à condition qu'il serait défendu par trois tours bonnes et fortes, appartenant au roi. En même temps il leur concéda à perpétuité la moitié du ramier de Tulmont; enfin, par ses lettres patentes, signées de Toulouse la même année et le même mois, il déclara les Montalbanais immédiatement réunis à la couronne de France, et voulut que leur ville ne pût jamais en être séparé. Les coutumes accordées aux Montalbanais en 1144 portaient également cette clause capitale.

Cependant, par le funeste traité de Brétigny (8 mai 1360). Montauban fut cédé à l'Angleterre avec la sénéchaussée du Quercy, et notre malheureuse cité était forcée, sur l'injonction du roi Jean-le-Bon, d'ouvrir ses portes aux Anglais, déjà maîtres de l'Aquitaine.

Jean Chandos, lieutenant du roi Edouard, comprit en entrant à Montauban, le 20 janvier 1361, que la population ne cédait qu'à la force : aussi s'empressa-t-il, non-seulement de confirmer tous les priviléges accordés précédemment par les rois de France et les comtes de Toulouse, mais encore de faire de nouvelles concessions, notamment le droit dit *souquet*, qui était d'un seizième prélevé sur tout le vin vendu dans les tavernes.

Peu de temps après, le Prince Noir, à qui le duché d'Aquitaine avait été cédé le 29 juillet 1362 par son père, fit commencer à Montauban la reconstruction du château des comtes de Toulouse ; mais la salle portant son nom, et qui est transformée en musée lapidaire, était seule terminée lorsque, dans les premiers jours de juin 1369, nos aïeux chassèrent pour toujours la garnison anglaise, composée d'environ 200 lances, c'est-à-dire 600 cavaliers et 400 fantassins. Puis ils reconnurent Charles V pour leur souverain seigneur, mais sans permettre à ses troupes d'entrer à Montauban et en continuant à s'administrer au nom du roi d'Angleterre. Un traité conclu le 22 août 1369 affranchit définitivement notre ville de la suzeraineté des Anglais et la fit passer définitivement sous l'obéissance du roi de France.

Devenu régent du royaume, le prince Charles accorda remise et pardon aux consuls de Montauban pour le cas d'avoir billonné la monnaie, en considération de ce qu'ils avaient toujours été bons, et loyaux envers, le roi, son père et envers lui, et parce qu'ils n'étaient ni atteints ni convaincus d'aucun autre blâme ou reproche. Dans ces lettres patentes, données à Montauban en janvier 1420, et conservées dans nos archives municipales, le prince Charles prend le titre de régent du royaume, dauphin du Viennois, duc de Berry et de Touraine, comte de Poitou, etc.

Enfin, 50 ans plus tard, Charles, fils et frère de rois de France, duc de Guyenne, comte de Saintonge et duc de la Rochelle, considérant la fidélité, l'affection et les services rendus aux rois et à lui par les consuls et habitants de Montauban, confirma, le 18 janvier 1470, les priviléges concédés par les rois de France, les ducs de Guyenne et les comtes de Toulouse.

28 janvier 1672. — Mort du chancelier Seguier. — Origine de sa famille.

Pierre Seguier, mort le 28 janvier 1672 à Paris, où il était né en 1588, a joué un trop grand rôle pendant les ministères de Richelieu et Mazarin, comme homme politique et surtout comme chef de la justice, pour que nous ayons à le faire connaître à nos lecteurs. Notre but est plus modeste : il s'agit de rappeler que la famille du grand chancelier était originaire de Montauban.

Dans la dédicace de son *Recueil général des Edicts*, publié en 1638, Samuel Descorbiac, conseiller du roi au parlement de Toulouse, s'adresse en ces termes au chancelier Seguier, en lui offrant son livre (1) :

«...Outre les raisons générales de vous dédier mon ouvrage, j'en ai, Monseigneur, une particulière que je tirerai de ma personne et du lieu de ma naissance : c'est que Montauban a l'honneur d'avoir vu naître vos prédécesseurs, et d'avoir dépendu de la sage conduite d'aucun d'eux, qui ont possédé les plus belles charges de la province, comme celle de sénéchal et de gouverneur, et qu'il ne peut taire l'avantage qu'il a de montrer encore aujourd'hui, dans l'enceinte de ses murailles, l'ancienne maison de Seguier, qu'il regarde comme

(1) *Recueil général des Edicts, Déclarations, Arrests et Reglements notables*, entre les baillifs, seneschaux, magistrats présidiaux, viguiers, chastelains et juges royaux et autres officiers inférieurs du Parlement de Tolose; par M. Maistre Samuel Descorbiac, conseiller de Roy en la cour de Parlement de Tolose et Chambre de l'Edict de Castres. — *Paris, Robert Foüet*, 1638, in-fol. — Ce Recueil forme le tome second de la *Bibliothèque Toulousaine*.

le vieux temple de son génie, de son ange tutélaire et du père commun de la Patrie. »

La famille Seguier était divisée en plusieurs branches, dont une habitait Montauban, une autre à Toulouse enfin la plus célèbre qui se fixa à Paris : mais nous croyons qu'elles étaient toutes sorties de notre ville. Dans la liste de nos consuls, dont la publication serait intéressante et que nous espérons commencer prochainement, on trouve : Ramond Seguier en 1377, Barthélemy Seguier en 1387 et Guichard Seguier en 1419. — Jean Seguier était en 1458 seigneur de La Gravière, dans la juridiction de Montauban.

Le 20 mars 1518 « Monsieur de Seguier, conseiller du roi en la cour du parlement de Toulouse, vint à Montauban, et les consuls lui firent la révérence en lui offrant, au nom de la ville, deux torches de cire de deux livres chacune, qui avaient coûté 16 sous 6 deniers, et 2 livres de dragées de 7 sous 8 deniers la livre. »

La même année, Jean Seguier, docteur, assistait au sacre de Mgr Des Prez, évêque de Montauban, et était inscrit parmi les notables qui recevaient tous les ans, le jour de Noël, deux paires de chapons, comme conseillers de la ville.

François de Seguier, chevalier, seigneur de La Gravière, Villaudric et La Mothe-Majeuse, fut nommé sénéchal du Quercy en 1559. Il était bourgeois et sans doute natif de Montauban.

Noble Pierre de Seguier, seigneur de La Gravière, fils ou frère du précédent, fit reconnaissance, le 16 mai 1588, des biens qu'il possédait audit lieu de La Gravière et au Fau, et qui étaient inscrits sur le cadastre de Montauban, section du Fossat.

Dans des lettres patentes datées de janvier 1571, Charles IX rappelle qu'en haine de ce que François de Seguier, par ordre du roi, a fait démolir les fortifications de Montauban et enlever l'artillerie, les habitants ont pillé et ruiné sa maison de La Gravière, brûlé ses titres, etc. En considération de ces pertes et des bons services qu'il a rendus dès longtemps, le roi l'autorise à reconstruire sa maison, à la fortifier avec pont-levis, canonnières, tours, fossés, etc.

La famille Seguier, ayant eu à souffrir de nouveau pendant les troubles qui agitèrent nos contrées à la fin du XVIe siècle, vendit ses propriétés en 1599, à Raymond Tresrieux, marchand de notre ville, lequel les céda plus tard à la famille France.

Mois de Février.

1er février 1790. — Elections municipales de Montauban.

Conformément au décret du 14 décembre 1789, relatif à la formation des nouvelles municipalités, les consuls de Montauban prirent un arrêté qui divisait la ville en 7 quartiers ou sections, et qui convoquait pour le 1er février tous les citoyens actifs, à l'effet d'élire le maire, les officiers municipaux, les notables devant composer le conseil de la cité, enfin le procureur et son substitut.

Pour être citoyen actif, on devait payer une contribution directe de la valeur locale de trois journées de travail ; ladite journée étant évaluée à 20 sols, c'était donc à 3 livres d'impôt réel ou personnel que la loi fixait le minimum pour être électeur. Les éligibles devaient être inscrits au rôle pour une contribution de 10 livres au moins.

On ne pouvait voter qu'avec des bulletins écrits à la main.

D'après le dernier recensement, la population Montalbanaise dépassant 25 mille âmes et n'en ayant pas 28 mille, le nombre de ses officiers municipaux était de 15, y compris le maire, dont l'élection devait être faite tout d'abord.

Les électeurs, divisés en 7 sections, se réunirent le 1er février et jours suivants dans les églises des Carmes, des Cordeliers, du Collége, des Jacobins, des Augustins, de Saint-Orens et de Saint-Jean.

Pendant toute la durée des élections, des détachements du régiment de Pologne infanterie étaient placés à la porte des lieux de réunion, ainsi qu'à l'hôtel-de-ville, et des patrouilles surveillaient la tranquillité publique, conjointement avec la maréchaussée et la garde nationale.

Le recensement des votes pour la nomination du maire eut lieu le 3 février ; sur 1.200 électeurs, 574 suffrages furent donnés à M. Godaille d'Ayrac, marquis de Cieurac, et 521 à M. Séguy, de Castelnau, avocat du roi ; le 4 février, M. de Cieurac réunit 675 voix sur 1158 votants et fut proclamé maire.

L'élection des officiers municipaux ne fut proclamée que le 22 février. — A cette date nous ferons connaître la composition de la nouvelle municipalité.

3 février 1790. — Incendie du château de Camparnaud.
Dans la soirée du 3 février on apprit, à Moissac, d'une manière positive, qu'une grande fermentation régnait dans la vallée de Lemboulas ; que les paysans s'étaient réunis sur plusieurs points, et qu'ils avaient arrêté d'attaquer le lendemain le château de Camparnaud. Aussitôt qu'ils furent prévenus de ces faits, les consuls convoquèrent la garde bourgeoise, et déterminèrent un certain nombre de citoyens à se réunir à une compagnie du régiment du Languedoc, alors en garnison à Moissac, pour marcher contre l'insurrection.

Une grande partie de la nuit ayant été employée à faire les préparatifs indispensables dans ces circonstances, cette troupe n'arriva à Camparnaud que le lendemain dans la matinée. Le château était pillé depuis quelques heures, et déjà livré aux flammes. Une vive fusillade fut dirigée contre les insurgés, qui répondirent faiblement et prirent bientôt après la fuite, laissant sur le lieu du combat quelques morts et plusieurs blessés. Ceux-ci furent alors recueillis et confiés à la garde de la milice, qui forma le cercle pour qu'ils ne pussent pas s'échapper.

Tout à coup une détonation se fait entendre, et un homme tombe frappé d'une balle. Le détachement croit d'abord à un assassinat ; il cherche le coupable et crie vengeance, mais le commandant arrive, prend des informations, acquiert la certitude que ce soldat était appuyé sur son fusil au moment où il a été frappé: il trouve son arme déchargée et le bassinet ouvert, et fait comprendre à la garde bourgeoise que M. Fieuzal, fils second, a péri victime de sa propre imprudence.

Cet accident imprévu répandit la consternation dans la troupe Moissagaise, qui acheva cependant de disperser les paysans insurgés et ne se remit en marche pour rentrer à Moissac que dans la soirée. A une petite distance de la ville elle fut avertie qu'elle allait être attaquée par les paysans réunis de plusieurs sections rurales, et le son des cloches des églises du vallon de Laujol confirma cet avertissement. Elle fit halte au pont du Bartac, et, convaincue qu'elle entendait le tocsin, envoya des éclaireurs dans plusieurs directions. C'était une fausse alerte ; les paysans de la communauté n'avaient fait aucun mouvement, et l'on ne sonnait les cloches, ce soir-là, dans la campagne, que pour annoncer aux fidèles que l'église célébrait le lendemain la fête de sainte Agathe.

La répression sévère des paysans de Camparnaud fit avorter les autres projets de révolte (1).

Un corps de volontaires Montalbanais, commandés par M. de Chaunac, se rendit aussi à Camparnaud et sur plusieurs autres points menacés. Sa présence sauva de la destruction quelques châteaux mais plusieurs furent pillés et brûlés, notamment les châteaux de Cieurac, de Paulhac, de Montpezat, de Louhéjac, du Colombier (à M. de Lesseps) et de Monteils; celui de Lastours (à M. de Cazalès) fut sauvé par la garde nationale de Réalville, qui cependant ne put pas empêcher la dévastation de l'abbaye Saint-Marcel : la garde nationale de Mirabel sauva l'abbaye de La Garde-Dieu, mais elle n'arrêta pas le pillage du château d'Auty.

Dans la séance du 18 février, l'Assemblée nationale vota des remerciments aux volontaires qui avaient concouru à la répression des troubles dans la province du Quercy.

6 février 1540. — Navigation du Lot.

Pierre Du Faur, seigneur de Pibrac, 4ᵉ président du parlement de Toulouse, commissaire, fait son rapport au nom du syndic de Montauban, opposant, contre le syndic de Cahors et des trois Etats du Quercy, qui voulaient rendre la rivière du Lot navigable et y faire contribuer Montauban, quoique cette entreprise fût impossible et d'ailleurs contraire aux intérêts de notre ville.

9 février 1547. — Foires de Montauban.

Charles V, en reconnaissance de la fidélité des Montalbanais et de leur zèle pour les intérêts de la couronne, avait concédé, en février 1369, une foire qui fut fixée au 25 juillet, jour de la fête de saint Jacques, patron de leur paroisse, et dont la durée était de trois jours. Pendant la tenue de cette foire, les marchands et autres personnes, de quelque qualité et condition qu'elles fussent, pouvaient porter et vendre toutes marchandises licites.

(1) LAGRÈZE-FOSSAT, *Histoire de Moissac pendant la Révolution.*

Par nouvelles lettres patentes, signées à Fontainebleau en décembre 1547, Henri II créa, érigea et établit à Montauban trois foires : la 1re le 19 mars, fête de saint Joseph, la 2e le 25 juillet, fête de saint Jacques, et la 3e le 13 octobre, fête de saint Géraud ; ces foires devaient jouir des mêmes priviléges que les autres foires et marchés du royaume, pourvu qu'à 4 lieues à la ronde il n'y eût, lesdits jours, aucune autre foire. Ces lettres furent enregistrées au sénéchal de Montauban le 9 février 1547.

Nous donnerons, au mois de mai, l'analyse de l'arrêt qui modifia les jours et la durée des foires de Montauban.

11 février 1792. — Fermeture de la Cathédrale.

En vertu de l'arrêté du 5 février 1792, le culte est interdit dans la cathédrale de Montauban, et cette église est fermée le 11 du même mois.

13 février 1791. — Prestation de serment par les prêtres.

Les autorités de Montauban, précédées de 50 hommes du régiment de Touraine et d'autant de gardes nationaux, se sont rendues dans les églises de la ville pour recevoir le serment civique des curés et vicaires, qui ont tous refusé de le prêter, excepté un seul, M l'abbé Saint-Sardos, vicaire à Sapiac, qui plus tard s'est rétracté.

16 février 1794. — Arrêté supprimant les marques extérieures du culte.

Le 28 pluviôse an II (16 février 1794), le comité de surveillance de la commune de Montauban, présidé par le citoyen Salvetat, prit un arrêté dont voici l'analyse :

« Considérant qu'il existe encore dans plusieurs endroits et sur plusieurs édifices des marques extérieures du culte... qui rappellent des idées de superstition et de fanatisme d'une telle *ostensibilité*, qu'ils irritent les regards du peuple...;

Considérant que le temple même de la Raison (la Cathédrale), est couvert des types de l'erreur et du mensonge... qu'il est souillé par la représentation de ces personnages trompeurs ou trompés qui ont répandu les prestiges de l'illusion sur une partie du globe...;

Considérant que la République a un grand besoin de ces métaux mortifères qui, secondant la valeur de nos frères d'armes, portent l'épouvante parmi les satellites des tyrans...,

Arrête que l'administration du district et le conseil général de la commune sont instamment invités à faire enlever tous les signes extérieurs du culte, tous les signes royaux et féodaux, principalement les croix en fer, et à employer ces monuments de la superstition et de la tyrannie à la fabrication d'armes, à transformer les statues intérieures et extérieures du temple de la Raison en statues relatives au règne de la liberté et de l'égalité; enfin, à faire transporter toutes les cloches, excepté celles des horloges, à la fonderie de canons. »

Heureusement cet arrêté du comité de surveillance ne fut exécuté qu'en partie par la municipalité, et les statues de la cathédrale ne furent pas mutilées.

20 février 1369. — Impôt sur les vins et les grains.

Charles V octroie aux Montalbanais le droit de percevoir, pendant 20 ans, un impôt sur les vins, les grains et les marchandises qui viendront à Montauban ou qui y passeront. Le produit de cet impôt sera employé aux fortifications ou aux réparations de la ville.

22 février 1790. — Installation de la municipalité de Montauban.

Nous avons dit que le 4 février M. de Cieurac avait été élu maire et que la nomination des officiers municipaux, du procureur de la commune, de son substitut et des notables n'avait été terminée que le 20 du même mois, parce que dans chaque section on avait dû procéder à plusieurs tours de scrutin.

Le 22 février, MM. Belvèze, avocat au parlement, Delpech, procureur au présidial, et Godoffre, négociant, consuls de Montauban, convoquèrent dans l'église Saint-Jacques les présidents des sections électorales, et en leur présence proclamèrent le résultat des élections.

Les nouveaux magistrats jurèrent ensuite par serment de maintenir la Constitution et d'être fidèles à la Nation, à la Loi et au Roi ; puis, les anciens consuls quittèrent leur chaperon, en revêtirent leurs successeurs, et les félicitèrent, par l'organe de M. Belvèze, sur le bon choix fait par la population Montalbanaise.

M. de Cieurac, maire, et M. Lade, procureur, remercièrent M. Belvèze et ses collègues de leurs sympathiques paroles, et en même temps exprimèrent leur reconnaissance pour les témoignages de confiance qui leur avaient été donnés par leurs concitoyens.

Après ces discours, la séance fut levée, et le maire, les officiers municipaux, le procureur de la commune et son substitut se rendirent, escortés par la compagnie du guet, à la maison commune, où les anciens et les nouveaux magistrats signèrent le procès-verbal d'installation de la nouvelle municipalité, qui se trouva ainsi constituée :

Maire, M. De Godaille d'Ayrac, marquis de Cieurac. *Officiers municipaux* : MM. Caminel, lieutenant criminel en la sénéchaussée; comte de Gironde ; Valet de Reganhac, trésorier de France ; Bernard Disses, procureur au présidial ; Pierre Portal aîné, négociant; l'abbé Domingon, prévôt du chapitre ; Bernard-Armand Teulières, avocat au parlement ; Dominique Mialaret, avocat au parlement ; Etienne Vialètes d'Aignan, négociant ; Nicolas Arnac fils, négociant ; Blazy de Bernoy, écuyer ; Satur, conseiller à la cour des aides; Lagarrigue, avocat au parlement; Antoine Vignals, bourgeois.

Procureur de la commune, M. Lade, trésorier de France; *Substitut*, M. Séguy de Castelnau ; *Secrétaire-greffier*, M. Martin jeune.

Notables : MM. D'Escorbiac-Dursaud ; de Molières, lieutenant de vaisseau ; Locrate, procureur ; Château, id. ; Couderc, entrepreneur ; de Lavaur, curé ; le baron du Puy-Monbrun ; Lagravère, négociant ; Garrisson oncle, id. ; Darassus de la Terrasse, trésorier de France ; Martin, notaire ; B. Jullia, scelleur à la cour des aides ; le vicomte de Chaunac ; Rigail-Garrisson ; Romagnac, négociant ; de Verdier de Port de Guy, chanoine ; Godoffre, négociant ; Louis Hinard, marchand tapissier; Furbeyre, bourgeois ; Méric Nègre, laboureur ; Ruelle-Calvet, id. ; de Timbal, conseiller ; Frézières, fleuriste ; l'abbé Lombard, principal du collége ; l'abbé Maraval, professeur de philosophie ; Dubois-Rochin ; Prat du Miral, conseiller ; Moles, tanneur ; Coffinhal, négociant ; de Savignac, président à la cour des aides.

Nous avons cru intéressant de publier les noms des premiers magistrats municipaux qui furent appelés, par les suffrages de leurs concitoyens, à administrer la cité Montalbanaise.

Mois de Mars.

1er mars 1606. — *Mort de Sorbin, évêque de Nevers.*

Né à Montech en Gascogne, le 14 juillet 1532, Arnaud Sorbin, élevé par la charité, d'après la tradition, commença ses études dans les écoles de Montauban et les termina à Toulouse, où il reçut le bonnet de docteur en théologie. Il était curé de Sainte-Foy lorsque l'archevêque d'Auch l'appela dans son église avec le titre de théologal. Son talent de prédicateur attira l'attention du cardinal d'Armagnac, qui le décida à accepter une place dans le chapitre de Toulouse.

Dans les chaires de Narbonne, de Marseille, de Lyon et de Paris, Sorbin obtint de grands succès, et ses contemporains assurent qu'il passait pour l'orateur le plus abondant et le plus fleuri de son temps ; il se montra des plus ardents dans les nombreux écrits de polémique qu'il publia de 1568 à 1578. Ses oraisons funèbres furent aussi très-appréciées à la Cour, et il leur dut probablement le titre de prédicateur du roi, qu'il obtint de Charles IX et que Henri III lui confirma.

Nommé à l'évêché de Nevers en 1578, et sacré le 22 juillet, notre compatriote se consacra tout entier à son diocèse, qu'il administra pendant 28 ans. Il mourut à l'âge de 74 ans, emportant les regrets de tout son clergé.

« Arnaud Sorbin, dit M. Emile Vaïsse (1), fut l'homme de son temps. Né dans le Midi, doué d'une puissante imagination, jeté dès sa jeunesse dans la mêlée des partis religieux, cet homme subit tous les entraînements de son siècle... Les opinions ambiantes font les caractères, et, à notre insu, nous dépendons plus de notre temps que de nous-mêmes. Placez Sorbin sous le règne de Louis XIV, à l'âge de l'harmonie sociale, et vous auriez peut-être un Fléchier ou un Bourdaloue. Vivant au milieu des luttes de la plume et de l'épée, il fut un redoutable et téméraire polémiste. Jugeons-le au point de vue de son siècle, au point de vue des combats qu'il a soutenus, des passions qu'il a partagées. »

(1) *Etude sur Arnaud Sorbin de Sainte-Foy*, par M. Emile Vaïsse. Ce travail, qui est très-complet, a été écrit par notre compatriote pour la *Biographie de Tarn-et-Garonne*, et sera publié dans le tome II, en préparation.

Sorbin a publié une trentaine d'écrits, dont la plupart ne sont aujourd'hui connus que des bibliophiles, qui les paient à des prix très-élevés, notamment son *Histoire de Charles IX* et l'*Oraison funèbre* de ce roi. Cependant on apprécie avec raison l'*Histoire des Albigeois et des gestes de noble Simon de Monfort*, « descripte par F. Pierre des Valées Sernay, moine de l'ordre des Cisteaux, rendue de latin en françois par M. Arnaud Sorbin, P. de Montech, docteur en théologie et prédicateur du Roy. — Tolose, Colomiès, impr. 1569. » — Cette traduction a été réimprimée plusieurs fois à Paris.

L'éminent prédicateur ajoutait souvent à son nom celui de *Sainte-Foy*, la première paroisse qu'il avait desservie, et aussi celui de *Montech*, qui rappellait le lieu de sa naissance. Du reste, en cela il suivait l'usage généralement adopté à cette époque.

L'évêque Sorbin fut inhumé dans la cathédrale de Nevers, et son portrait est conservé dans le salon de l'évêché de sa métropole. Il a été gravé par Thomas de-Leu en 1594.

2 mars 1700. — Police de la voirie à Montauban.

Le conseil général de la ville décide de supplier le roi de ne pas priver les magistrats consulaires du droit de police de la voirie, pour l'attribuer aux lieutenants de police, procureurs et greffiers créés par l'édit d'octobre 1699, contrairement à tous les priviléges concédés à Montauban par les comtes de Toulouse et les rois de France.

Justement jaloux de leurs prérogatives, nos magistrats offrent 30 mille livres pour racheter ces nouvelles charges et en garder l'exercice. Le paiement des intérêts et le remboursement de cette somme si considérable seront faits au moyen des amendes infligées pour les délits de voirie : le maire et les consuls jouiront de tous les droits et priviléges que l'édit de 1699 accorde aux nouveaux officiers.

Le 17 mai 1700, le maire annonça au conseil que le roi consentait à laisser à la ville le droit de police sur la voirie, moyennant 40 mille livres, plus les deux sols par livre. Un quart des amendes est accordé à la communauté, qui déjà en reçoit deux quarts, et autorisation est donnée d'emprunter 44 mille livres pour ce privilége.

4 mars 1799. — Destitution des officiers municipaux de Montauban.

Le 14 ventôse an VII, le commissaire du pouvoir exécutif dans le département du Lot, donna lecture au conseil d'un arrêté du directoire exécutif, pris à Paris le 3 ventôse, d'après lequel les administrateurs de la commune de Montauban, ayant manifesté des principes anarchiques, tendant à la désorganisation du gouvernement, étaient destitués et remplacés par les citoyens Mariette-Auriol, négociant; Bagel cadet, négociant; Caldagués aîné, négociant; Séguéla oncle et Maillot, ex-officiers municipaux.

6 mars 1724. — Prix du pain, de la viande et du poisson.

Les consuls de Montauban étaient chargés de fixer, en conseil de police, le prix de la plupart des denrées. D'après leur arrêté du 6 mars 1724, la livre du petit pain dit de miche était payée 1 sou 9 deniers; le pain second, 1 s. 6 d.; le pain de dernière qualité, 1 s. 4 d.

Pour la viande, le prix de la livre était : veau et mouton, sans surpoids, 14 s. la livre; la même viande, avec surpoids du huitième, 13 s.; le bœuf, 10 s.

Quant au poisson, les prix furent élevés, sur la réclamation des revendeuses, disant que la taxe précédente avait éloigné tous les pêcheurs; d'après le nouveau tarif, la livre fut payée : poisson blanc, 3 et 4 s.; goujon dit *tregan*, cabède et siége, 6 s.; barbeau, anguille et loquette, 7 s.; carpe, tanche et alause dite *coula*, 8 s.; brochet et perche, 10 à 12 s.; la truite, 15 s., et enfin le saumon, 20 s.

8 mars 1750. — Achat de deux pompes à incendie.
Arrivée d'un pompier à Montauban.

Le conseil de police de Montauban vota, le 23 janvier 1750, 228 livres 13 sous pour solder les frais de port de deux corps de pompe à incendie, pesant 13 quintaux et 45 livres, que le maire, M. Rozière, avait achetées à Paris au prix de 2400 livres : il vota en même temps la somme de 43 livres 13 sols pour rembourser les droits de douane payés pour ces pompes à leur passage à Châteauroux.

Une délibération du conseil général de la ville, du 28 septembre 1749, avait autorisé le maire à faire cet achat, et à traiter en même temps avec un pompier de Paris qui serait disposé à s'établir dans notre ville et à se charger de l'entretien des pompes et des fontaines moyennant des gages ne dépassant pas 600 livres par an. Ce pompier arriva à Montauban le 8 mars 1750, et reçut 100 livres pour frais de voyage ou de transport de ses meubles, plus 2 livres 10 sols pour le prix d'un panier d'osier doublé de toile cirée qui devait servir de modèle pour en faire confectionner de semblables.

Après avoir ainsi organisé le matériel nécessaire pour combattre les incendies, alors très-fréquents à Montauban, M. Rozière fit approuver par le conseil, le 14 septembre suivant, une ordonnance relative aux précautions à prendre afin d'éviter ces sinistres : défense de porter du feu à découvert dans les rues ou ailleurs ; d'entrer dans les écuries, granges ou galetas, avec des chandelles ou lampes allumées sans lanternes, sous peine de 50 livres d'amende ; tout propriétaire ou locataire des maisons ou appartements dans lesquels se déclarait un feu de cheminée, devait payer 25 livres d'amende ; enfin on ne pouvait entrer dans la ville ni paille, ni foin, ni bois avant ou après le coucher du soleil, sous peine d'une pareille amende.

Nous ignorons s'il y avait à Montauban un corps de pompiers avant 1786 ; nous savons seulement qu'aucune somme n'est inscrite au budget pour leur solde, ou pour l'entretien de leur matériel ; le 1er janvier 1786, Jean Mouriès, cordonnier, fut déclaré adjudicataire de l'entretien et de la garde des pompes à feu, des seaux de cuir et autres ustensiles destinés à arrêter les progrès des incendies ; cette adjudication était faite pour 6 années, au prix de 184 livres par an.

9 mars 1789. — Election de députés chargés de rédiger le cahier de doléances aux Etats généraux et de le porter à l'assemblée de la sénéchaussée. — Remise de ce cahier au Juge-mage de Montauban.

Pardevant MM. Duval de Lamothe, chevalier de Saint-Louis, maire de Montauban ; Belvèze et Poncet-Delpech, avocats en parlement ; Delpech, procureur au présidial, et Godoffre, négociant, consuls, comparurent le 6 mars 1780 : MM. Sirven, lieutenant principal, et Fournes, conseiller au présidial ; Segui, procureur à la maréchaussée, et Gautier, greffier au même siége ; Cornac et Château, procureurs au bureau de l'élection ; Portal aîné, juge, et Bastoul, consul à la bourse ; Revellat aîné, Cinfraix cadet, Delmas aîné, Mariette d'Auriol, Revellat jeune, Bernard Debia, Bastoul aîné, J.-P. Lugan, Constans aîné, Furbeyre, Vignals-Vialet, Lagarrigue, Seguy de Casteluau, Poux, Roquebrune, Pecharman-Fabre, Locrate, Martin, Caminel, Martin-Fontanel, Crosilhes, Costes fils, Sarrat, Lacaze, Descazals père, Lacassaigne, Loué, Guizet, Laurent aîné, Moineau, Crozes, Colusson, Brassac, Pérès, Gleye, Garrigues, Bonhomme, Denis Balarac, Despax, Lapierre, Ferrandou, Vidal, Castel, Friau, Loué, Teulières, Delmas, Garric, Bonfis, Momméja, Millet, Senilh, Rougé, Sénat, Saint-Jean, Gleye, Sarrat et Molles, tous nommés par les corporations, corps et communautés de la ville de Montauban ou des bourgeois et habitants. Voulant obéir aux ordres de Sa Majesté, du 24 janvier 1789, relatifs à la convocation et à la tenue des Etats généraux du royaume, et afin de satisfaire aux réglement et ordonnance de M. le sénéchal de Montauban, de 26 février, ils déclarèrent s'être rendus à la présente assemblée pour s'occuper de la rédaction de leur cahier de doléances, plaintes et remontrances.

A cet effet, plusieurs membres de l'assemblée donnèrent lecture de divers cahiers de doléances, destinés à en former un seul qui serait soumis à la prochaine réunion. Le 9 mars, le nouveau cahier ayant été lu et adopté, fut remis officiellement à M. Majorel, juge-mage, et l'on procéda ensuite à l'élection des délégués chargés de représenter à Cahors le tiers-état de la sénéchaussée de Montauban.

8 mars 1780. — Réduction du nombre des conseillers politiques.

D'après l'ordonnance du marquis de Saint-Luc du 2 janvier 1679, le conseil général de Montauban était composé de 40 membres, indépendamment des officiers municipaux, et aucun conseil ne pouvait être tenu qu'en présence d'au moins la moitié des conseillers. Cette dernière disposition causait de grandes difficultés et obligeait plusieurs fois à renvoyer les délibérations d'un jour à l'autre, ce qui retardait souvent l'expédition des affaires.

Par une nouvelle ordonnance, le roi réduisit à 15 le nombre de conseillers nécessaire pour la validité de leurs décisions. Cet arrêt, signé le 8 février 1780, fut transcrit sur les registres du conseil et rendu exécutoire le 8 mars suivant.

12 mars 1794. — Arrêté du représentant Bô, prescrivant la démolition des clochers.

Nous avons analysé un arrêté du comité de Montauban, du 16 février 1794, supprimant les marques extérieures du culte. Ne trouvant pas ces prescriptions assez radicales, le citoyen Bô, représentant du peuple, délégué dans les départements du Lot et du Cantal par la Convention nationale, prit, le 12 mars suivant, un arrêté qui fut imprimé et placardé dans toutes les communes du département. Voici le texte de cet arrêté :

« Le Représentant du peuple,

« Considérant que l'empire de la Raison vient d'éclairer les citoyens du département du Lot sur les vrais principes religieux…; que la Vertu n'a pour temple que le cœur de l'homme, d'autres actes extérieurs que la bienfaisance et la confraternité ;

« Considérant qu'il importe au développement des lumières philanthropiques de faire disparaître les signes qui servent à rappeler au peuple les dangers et les crimes de la superstition…, qu'il ne peut plus subsister un monument qui retrace les cérémonies imaginées par l'orgueil et la cupidité des tyrans des âmes,

« Arrête :

Art. 1er. — Dans le courant de germinal prochain, tous les clochers des communes du département seront démolis à la hauteur des bâtiments de l'église.

Art. 2. — Si le clocher est d'une trop grande épaisseur, on se contentera de démolir la flèche, et on placera sur la partie carrée une statue de la liberté ou tout autre signe de la Révolution. »

Nous constatons avec plaisir que les municipalités, plus intelligentes que le citoyen représentant, ne firent point exécuter cet arrêté, qui avait blessé les sentiments religieux de nos populations.

Le citoyen Bô exerçait la médecine lorsqu'il fut élu procureur du district de Mur-de-Barrez; en 1791 le département de l'Aveyron le nomma député à l'Assemblée législative, d'où il passa à la Convention nationale. Dans le procès de Louis XVI, il vota la mort et l'exécution dans les 24 heures. En 1793 il remplit diverses missions dans la Corse et dans la Vendée, puis en 1794 dans le Cantal et le

Lot. Poursuivi comme terroriste, et notamment pour avoir forcé le tribunal du Lot à délibérer à huis-clos et en l'absence du jury, et arrêté le 8 août 1795, il fut sauvé par l'amnistie du 25 octobre (4 brumaire) et devint chef de la police sous Merlin. Après le 18 brumaire an VIII, il disparut de la scène politique et reprit l'exercice de la médecine.

15 mars 1790. — Fédération des gardes nationales.

La garde nationale de Montauban invite les gardes nationales de la province à nommer des délégués, afin de s'entendre pour fixer les bases d'une fédération.

16 mars 1789. — Assemblée générale à Cahors des trois Ordres de la province du Quercy.

Les députés des trois Etats de la province du Quercy, après avoir assisté, le 15 mars 1789, dans l'église cathédrale de Cahors, à la messe du Saint-Esprit, se rendirent le lendemain dans l'église des Cordeliers, lieu choisi pour la réunion générale. L'assemblée était composée des députés des six sénéchaussées de Cahors, Montauban, Gourdon, Lauzerte, Figeac et Martel, conformément à la lettre du Roi, du 24 février, convoquant les Etats généraux.

Le marquis d'Adhémar de Lostanges, grand sénéchal et gouverneur du Quercy, présidait la réunion.

Les Evêques de Montauban et de Cahors étaient inscrits en tête de la liste du clergé, comprenant 316 curés, porteurs de 212 procurations données par des collègues ou des établissements religieux.

Le duc de Biron et de Lauzun était le premier de l'ordre de la noblesse, qui comptait 204 membres, porteurs aussi de nombreuses procurations.

Enfin la liste du tiers-état était formée de 319 noms, dont 64 de la sénéchaussée de Cahors, 63 de Montauban, 39 de Gourdon, 58 de Lauzerte, 60 de Figeac et 35 de Martel.

L'assemblée ainsi formée, M. de Lostanges dit que le roi avait convoqué les Etats généraux pour rendre à la nation sa véritable grandeur. Sa Majesté voulait que les Français jouissent du droit de consentir l'impôt et de réformer les abus dans toutes les parties de l'administration, droit impérissable et qui était presque oublié depuis plus d'un siècle et demi.

Après ce discours, qui fut très-applaudi, un membre du clergé et deux de la noblesse prirent à leur tour la parole et furent écoutés avec intérêt et satisfaction. Puis on vérifia les pouvoirs, et tous les membres de l'assemblée prêtèrent serment, promettant de bien et fidèlement procéder à la rédaction des plaintes et doléances, ainsi qu'à la nomination des députés aux Etats généraux.

Cela fait, les trois ordres se séparèrent et se rendirent dans le lieu désigné pour leurs réunions particulières.

Le clergé, sous la présidence de Mgr de Breteuil, évêque de Montauban, se réunit du 18 au 25 mars, dans la chapelle du collége et rédigea trois cahiers : 1° au nom des chapitres, prieurs et titulaires des bénéfices ; 2° au nom des curés ; 3° au nom des chanoines réguliers.

La noblesse, présidée par M. le Sénéchal, tint séance dans la grande salle du collége, du 16 au 25 mars, et vota ses cahiers.

Le tiers-état, présidé par Louis De Peyre, conseiller du roi juge-mage du Quercy, tint séance du 16 au 23 mars, dans l'église des Cordeliers, et décida de rédiger un cahier de doléances pour chaque sénéchaussée. MM. Majorel, juge-mage ; Poncet-Delpech, avocat ; Lacoste Montauzun, négociant, et Laché-Ravaisson, procureur du roi à Caylus, furent chargés de rédiger le cahier de doléances de la sénéchaussée de Montauban.

Les divers cahiers ayant été discutés et adoptés, chaque ordre procéda à l'élection de ses représentants aux Etats-généraux.

Le 26 mars, dans l'église des Cordeliers, eut lieu l'assemblée générale des trois Etats du Quercy, et le grand Sénéchal et gouverneur de la province, qui présidait la réunion, fit connaître le résultat des opérations.

Voici les noms des douze députés du Quercy aux Etats généraux :

MM. l'Evêque de Cahors ; Ayroles, curé de Reyrevignes, au diocèse de Cahors, et Laymaries, curé de Saint-Privat de Moncuq, au même diocèse, — pour le clergé.

MM. le marquis de Lavalette-Parizot, le duc de Biron et de Lauzun et le comte de Plas de Tanes, — pour la noblesse.

MM. Faydel, avocat, de Cahors ; Poncet-Delpech, avocat, de Montauban ; Gouges-Cartou, négociant, de Moissac ; Durand, avocat de Léobard, sénéchaussée de Gourdon ; Boutaric, président à l'élection de Figeac ; de Lacheize, lieutenant-général de Martel, — pour le tiers-état.

Les députés présents prêtèrent serment en la forme accoutumée, et le président de l'assemblée leur remit un extrait des cahiers contenant les instructions et pouvoirs qui leur étaient donnés conformément aux lettres de convocation.

17 mars 1724. — Mort de Françoise de Boissy, première supérieure des Ecoles chrétiennes de Cahors.

Françoise de Boissy naquit à Montpezat de Quercy, le 22 septembre 1641. Sa famille occupait dans la contrée une haute situation, due plutôt aux vertus privées et à la considération dont jouissaient ses membres, qu'aux charges éminentes que leurs aïeux avaient remplies. Le père de Françoise de Boissy était procureur du roi au présidial de Cahors ; elle eut plusieurs frères, qui furent des magistrats et des prêtres distingués.

Dès son jeune âge, Françoise montra de grandes qualités, qu'une éducation chrétienne développa encore : aussi prit-elle la résolution d'entrer aux Carmélites de Toulouse ; mais des circonstances particulières empêchèrent la réalisation de cette vocation.

Mgr de Sevin, alors évêque de Cahors, lui donna pour conseil d'accompagner à Paris la marquise de Mirepoix, qui avait contribué puissamment à la fondation des Ecoles chrétiennes du diocèse de Cahors. Les deux voyageuses descendirent au couvent des Dames de la Croix, et la jeune Françoise s'y fit remarquer par son intelligence, sa haute capacité et ses vertus; c'est alors que Mgr de Sevin l'appela à la tête de l'œuvre fondée par ce vénérable apôtre. Voilà donc notre compatriote, à peine âgée de 26 ans, supérieure des Ecoles chrétiennes de filles de Cahors. En peu d'années, l'institution prospéra si bien, que Mgr de Noailles, successeur de Mgr de Sevin, obtint pour les Ecoles chrétiennes des lettres patentes de Louis XIV, datées de Saint-Germain, en 1676. Ce fut à cette occasion qu'une élection vint confirmer, d'une manière éclatante, la confiance des deux prélats en mademoiselle de Boissy.

Dès lors son zèle n'eut plus de bornes : création de maisons d'éducation ou de retraite, missions délicates, conversions, etc., etc. Caussade, Moissac, Lauzerte, Molières, Figeac, Saint-Céré, durent bientôt à son infatigable ardeur pour l'instruction des écoles modèles;

les diocèses voisins s'empressèrent de réclamer les mêmes bienfaits.

La maladie, la perte de la vue, la fatigue excessive de cet apostolat, purent seules avoir raison de cette abnégation, de ce zèle ardent pour la foi et pour la charité. Françoise de Boissy mourut saintement le 17 mars 1724, à l'âge de 83 ans, après avoir consacré sa vie entière à une œuvre philanthropique si populaire, qui a porté ses fruits, et dont nos contemporains recueillent encore les bienfaits.

La Vie et les Lettres spirituelles de mademoiselle Françoise de Boissy ont été publiées en un volume in-8º, dédié à Mgr Henri de Briqueville de La Luzerne, évêque de Cahors ; ce volume ne porte ni date ni nom d'imprimeur, mais il a été probablement imprimé à Cahors, de 1725 à 1730.

24 mars 1795. — *Première messe célébrée à Montauban après la Terreur.*

La Convention nationale ayant momentanément suspendu les poursuites contre les prêtres condamnés à la déportation ou à la réclusion, quelques-uns d'entre eux purent célébrer, le 24 mars 1795, publiquement, la messe chez madame de Caumont, ainsi que dans d'autres maisons où ils étaient restés cachés.

25 mars 1791. — *L'ancien hôtel de l'Evêché de Montauban est acheté par la Ville.*

Les consuls de Montauban, dès la fondation de cette ville, tinrent leurs réunions dans un petit bâtiment situé sur la place publique, à l'angle formé par les couverts dits du blé et des sabots. En 1476 seulement ils achetèrent au chapitre cathédral, pour le prix de 250 écus d'or, dans la rue de *l'Abescat*, aujourd'hui de la Comédie, une maison que nos évêques occupaient depuis 1317. Le 19 mars 1442, Charles VII, revenant de Toulouse, s'étant arrêté de nouveau dans notre cité, avait exempté de tout impôt la maison épiscopale où il avait passé l'hiver de 1441-42, hiver très-rigoureux, qui retint le roi et la reine dans le Midi pendant plusieurs mois.

Tout en conservant le bâtiment de la place, les consuls installèrent dans le nouveau leur salle d'audience, le greffe, les archives et les prisons ; plus tard, ils y ajoutèrent une grande salle qui servit d'école jusques à 1609, ainsi qu'un temple pour les Réformés. Mais ni l'un ni l'autre de ces logements n'étaient sans doute convenables, puisque en 1528 le roi, cédant aux vœux de la population, donna à la ville « la mayson et commencement de chasteau qu'on nomme le Chasteau-Neuf, » situé près du pont du Tarn, « pour y faire la Mayson commune, y retirer et mettre l'artillerie et harnoys, et aussi les documents et papiers d'icelle ville, pour ce qu'estoit mayson séparée des autres et hors de dangier de feu. »

Les ressources municipales ne permirent pas à nos consuls de réaliser leur projet, qui fut repris et abandonné de nouveau en 1595 ; et l'ancien château des comtes de Toulouse était encore en ruines lorsque Louis XIV fit don de ces masures pour y construire un palais épiscopal, qui fut commencé par Pierre de Bertier et terminé par Colbert, grâce aux subventions considérables données à trois reprises par le roi et aux ressources personnelles des deux prélats.

La suppression de l'évêché, le 7 juillet 1790, inspira de nouveau à nos consuls le désir d'abandonner leur Maison commune, « qui était ruineuse et incommode, et rappelait surtout les malheurs du 10 mai. » Aussi le 24 novembre ils délibérèrent d'acheter le palais épiscopal, et le 1er janvier 1791 firent l'offre de le payer au prix fixé par experts, en 15 annuités, avec l'intérêt à 5 pour cent. L'achat de gré à gré ne put être accepté, parce que cet hôtel était compris dans les biens nationaux mis en vente par adjudication.

Le 25 février 1791, M. Ysarn, officier municipal, fut déclaré à la 1re enchère adjudicataire, pour la ville, au prix de 81,400 livres, non-seulement de l'ancien évêché, mais encore de la maison contiguë (occupée par la police et les pompes), de l'ancienne officialité (où est aujourd'hui le bureau de la place), et de la pièce de terre dépendant de l'hôtel et qui s'étendait jusqu'au pont, au Tarn et au Tescou, et que plus tard l'administration a dû aliéner.

Sans attendre la 2e enchère, notre municipalité prit possession de la nouvelle Maison commune dès le 26 février, et s'y installa en même temps que le directoire du district et le tribunal de commerce. Le tribunal du district y tint aussi ses séances de 1793 à 1795, et de 1800 à 1806. Après la 2e enchère, le 25 mars 1791, l'adjudication fut déclarée définitive, et l'Assemblée nationale la ratifia. Aussi, une somme de 24,100 livres fut payée à-compte le 12 août suivant, et nos consuls auraient été en mesure de se libérer complètement si, par un décret du 24 août 1793, la Convention n'avait dépouillé notre cité de tout son actif, qui dépassait de

439,000 livres son passif (1). La direction des Domaines réclama plusieurs fois le paiement du solde, mais n'obtint qu'un refus motivé sur les revendications formulées par la ville, et un procès allait s'engager lorsque le 24 juillet 1808 une pétition adressée à ce sujet à l'Empereur, pendant son séjour à Montauban, fut accueillie favorablement. Le chef-lieu du département que Napoléon 1er venait de créer, conserva ainsi son magnifique hôtel-de-ville, un des plus beaux du Midi, sans avoir à payer la somme qui restait due.

31 mars 1834. — Installation de l'Ecole normale.

M. le préfet Pompéï, Mgr de Trélissac, M. le Recteur de l'Académie de Toulouse et un grand nombre de fonctionnaires et de notabilités assistaient à cette solennité. Dans son discours, M. le Préfet rappela que le Conseil général avait voté 15,000 fr., qui, joints aux 4,000 donnés par M. le Ministre de l'instruction publique, avaient permis d'acheter une vaste maison de la rue de la Fantaisie et d'y installer l'Ecole. Puis, il fit connaître la composition du personnel, placé sous la direction de M. Augé, docteur-médecin, licencié ès-sciences, qui comptait parmi ses collaborateurs M. Tieys professeur au Collége, chargé de donner l'enseignement littéraire.

M. Augé et M. le Recteur remercièrent ensuite les autorités et l'assemblée de leur sympathie pour l'instruction primaire.

Malgré des agrandissements successifs, l'établissement étant insuffisant, le Conseil général décida, en avril 1875, la construction d'une nouvelle Ecole au Cours Foucault, et M. Bourdais, l'architecte de la Préfecture de Montauban, dressa les plans du nouveau bâtiment, qui est occupé depuis le 1er mars 1878.

Les cours, faits au début pour 18 boursiers, duraient 2 ans; aujourd'hui ils durent 3 ans et sont suivis par 43 boursiers, dont 27 du Tarn-et-Garonne, 14 du Lot, 2 du Tarn, et 2 élèves libres.

Un Cours normal d'institutrices, créé en 1866 dans le pensionnat des Dames de Nevers, est suivi par 15 élèves-maîtresses.

L'ancienne Ecole normale est occupée par un pensionnat primaire, que dirigent les Frères de Marie.

(1) Cet actif, composé de 441,300 livres dues à la ville par l'Etat, de la maison de l'Intendance (estimée 120,000 l.), des grandes casernes (200,000 l.), du bois du Ramier (20,000 l.) et autres immeubles, s'élevait au total à 796,920 l., le passif n'était que de 357,937 l., y compris les 57,350 l. dues pour l'ancien évêché.

Mois d'Avril.

1er avril 1575. — *Abraham Isarn, vice-roi d'Arménie.*

Abraham Isarn naquit le 1er avril 1575, d'après un biographe à Montauban, et d'après un autre à Bruniquel, où son père Jean Isarn, avocat au sénéchal de Lauzerte, et sa mère Jeanne d'Ouvrier s'étaient retirés pour cause de religion.

Après avoir fait ses études de droit à Bordeaux, Isarn embrassa la carrière des armes; il était capitaine au régiment de Picardie, lorsque dans un duel il tua son adversaire. Forcé de quitter la France, il passa au service de l'archiduc de Flandre, puis à celui de l'empereur d'Allemagne, et obtint un grade supérieur dans l'armée de Hongrie.

Par suite de son humeur batailleuse, notre compatriote dut abandonner encore sa position et passer en Perse; mais, grâce à son intelligence, il ne tarda pas à gagner la confiance du Grand Sophi, qui lui confia le commandement des troupes réunies pour combattre les Turcs. D'abord vainqueur dans plusieurs rencontres, Isarn fut battu à son tour et fait prisonnier par un général ottoman, qui, juste appréciateur de sa valeur, le présenta lui-même au Sultan. Bajazet II le connaissait déjà de réputation : aussi, pour se l'attacher, il lui donna la main d'une princesse de sa famille, avec le grade de pacha à trois queues et le titre de vice-roi d'Arménie.

Isarn cette fois sut se maintenir dans sa haute situation; mais il mourut encore jeune, le 4 août 1619, laissant deux fils, dont l'un était pacha d'Alep et l'autre de Damas.

Jean Isarn, sieur de Capdeville, greffier en chef de la Chambre de l'édit de Castres, fut invité à se rendre auprès de son frère Abraham, qui l'assurait « que si Dieu lui faisait la grâce d'arriver en santé, il s'en retournerait riche pour tout jamais, lui et les siens. » Capdeville partit en juin 1615, mais, par suite de divers incidents, il n'arriva qu'à la fin de mai 1616 à Traissa, capitale de la province gouvernée par son frère, et fut accueilli avec la plus grande tendresse.

Après avoir passé quelques mois en famille, les deux Isarn se rendirent à Constantinople, où Abraham voulut diriger lui-même tous les préparatifs pour le départ de Jean. Non-seulement il le chargea d'objets précieux, mais encore il lui donna 16 petits barils remplis de sequins d'or, représentant une somme considérable.

Capdeville s'embarqua le 17 juin 1617, mais son bâtiment fit naufrage sur les côtes de la Calabre, et c'est à grand'peine qu'il put se sauver à la nage, avec quelques compagnons. Ainsi furent perdus tous les trésors qu'il croyait apporter à sa famille; et, pour comble d'infortune, son frère Abraham, qui avait promis de réparer ces pertes, mourut peu de temps après, au moment où il partait pour une expédition contre les Perses.

Un fils de Jean Isarn de Capdeville se maria le 26 décembre 1640, avec la fille de Pierre Le Clerc, lieutenant et assesseur criminel au sénéchal de Montauban, et se fixa définitivement dans notre ville.

2 avril 1788. — Privilége pour l'exploitation du théâtre à Montauban et dans plusieurs villes du Sud-Ouest.

Le duc de Richelieu accorda le 2 avril 1788, au sieur et à dame Simonet, comédiens, le privilége exclusif, pour 7 ans, de faire jouer la comédie, la tragédie, l'opéra, l'opéra comique et toutes sortes de spectacles permis, de donner des concerts, bals et redoutes dans les salles de spectacle des villes de Montauban, Auch, Bagnères, Condom, Agen et Bayonne, mais en se conformant aux ordres des commandants de ces provinces, qui fixaient les époques auxquelles leur troupe devait se rendre dans lesdites villes. Toute autre troupe de comédiens, sauteurs, bateleurs, etc., ne pouvait jouer sans payer le quart de la recette au sieur Simonet.

Avant et après 1830, le même système fut en usage dans nos contrées. Ainsi Montauban, Agen et Cahors, formaient un arrondissement théâtral, et un seul directeur avait le privilége d'exploiter les théâtres dans ces villes, mais il devait combiner ses tournées de manière à répondre aux désirs des administrations locales et aux habitudes des populations.

Ce système était très-favorable à l'art dramatique, et aujourd'hui on reconnaît que la liberté donnée au théâtre n'a produit de bons résultats à aucun point de vue.

2 avril 1790. — Don patriotique de la ville de Nègrepelisse.

M. Poncet-Delpech, député du Lot, présenta, le 2 avril 1790, à l'Assemblée nationale, une Adresse et une délibération de la Municipalité et des principaux citoyens de la ville de Nègrepelisse, portant adhésion absolue aux décrets de cette Assemblée, et l'abandon du titre original d'une constitution de rente de la somme de 1,200 livres, consentie par l'Etat en 1726, avec renonciation à tous les arrérages. Les signataires de la pétition annonçaient aussi qu'en retranchant sur leurs premiers besoins, ils avaient pourvu, jusqu'à la récolte prochaine, à la subsistance de 560 pauvres.

4 avril 1467. — Achat de l'Ile du Tarn.

Le 12 janvier 1466, Bernard Delserviech, marchand de Montauban, acheta à Pierre Deltrom et à Bernarde de Cocou, sa femme, une île située au-delà du Tarn, contenant une sétérée, confrontant d'une part avec le Tarn, d'autre part avec le pré de Pierre Cocou, d'autre part avec jardin des héritiers de Ramond Calbet et jardins de six particuliers y dénommés ; enfin, du pied avec le pont du Tarn, chemin public allant à Tarn au milieu. Le prix était de 10 écus d'or.

Le 4 avril 1467, Bernard Delserviech acheta à Pierre Cocou et à Pierre Deltrom une pièce de pré dans l'île de Tarn, au-delà du pont, près du Tarn, confrontant avec ledit pré d'une part, avec le Tarn et quelques confrontations particulières, au prix de 4 écus d'or.

Ces deux actes, retenus par Me Auguste, notaire à Montauban, et écrits en latin sur parchemin, portent chacun une cote ancienne et en latin, dans laquelle il est dit que ces documents appartiennent à la ville, par suite de l'acquisition de cette île. Nous ignorons à quelle époque elle est devenue la propriété de l'Etat.

6 avril 1565. — Une Lettre de Montluc aux consuls de Montauban. — Livraison de l'artillerie de la ville.

A Messieurs les Consuls de Montauban, à Montauban.

Messieurs les Consuls, J'ay reçu les lettres que m'avez escirpt par mons^r Dariat. Par la première, je vous respondray que vous debvez vendre les ruynes au plus offrant pour employer à paier les debtes de la ville, et ne ferez tort, selon moy, à ceux qui les desrobent. Quant au demeurant de l'artillerie, je lay treuvée icy à mon retour. Je suis bien aise de l'obeyssance que ce jour a aydé monstrer à l'endroit du service du roy et de ses commandemans. Je ne feray faulte, aydant Nostre Seigneur, dès que je seray à Bourdeaux, de fère le rapport à Sa Magesté; et tout ce que vous y aurez à fère, je m'y employeray de meilleure volonté que pour mes afères propres.

Quant à l'aultre lettre, respondant à ce que je vous ay escript pour l'afère de Moyssac, je feray une lettre à Raulin, laquelle je vous envoye pour la luy fère tenir, qui est tout ce que je puis fère sans fère tort à personne; qu'est la fin, après avoir prié le Créateur vous donner, messieurs, saincte et longue vie.

Agen, le sixièsme avril mil cinq cents soixante-cinq.

Votre bien bon Amy,

DE MONTLUC, ainsi signé (1).

L'artillerie dont il est question dans la lettre de Montluc, avait été remise par les consuls de Montauban, sur l'ordre du sénéchal du Quercy, aux sieurs de Bourdilhon et de Beaune, qui traitèrent pour son transport à Agen, le 31 mars 1565, avec deux marchands nautoniers (maîtres de bâteaux) de la ville. Cette artillerie devait être rendue au port d'Agen le 2 avril; elle se composait de 9 pièces de métal et fonte, 15 pièces de fer, 13 mousquets de fer et 2 de fonte, 1 mortier de fer et 2 de fonte. Il y avait aussi 146 boulets de fonte gros, 120 moyens, et une barrique pleine de poudre.

Après avoir livré l'artillerie, nos consuls firent transporter, le 2 avril, au Château royal, toutes les armes qui étaient dans le fort des Jacobins, et en dressèrent inventaire, pour les vendre au roi.

A son passage à Montauban, le 20 mars 1565, Charles IX avait ordonné la démolition des fortifications; et pour désarmer plus complètement ses habitants, il acheta les pièces d'artillerie ainsi que les armes qui auraient pu donner envie aux Montalbanais de mettre de nouveau leur cité en état de défense.

En écrivant sa lettre à nos consuls, ses bons amis, Montluc ne pouvait avoir oublié qu'en 1562 il avait essayé de s'emparer de Montauban. Nous raconterons, au mois de mai, cette tentative, qui échoua par le sang-froid d'Arnaud Guybert.

(1) La lettre de Montluc n'existe pas dans nos archives municipales; mais il y a une copie collationnée par le notaire Pogety sur l'original, « qui a été baillé à M.... pour aller en Cour. » — Arnaud Pogety était consul en 1563.

6 avril 1793. — Vol d'assignats à Montauban.

Aujourd'hui un voleur a été mis au carcan sur la place nationale, pour avoir volé, le 16 janvier, une quantité d'assignats chez le citoyen Bergis, caissier des assignats pour Montauban. Ce voleur est resté exposé pendant 6 heures, gardé par 60 gardes nationaux, qui pour la première fois étaient armés de piques.

A partir de ce soir, les gardes nationaux monteront la garde au Château Royal.

9 avril 1456. — Lettres de Charles VII défendant d'enlever aucun Français à ses juges ordinaires.

D'après les ordonnances royales et la pragmatique-sanction de 1438, aucun Français ne devait être appelé en cause ailleurs que devant son juge ordinaire temporel ou ecclésiastique. Cependant, le chapitre de l'église collégiale Saint-Etienne du Tescou hors les murs de Montauban, avait appelé quelques Montalbanais devant l'official d'Albi et autres juges. Sur la plainte du procureur du roi en la sénéchaussée du Quercy, ainsi que des consuls de Montauban, Charles VII fit défense d'agir ainsi, et le 9 avril 1456 adressa des lettres en conséquence à son viguier et au juge ordinaire du Quercy.

9 avril 1638. — Transaction entre la Ville et les Frères-Prêcheurs (les Jacobins), relativement à l'argenterie saisie par les consuls de 1562.

Le 9 avril 1638, les consuls de Montauban et le syndic des Frères-Prêcheurs de Toulouse, administrateur du couvent dudit ordre qui avait existé à Montauban, firent une transaction au sujet d'environ 37 marcs d'argenterie (comme croix, calices et reliquaires), que les syndics et consuls de la ville en 1562 avaient saisies entre les mains de Mariet Dassalit, qui les tenait en dépôt pour les religieux, suivant actes des 30 août 1561 et 15 mai 1562, retenus par le notaire Pogeti.

Les représentants de la ville, MM. Théophile de Mouilhet, Joseph du Valada, docteurs et avocats; noble Jean Bonafous, sieur de la Mouline; Jean Ferrières, bourgeois; Pierre de Satur, docteur et avocat; Jean Palis et Jacques Montanier, bourgeois, prirent l'engagement de payer à Dominique du Faur, syndic des Frères Prêcheurs, la somme de 700 livres tournois, à laquelle ladite argenterie avait été estimée. Cette somme fut payée et quittance fut donnée le 22 avril 1644, par-devant M⁰ Cubaines, notaire à Montauban.

13 avril 1285. — Le consulat à Montauban. — Règlements divers pour la nomination des consuls.

L'article 45 de l'acte rédigé en commun par les délégués de l'aristocratie et du peuple de Montauban, le 24 mars 1195, ratifié par Raymond VI, comte de Toulouse, fixait à 10 le nombre des consuls et leur donnait le titre de capitouls, mais sans indiquer dans quelle proportion la démocratie devait y être représentée. Leurs pouvoirs duraient un an et étaient délégués par la masse des habitants.

Un nouveau règlement, fait en 1250, maintint le nombre des consuls à 10, qui devaient exercer leur mandat pendant un an, d'une Pâque à l'autre, et les consuls élisaient leurs successeurs. Aussi les magistrats municipaux, en choisissant leurs parents ou leurs amis, qui l'année suivante les nommaient à leur tour, finirent par assurer à leurs familles et à la bourgeoisie le monopole des fonctions municipales et la majorité dans le capitoulat.

Pour mettre un terme à ces abus, les Montalbanais s'assemblèrent en conseil général, le 9 avril 1251, sous la présidence de Pierre-Raymond de Rabastens, sénéchal du Quercy, et sans rien enlever aux prérogatives des consuls, décidèrent qu'à l'avenir nul ne pourrait être réélu qu'après un intervalle de 3 ans. Un peu plus tard, le comte de Toulouse ordonna que les plébéiens auraient droit à la moitié des charges, et qu'ainsi 5 consuls devraient être de vrais artisans, exerçant un métier par eux-mêmes.

Ces prescriptions furent bientôt éludées, et la population montalbanaise eut recours à l'autorité royale pour reprendre ses droits; le 13 avril 1285, Philippe III accueillit favorablement ces réclamations, et avant d'entrer en fonctions les consuls durent prêter serment de maintenir les décisions prises à ce sujet par le comte de Toulouse et le roi de France. (*A suivre.*)

13 avril 1492. — Entrée de Jean d'Oriolle, évêque de Montauban, dans sa ville épiscopale.

Jean d'Oriolle, grand archidiacre de Narbonne, conseiller au parlement de Toulouse et garde des sceaux du Languedoc, fut nommé à l'évêché de Montauban en 1491 et fit son entrée dans notre ville le 13 avril 1492. Il arriva à 11 heures du matin à l'entrée du pont du Tarn, et fut reçu par les consuls : noble Arnaud Ruffo, Pierre de Camp, Antoine de Prat et Jehan Barrès, tous revêtus de leur riche costume, et suivis d'un grand nombre de personnes notables. Avant de faire son entrée, Jean d'Oriolle jura sur les saints Evangiles de respecter et maintenir les priviléges et libertés de la cité, comme ses prédécesseurs l'avaient fait. Et immédiatement fut dressé le procès-verbal, qui est transcrit sur le *Livre des serments*.

15 avril 1677. — Lettre de Louis XIV, annonçant la nomination du duc de Roquelaure au gouvernement de la Guyenne. — Te Deum chanté à l'occasion de la prise d'Ypres.

A nos chers et bien amez les Consuls et habitants de notre ville de Montauban.

Chers et bien amez. La charge de gouverneur et nostre lieutenant général en nostre province de Guyenne ayant vacqué par le decez de nostre cousin le maréchal d'Albert, nous avons faict choix, pour la remplir, de nostre cousin le duc de Roquelaure, ainsi que vous avez sceu : il va s'en aller pour en prendre possession et pourvoir aux affaires occurantes qui s'offriront dans la province.

Nous vous en avons bien voulu donner advis par cette lettre, et vous mander et ordonner que nostre dit cousin le duc de Roquelaure estant par de là, vous ayez à le recevoir avec l'honneur et le respect qui est deub à sa condition et à la dignité de ladite charge, luy obéissant aux choses qu'il vous commandera et fera mander pour nostre service et votre repos et conservation.

En quoy faisant tout bon debvoir, vous recevrez de luy tout bon et favorable traictement.

Donné au camp de Cambray, le VIe jour d'avril 1677.

LOUIS.

Le duc Gaston-Jean-Baptiste de Roquelaure, né en 1617,

et dont la famille était des plus anciennes de l'Armagnac, suivit la carrière des armes, fut nommé maréchal de camp en 1643, lieutenant général en 1650, et eut le commandement de la Normandie pendant les années 1674-76; le roi le nomma gouverneur général de Guienne en 1677, et il mourut le 13 mars 1683. On lui a généralement attribué beaucoup de prétendus bons mots, dont il n'était pas l'auteur, ce qui est certain, c'est qu'il passait pour « l'homme le plus laid de France, » et qu'il avait beaucoup d'esprit.

Le 9 avril 1678, il annonça aux consuls de Montauban, dans une lettre conservée aux archives, que le Roi avait attaqué en personne, et pris en 7 jours la ville d'Ypres et sa citadelle, malgré la vigoureuse défense de la garnison. Pour rendre grâces à Dieu de ce succès, Sa Majesté ordonnait de chanter un *Te Deum*, auquel tous les magistrats consulaires et officiers de justice étaient invités à assister en même temps qu'au feu de joie, suivi de toutes les marques de satisfaction que devaient éprouver de fidèles sujets en apprenant cette grande victoire.

15 avril. 1779. — Débuts d'une troupe de comédiens français et italiens à Montauban. — Répertoire de la première quinzaine.

Nous avons déjà dit que, le 21 janvier 1776, le maréchal duc de Richelieu avait accordé un privilége pour l'exploitation de la salle de spectacle de Montauban à la dame Delisle. En 1778, les sieurs Dainville et Nogent avaient la direction d'une troupe dite de Bayonne, composée de « comédiens français et italiens, » dont le *Journal d'affiches de la généralité de Montauban* constate la présence dans le n° 25 de 1778, et qui, d'après la même feuille, fit ses débuts de l'année 1779 le 15 avril.

Il nous a paru intéressant de faire connaître la liste des pièces jouées pendant les premières représentations d'avril ; nos lecteurs verront que le répertoire était très-varié.

Jeudi 15 avril. *L'amant bourru*, comédie en 3 actes, de M. Monvel, suivie de *l'Anglais à Bordeaux*, comédie en 1 acte, de M. Favart.

Samedi 17 avril. *Eugénie*, drame en 5 actes, de M. de Beaumarchais, suivi de *l'Aveugle clair-voyant*, comédie en 1 acte.

Dimanche 18. *Beverlai ou le Joueur anglais*, tragédie « bourgeoise, » de M. Saurin, suivie de la *Gageure imprévue*, **comédie en 1 acte**, de M. Sedaine.

Mardi 20. Les *trois Fermiers*, opéra-bouffon en 2 actes, de M. Monvel, précédé de *Nanine*, comédie en 3 actes, de Voltaire.

Jeudi 22. La *Feinte par amour*, comédie en 3 actes, par M. Dorat, suivie du *Tableau parlant*, opéra-bouffon en 1 acte, musique de Grétry.

Samedi 24. *Dupuis et Defronais*, comédie en 3 actes, par M. Collé, suivie des *Précieuses ridicules*, comédie en 1 acte, de Molière.

Dimanche 25. *Le Père de famille*, comédie en 5 actes, de M. Diderot, suivie de *Les deux Chasseurs et la Laitière*, comédie en 1 acte, mêlée d'ariettes.

Mardi 27. *Le Glorieux*, comédie en vers et en 5 actes, de M. Néricauld-Destouches, suivie de *Silvain*, opéra en 1 acte, de M. Marmontel, musique de M. Grétry.

Mercredi 28. *Les Deux Amis* ou le *Négocian! de Lyon*, drame en 5 actes, de M. de Beaumarchais, suivi du *Tonnelier*, opéra-comique mêlé d'ariettes, paroles et musique d'Audinot.

Jeudi 29. *L'Orphelin Anglais*, drame en prose et en 3 actes, suivi de *La Partie de chasse d'Henri IV*, comédie en prose et en 3 actes, de M. Collé.

Il n'est pas inutile d'ajouter qu'à la fin du XVIIIe siècle, et même au commencement du XIXe, les municipalités n'accordaient pas de subventions, et que les directeurs des troupes dramatiques payaient au contraire le loyer de la salle. En 1778, la ville recevait 6 livres pour représentation et 12 livres pour chaque bal au théâtre ; en 1788, c'était 12 livres par soirée et 24 par bal ; de plus, le directeur donnait une représentation au bénéfice des pauvres de l'hôpital. Dans la liste des entrées de faveur mises à la disposition du maire et de l'intendant, nous avons été fort étonnés d'y trouver « deux places pour les étudiants en philosophie, » en même temps que celle du maître d'armes.

16 avril 1278. — Les fontaines de l'Oulette et du Griffoul établies aux frais de Jean d'Hélies.

Une enquête ouverte le 16 avril 1278, dans la maison commune de Montauban, par les consuls, nous a conservé le nom d'un généreux citoyen, Jean d'Hélies (*Iohan d'en Helias*), auquel notre cité doit les fontaines qui durant près de six siècles ont fourni la plus grande partie de l'eau nécessaire à la population.

Pendant sa dernière maladie, Jean d'Hélies ordonna qu'au moyen de ses biens on fît, dans une vigne d'Arnaud Lafargue et d'Arnaud Bec, *un potz bo e bel e ben trazen en totz tems*, c'est-à-dire un puits ou fontaine bon et beau, et dont l'eau coulât en tout temps, avec un *pont* sur le ruisseau du Fossat (de Lagarrigue), et un *abreuvoir* pour les bestiaux. D'après l'enquête, cet ouvrage avait été fait avant 1278 : mais Serrus, Bec et Conti, entrepreneurs, ne l'ayant pas terminé d'une manière convenable, Debiole, héritier de Jean d'Hélies, refusa de les payer ; nos consuls firent sans doute compléter les travaux.

Pour former la fontaine de l'Oulette — lisons-nous dans un Mémoire publié en 1788, — on creusa le terrain jusques au roc et l'on fit un aqueduc montant vers le nord, jusques à la ruelle ou carrayron dit de Julia ou de Missoulet (qui va de la promenade des Marronniers à la grande rue Villenouvelle). Cet aqueduc reçoit trois sources venant du couchant, et vis-à-vis de ce carrayron change de direction par une ligne courbe, puis se rapproche des sources et tend vers le levant inclinant au midi pour se terminer au grand réservoir, situé derrière l'église des Jacobins (aujourd'hui de la Miséricorde).

L'aqueduc est établi à environ 22 pieds (7 mètres) au-dessous du sol, et a neuf soupiraux, dont six depuis la ruelle jusqu'au réservoir, et trois au-dessus dudit réservoir ; les côtés et la voûte sont bâtis en briques, mais au milieu il y a un canal creusé dans le roc, pour prendre les eaux du réservoir, recevoir celles qui descendent ou découlent des sources multipliées venant du nord-est, et les conduire aux fontaines de l'Oulette et du Griffoul.

Ces sources étaient au nombre de 31, sans compter divers petits filets augmentant considérablement le volume d'eau, car il ne sortait, au dernier siècle, du réservoir que 3 pouces et demi cubes (70 mille litres par jour), tandis qu'au bout du canal il en passait 8 pouces cubes, c'est-à-dire plus du double.

Et cependant le Mémoire qui nous fournit ces détails, constâte que « ces sources donnaient ci-devant une plus grande quantité d'eau, » mais qu'encore « elles alimentent les fontaines publiques de l'Oulette et du Griffoul, qui coulent toujours en abondance, et remplissent parfaitement le vœu pieux de Jean d'Hélie. »

Pour compléter ces renseignements, nous dirons que les Jacobins, établis dans le faubourg Saint-Etienne en 1251, furent forcés d'abandonner leur couvent à la suite de l'inondation de 1270, et se transportèrent hors la ville, dans le quartier Saint-Antoine, près du ruisseau du Fossat, où ils étaient encore en 1790, et dont l'établissement est en partie occupé par les Dames de la Miséricorde.

La vigne de Lafargue et de Bec ayant été transformée en jardin, la ville l'acheta le 20 novembre 1529, afin de conserver les sources, et la revendit au même prix, avec la réserve expresse que les puits et réservoirs d'où provenait l'eau du grand Griffoul resteraient dans ledit jardin, et que les consuls ou leurs représentants pourraient y pénétrer en tout temps pour les nettoyer ou les réparer. Les Jacobins, devenus propriétaires de ce jardin, reconnurent ces droits dans divers actes.

En 1768, l'administration de la commune fit fermer un nouveau puits couvert par les Jacobins, et une pierre aux armes de la ville fut placée sur le soupirail aboutissant au réservoir.

Le 17 mai 1780, le conseil de police ordonna l'ouverture de neuf soupiraux de l'aqueduc, les fit élever à deux pieds au-dessus du terrain et les recouvrit également de pierres portant les armes de la ville.

Nos consuls veillèrent toujours avec sollicitude sur la conservation des sources de l'Oulette et du Griffoul, mais ils ne purent cependant les mettre complètement à l'abri des entreprises des voisins. La quantité d'eau qu'elles fournissaient ne cessa donc de diminuer, surtout depuis que l'enclos des Jacobins fut vendu en détail, pendant la Révolution, ce qui permit de bâtir plusieurs maisons sur les aqueducs et de creuser un grand nombre de puits. Ajoutons que le défrichement du Ramier et la mise en culture des terrains d'où venaient les eaux, ont dû contribuer pour une grande part à réduire considérablement leur débit. Aussi le conseil municipal décida en 1860 la construction d'un aqueduc collecteur avec bassin au boulevard, et l'établissement de pompes à feu à la

Citadelle. Ouvertes le 1er janvier 1863, ces fontaines fournirent d'abord un million de litres ; mais leur débit a diminué également de jour en jour par suite des mêmes causes ; et en ce moment l'administration municipale fait construire à Planques une nouvelle usine qui, d après le projet, doit donner quatre millions de litres.

Quoique les fontaines créées aux frais de Jean d'Hélies soient aujourd'hui pour ainsi dire abandonnées, nous avons tenu à rappeler la mémoire de ce bienfaiteur de la cité; son nom (1) depuis deux siècles désigne une des vieilles rues de Montauban, et est inscrit sur le portique élevé à l'entrée de l'Oulette, conformément à la délibération prise par le Conseil municipal le 6 juin 1835.

22 avril 1568. — Jacques d'Arpajon est tué devant Montech. Bernard-Roger de Comminges, vicomte de Bruniquel, meurt sous les murs de Castelsarrasin.

Nous empruntons aux *Mémoires de Jacques Gaches*, que M. de Pradel vient de publier, le récit de deux épisodes peu connus des guerres civiles du XVIe siècle dans nos contrées.

« Les vicomtes de Paulin, de Bruniquel et de Monclar, après avoir eslargi la ville de Castres, furent priés par ceux de Montauban pour les délivrer des courses que faisoient journellement ceux de Montech, jusques aux portes de la ville, et, ayant sorty leurs canons, s'en allèrent assiéger ce lieu, dans lequel il y avoit des forces considé-

---

(1) Le Mémoire que nous citons porte *Jean d'Hélie*; sur le portique on a gravé : *A la mémoire de Jean d'Hélies*; enfin nous avons la *rue d'Elie*. Peut-être devrait-on conserver l'orthographe du XIIIe siècle, et écrire *d'Hélias*, qui était sans doute un nom de lieu, plus ou moins dénaturé ; à cette époque le nom d'Elie ou Héli se traduisait par *Héliot* : par exemple, *Héliot de la Porta*.

Nous avons vu avec regret la démolition de la fontaine du Griffoul, dont le grand bassin était situé sur l'emplacement de l'une des tours de la porte Saint-Antoine, et au milieu duquel il y avait une figure de jeune homme, armé d'un trident, entouré de cinq dauphins de bronze, jetant l'eau par de nombreux tuyaux. — L'architecte remplaça ce monument par une espèce de buffet à trois corps en pierre, qui n'a aucun caractère et qui porte la date de 1845.

Le 18 novembre 1742, le premier consul proposa et le conseil décida de transporter sur la place Royale la fontaine du Griffoul, afin d'avoir au centre de la ville un bassin rempli d'eau, en cas d'incendie; ce changement devait permettre de niveler la place du Griffoul, et en même temps d'élever le pont de Baguet, qui menaçait ruine. La fontaine a été démolie de nos jours, mais la place nationale attend encore sa fontaine monumentale.

rables et des plus braves soldats d'entre les catholiques du pays qui estoient accourus de tous costés.

« Aux approches il y eut un furieux combat, pendant lequel les assiégés conservèrent leur dehors. Ce qui ayant faschè le baron d'Arpajon, il prit un bonnet blanc à la teste, pour n'estre pas cognu, et s'alla parquer dans une parroy de jardin pour tirer sur ceux qui tenoient le dehors, où ayant esté découvert, il fut tué d'une arquebusade, qui fut cause qu'on leva le siége de Montech. On le porta à Montauban, où il fut ensevely avec grand honneur. »

L'*Histoire de Languedoc* dit que l'armée qui assiégea Montech comptait 6,000 hommes de pied et 600 chevaux.

« Un malheur n'arrive jamais seul. Bernard-Roger de Cummenge, vicomte de Bruniquel, menoit une entreprise sur Castelsarrasin, par le moyen d'un soldat qui luy avoit promis de faire un trou à la muraille pour luy donner entrée. Cela luy fit faire halte aux environs de Montauban, attendant le jour de l'exécution, pendant lequel temps ce traistre avertit ceux de la ville.

« Pour attaquer le vicomte et ses gens, les habitants préparent toutes choses, et mandent au sieur de Vidonnet, catholique, de s'en venir avec sa troupe de cavalerie et le plus d'autres forces qu'il pourroit mener ce jour-là, voulant, d'autre costé, faire une sortie, chose fort faisable et qui fust arrivée si Dieu n'y eust pourvu.

« Le vicomte donc, arrivé près des murailles, envoya de Lerm, son lieutenant, avec Alary et Estoupignan, pour recognoistre le trou par où il falloit entrer. Ils descouvrirent à beaucoup de marques qu'il y avoit contre-trahison, ce qu'ayant rapporté au vicomte, il leur respondit que c'estoit la peur qui leur faisoit dire cela. A quoy de Lerm respondit que, pour faire voir le contraire, il iroit, mais qu'il n'en reviendroit plus; et estant entré avec 22 gentilshommes ou capitaines, ils furent massacrés et tués.

« Après quoi le sieur de Vidonnet, par curiosité, avant de monter à cheval pour aller donner sur les troupes qui estoient desjà en désordre par cet accident, voulant voir ces corps, une arquebusade qu'on tiroit encore sur eux luy donna dans la teste et l'estendit mort à terre, ce qui mit en désordre toute sa troupe et donna au vicomte de rassurer les siens et de regagner Montauban. »

D'après Dom Vaissete, Bernard-Roger de Comminges, vicomte de Bruniquel, serait mort sous les murs de Castelsarrasin.

23 avril 1816. — *Nouvelle crue du Tarn.*

Après plusieurs jours de pluie et de vent d'autan très-violent, le Tarn commença de grossir vers 6 heures du matin, le mardi 23 avril ; le soir il avait atteint 4 mètres à l'étiage. En présence de la rapidité de cette crue, M. Dumoulinet de Granès, maire, MM. de Grenier et Foissac, adjoints, ainsi que M. le vicomte de Gironde, commandant de la garde nationale, firent établir des postes dans les faubourgs exposés à être envahis, et toute la Garde nationale fut réunie sur la Place nationale, prête à porter secours au besoin.

De leur côté, M. le préfet de Villeneuve et M. le général d'Héricourt, MM. les colonels d'Andlau et de Prévost Saint-Cyr se tinrent en permanence à l'hôtel-de-ville, après avoir donné leurs ordres à la gendarmerie et aux troupes de la garnison.

Les temples de Villebourbon et de la ville, ainsi que les cloîtres des Carmes furent disposés pour recevoir les habitants dont les maisons seraient envahies par les eaux. Des bateaux, montés par des marins expérimentés, se tinrent prêts à porter secours sur les divers points de la ville et de la campagne.

A 8 heures, le communal de Gasseras était déjà envahi ; à 9 heures la compagnie des gardes nationaux artilleurs visitait les quartiers menacés, sous la conduite de son capitaine M. de Saint-Félix. La pluie ne cessait de tomber avec la plus grande abondance ; le temps était affreux. Un grand nombre de maisons de Sapiac et de Gasseras furent inondées pendant la nuit. Le mercredi, à 4 heures du matin, la crue cessa, et à 8 heures les eaux ayant baissé de 50 centimètres, toute crainte disparut. Il n'y eut heureusement que des pertes matérielles et aucune victime.

29 avril 1778. — *Mariage du comte de Pluvié et de Mademoiselle de Guibert.*

Une nombreuse société se réunissait, le 29 avril 1778, dans la modeste église de la paroisse de Fontneuve, juridiction de Montauban, pour assister au mariage qui allait être célébré entre : Jean-Fortuné Pluvié, âgé de 26 ans, capitaine au régiment de Neustrie, chevalier-seigneur de Tallen-Kgnaven, fils de feu messire Jean

Toussaint, comte de Pluvié, chevalier-seigneur de Merichouarne Vieux-Château et autres places, et de Pauline-Marie de Kérulain, domiciliés de la paroisse de Hennebon, au diocèse de Vannes;

Et demoiselle Antoinette-Angélique-Thérèse de Guibert, fille de messire Charles-Benoît, comte de Guibert, maréchal de camp et armées du roi, commandeur de l'ordre de Saint-Louis, comte du Saint-Empire romain, et de dame Suzanne de Rivals, domiciliés au château de Fontneuve.

Parmi les noms des assistants qui signèrent à l'acte, nous lisons ceux du vicomte de Montaran, capitaine au régiment de l'Angoumois, du comte de Prayssac, de messire Montané, conseiller à la cour des aides.

De ce mariage naissait à Fontneuve, le 10 juin 1780, Benoît-François-Fortuné Pluvié, qui s'engagea dans les guides et servit comme simple soldat depuis Malte jusqu'en Egypte. Nommé bientôt sous-lieutenant et chargé des fonctions d'officier de correspondance, Pluvié-Guibert fut jugé digne d'être admis au nombre des aides-de-camp du général en chef au commencement de la campagne de Syrie. Mais à la bataille d'Aboukir, le 7 thermidor an VII (25 juillet 1799) il fut blessé mortellement, n'ayant pas encore 20 ans. « Nous avons eu 100 hommes de tués, écrivait le vainqueur des Pyramides, parmi lesquels l'adjudant-général Leture, le chef de brigade Duvivier, le chef de brigade Crétin, et mon aide-de-camp Guibert. *J'avais beaucoup d'amitié pour le quatrième.* »

L'amitié de Bonaparte pour le neveu de Guibert s'inspirait certainement du souvenir du célèbre tacticien, dont le grand capitaine avait espéré perpétuer le nom dans la personne de son aide-de-camp.

29 avril 1386. — Les habitants de Montauban sont dispensés de loger les gens de guerre.

Jean, fils du roi de France, duc de Berry et comte du Poitou, lieutenant et gouverneur de la Guyenne et du Languedoc, adressa de Paris, le 29 avril 1386, au sénéchal et au viguier de Montauban une ordonnance qui défendait de forcer les bourgeois et habitants de cette ville à loger les gens d'armes, tant que les hôtelleries seraient libres et suffisantes; et dans tous les cas ils devaient payer exactement tout ce qu'ils auraient pris ou reçu.

Mois de Mai.

3 mai 1778, 1779 et 1780. — *Séances publiques de l'Académie de Montauban consacrées à l'Agriculture.*

A sa création, en juillet 1744, l'Académie de Montauban ne tenait tous les ans qu'une séance publique exclusivement littéraire, le 25 août, fête de saint Louis, son patron : mais, plus tard, elle décida d'en avoir une seconde, le 3 mai, fête de la sainte Croix, entièrement réservée à l'Agriculture. Dans cette réunion devaient être distribués, suivant les intentions du donateur, M. l'abbé de La Tour : un prix de 150 livres à une dissertation ou à un discours sur un sujet agricole, et diverses primes de 50 livres chacune destinées à des filles d'agriculteurs appartenant à la juridiction de Montauban, et qui se seraient distinguées par leur bonne conduite Ces primes n'étaient payées qu'après avoir été inscrites dans le contrat de mariage comme dot et après la cérémonie nuptiale.

Dès le matin du 3 mai, la compagnie se rendait à l'église Saint-Jacques pour assister à la messe et entendre un sermon sur un sujet en rapport avec la solennité.

Le soir, l'Académie se réunissait en corps à l'hôtel-de-ville, où elle était reçue officiellement par les Consuls, qui l'accompagnaient jusques à la grande salle, disposée pour la réunion publique.

Quoique le programme dût être à peu près le même tous les ans, nous analyserons les comptes-rendus de 1778, 1779 et 1780, afin de faire mieux ressortir l'intérêt de ces assemblées :

Le 3 mai 1778, le sermon d'usage fut prononcé par M. l'abbé de La Tour, doyen de l'église de Montauban et secrétaire perpétuel de l'Académie.

M. Lade, avocat à la cour des aides, directeur de la Société, ouvrit la séance publique par un discours sur le but de ces réunions; et après avoir démontré « combien l'humanité est redevable à l'Agriculture, » il rendit un hommage mérité à son protecteur, M. le comte de Maurepas.

M. Marqueyret, avocat au Parlement, lut « une dissertation sur la Luzerne ou l'Esparcète, » et détermina le vrai nom et les propriétés de cette plante.

M. le baron Dupuy-Monbrun, capitaine au régiment de Noailles, prononça un discours sur « le Bonheur, » qui ne peut exister sans la vertu; il démontra que de toutes les conditions, c'est dans celle du laboureur qu'on trouve réellement la vertu et conséquemment le bonheur.

M. l'abbé de La Tour, dans une dissertation pleine d'érudition, fit « l'historique des fêtes consacrées à l'Agriculture dans tous les pays. »

M. Lade analysa le jugement de l'Académie sur l'ouvrage couronné (dont nous ne connaissons pas le sujet), et fit observer qu'en décernant la palme à M. Caillet, directeur des postes à Sainte-Menehould, la Société avait voulu surtout récompenser les efforts du lauréat pour perfectionner les méthodes agricoles, sans prétendre cependant les adopter entièrement.

M. l'abbé Teulières lut le travail de M. Caillet, et annonça que l'Académie décernait trois primes de 50 livres chacune, à Marguerite Dufau, de Verlhaguet, à Marie Labouisse, de la même paroisse, et à Marie Lafite, de Lagarde.

Le 3 mai 1779, le sermon fut prêché par le R. P. Laroque, dominicain.

M. Lade, dans le discours d'ouverture, examina « quel était le gouvernement le plus propre à accélérer les progrès de l'Agriculture. »

M. Marqueyret lut une dissertation « sur la manière de préparer le Chanvre. »

M. Durban, trésorier de France, ancien capitaine du régiment de Flandres, fit ressortir, dans son discours, « la noblesse et les avantages de l'Agriculture. »

M. le baron Dupuy-Monbrun, commandant de bataillon dans le régiment provincial de Bordeaux, adressa « une épître à Thémire. »

M. l'abbé de La Tour exposa « le cas que les anciens faisaient de l'Agriculture. »

Enfin, la séance fut terminée par la lecture de l'ouvrage couronné : « Traduction en vers d'une partie du premier livre du *Prædium rusticum*, du R. P. Vannière, » dont M. de Roulhac, procureur du roi au bureau des finances de Limoges, s'était déclaré l'auteur. Le premier accessit fut accordé à M. l'abbé Barré, docteur en droit de la faculté de Paris, et le deuxième accessit à M. Couret de Villeneuve, imprimeur du roi à Orléans.

Deux sommes de 50 livres furent distribuées à Françoise Vidal, d'Albefeuille, et à Anne Sol, de Falguières.

Le 3 mai 1780, M. l'abbé Massol, hebdomadier de l'église d'Albi, fit le sermon.

M. Lade, directeur, ouvrit la séance du soir par un discours sur l'Agriculture, dans lequel il releva avec chaleur « la noblesse de cet art si précieux à l'humanité; » il fit aussi l'éloge funèbre du vénérable abbé de La Tour, décédé le 19 janvier.

M. l'abbé de Verthamon, grand archidiacre de Montauban et vicaire général, dans son discours « sur le patriotisme, » examina en détail des divers états qui concourent plus efficacement au bonheur de la Patrie, et fit voir que le laboureur y contribue pour une bonne part.

M. l'abbé Teulières, bénéficier du chapitre et professeur de rhétorique au collége royal de Montauban, mit en parallèle, dans une épître en vers, « la simplicité et l'innocence qui caractérisent les mœurs de la campagne, avec le faste et la corruption des villes. »

M. Durban lut un « éloge historique de Pierre-le-Grand, » et insista particulièrement sur les soins que ce grand homme avait donnés à l'Agriculture, source de la richesse et de la splendeur des nations.

M. Teulières, avocat en parlement, fit la lecture de la dissertation couronnée : « Quelle est l'eau la plus propre à la végétation des plantes, » qui était l'œuvre de M. l'abbé Bertholon, prêtre de Saint-Lazare, membre des académies de Bordeaux, Toulouse, Marseille.

Les sommes destinées à des filles d'agriculteurs furent données à Antoinette Ver, d'Ardus, et à Florette Gasc, de Villemade.

Il est probable que l'Académie avait une section spécialement chargée des questions agronomiques, mais nous ignorons à quelle époque fut formée et finit cette section.

L'Académie de Montauban publia, de 1742 à 1755, cinq volumes contenant les documents relatifs à sa fondation et à son histoire, ainsi que les lectures les plus importantes faites par ses membres dans les séances littéraires ; deux autres volumes restèrent en préparation : mais elle ne fit pas imprimer ses travaux relatifs à l'Agriculture. Nous avons été assez heureux pour en recueillir un certain nombre, publiés par leurs auteurs. Il nous a semblé que l'indication, quoique très-sommaire, des dissertations et discours lus dans les séances de 1778, 1779 et 1780 était suffisante pour donner une idée juste de l'importance que cette Société attachait à tout ce qui se rapportait à l'Agriculture : nous pouvons même dire qu'il fut alors question de créer une *Gazette agricole.*

7 mai 1748. — Naissance d'Olympe de Gouges.

Les dictionnaires biographiques publiés récemment, continuent à donner des renseignements fantaisistes sur la naissance, le mariage et la filiation d'Olympe de Gouges, qui, d'après les uns, serait la fille naturelle de Lefranc de Pompignan ou même de Louis XV, et, d'après les autres, aurait été épousée, pour sa beauté, par un vieux traiteur, riche de 60 mille livres de rente.

Le *Courrier de Tarn-et-Garonne* a cependant publié, il y a plusieurs années, des documents communiqués par M. Ferbeyre, qui auraient dû couper court à ces inventions, inspirées par quelques passages des écrits de notre compatriote. En attendant que la *Biographie de Tarn-et-Garonne* consacre une étude complète à Olympe de Gouges, nous allons résumer, dans une courte éphéméride, les faits les plus intéressants de sa vie, qui fut si agitée.

« Marie Gouze, fille de Pierre Gouze, boucher, et d'Olympe Moisset, » naquit à Montauban, sur la paroisse Saint-Jacques, le 7 mai 1748 ; elle se maria le 24 octobre 1765, dans l'église Saint-Jean, avec « Louis-Yves Aubry, officier de bouche de l'intendant de Gourgues. » Du contrat de mariage, retenu par Me Grelleau, il résulte que la future se constitue en dot 1400 livres, et que le futur, originaire de Paris, possède 399 livres 15 sols, pour tous biens.

Marie Gouze n'avait qu'une éducation très-incomplète, mais l'acte de mariage porte sa signature, contrairement à l'opinion des biographes, qui prétendent qu'elle ne savait pas écrire.

Aubry et sa femme suivirent à Paris M. de Gourgues lorsqu'il fut remplacé à l'intendance de Montauban, en 1773, par M. Terray. Recherchée dans un certain monde pour son esprit et sa beauté, la femme d'Aubry quitta bientôt le nom de son mari, prit celui de son père, précédé du prénom de sa mère et augmenté d'une particule, et devint *Olympe de Gouges*. C'est sous ce nom qu'elle envoya, en 1785, au Théâtre Français un drame sentimental qui lui causa de vifs démêlés avec les comédiens, et mit à l'index toutes ses compositions dramatiques.

Dès que la Révolution éclata, notre compatriote ne laissa guère passer d'événements sans émettre ses idées dans de nombreux pamphlets ; elle rêva l'émancipation des femmes, et soutint même qu'ayant le droit de monter à l'échafaud, elles avaient bien le droit de monter à la tribune. Après avoir admiré Necker, elle se montra enthousiaste pour Mirabeau, et organisa une société populaire de tricoteuses. Plus tard, émue de pitié pour Louis XVI, elle prit sa défense, et après la mort du roi attaqua énergiquement le régime de la Terreur. Une brochure politique très-violente causa son arrestation le 25 juillet 1793, et le tribunal révolutionnaire l'envoya à l'échafaud le 4 novembre de la même année. « Elle y monta avec courage, dit Michelet, en recommandant à la Patrie sa mémoire et sa vengeance. »

Dans les ouvrages d'Olympe de Gouges on trouve une féconde imagination et de l'esprit; mais son style laisse beaucoup à désirer. M. Lairtullier a parfaitement apprécié le caractère de « cette femme si mobile, toujours si fière, si généreuse, et quelquefois sublime. Sa tête la menait plus vite que son cœur. »

Nous avons réuni la plupart de ses écrits, dont la liste dépasserait la place réservée à une éphéméride; nous citerons seulement ses *Œuvres*, publiées à Paris en 1788, 3 vol. in-8°, qui ne contiennent ni ses pamphlets politiques, ni beaucoup de pièces de circonstance que nous indiquerons un jour dans une notice bibliographique spéciale, qui suivra sa biographie.

Le fils d'Olympe de Gouges, Pierre Aubry, né à Montauban le 29 août 1766, signait *Aubry de Gouze* dans une lettre adressée au maire le 2 brumaire an VII, pour demander son acte de naissance. Après être sorti d'une école militaire, il fut nommé lieutenant en 1791, capitaine en 1792 et adjudant général en 1793. A cette époque les opinions politiques de sa mère, qu'il avait cependant reniée par faiblesse, lui firent perdre sa position; mais il reprit son grade à l'armée du Rhin, où il fut grièvement blessé et mis à la réforme. Plus tard, le 1er consul lui donna le commandement des troupes et stations de la Guyanne française, et il mourut à Sinnamary vers 1804.

9 mai 1653. — Louis XIV annonce au président d'Aussonne qu'il est nommé conseiller du Roi.

Prenant en considération les bons et fidèles services que le président d'Aussonne avait rendus au feu roi et à lui-même, soit dans ses fonctions, soit en divers emplois et notamment pendant les derniers troubles du Quercy, Louis XIV le nomma « conseiller ordinaire en ses conseils d'Etat privé et finances, pour y avoir entrée, séance, voix délibérative, et jouir des honneurs, autorité, prérogatives, prééminences, franchises et priviléges dont jouissent les autres conseillers ordinaires, et aux gages et appointements qui seront ordonnés. » — Ces lettres, signées de la main du roi, sont datées de Fontainebleau, le 9 mai 1653.

Jean-Jacques de Buisson d'Aussonne, gouverneur du Quercy, premier président de la Cour des Aides de Montauban, mourut dans notre ville le 27 mai 1670, et fut inhumé à Toulouse, où il était né en 1593.

10 mai 1744. — Les premières écoles des Frères à Montauban.

« M. Mène, premier consul, représente au Conseil général de la ville, que la piété de Mgr l'Évêque de Montauban le porta, il y a environ deux ans, à faire à ses frais l'établissement d'une école au faubourg Villenouvelle, et qu'il appela, pour la diriger, deux Frères de la doctrine chrétienne, dont l'institut est d'élever la jeunesse de toute condition, sans frais, et de lui apprendre à lire, écrire et compter, de lui enseigner les principes des mathématiques si nécessaires pour les arts et métiers, et la tenue des livres en partie double, science infiniment utile pour le commerce. Les progrès que cet établissement a produits à Villenouvelle ont été si sensibles, qu'on a vu en peu de temps les enfants confiés aux Frères totalement changés ; ils ont appris à lire et à écrire très-promptement.

« Mais ce qu'il y a de plus intéressant, dit le premier consul, c'est que les Frères s'appliquent très-sérieusement à leur enseigner la religion, à leur donner du goût pour la vertu et de l'horreur pour le vice, à leur inspirer de bonnes mœurs, enfin à leur donner une bonne et sainte éducation. »

M. Méne ajoute que ces avantages ont inspiré aux habitants de cette ville le désir de voir augmenter un établissement si utile. On a cherché le moyen d'y parvenir sans aucune nouvelle charge ou imposition, en appliquant, pour la subsistance et le logement d'un plus grand nombre de Frères de la même congrégation, la somme de 900 livres que la ville s'impose annuellement pour les régents des enfants des artisans. Il y a déjà deux autres écoles, l'une à Sapiac dans le couvent des Pères Carmes, l'autre à Villebourbon.

Le Conseil approuva, à l'unanimité, l'établissement de l'école des Frères, « tant et si longuement que la communauté serait contente de leurs services, » à la condition que le nombre des écoles et des Frères serait augmenté et qu'on en établirait une dans l'enceinte de la cité pour la commodité des habitants.

Les Frères furent expulsés de leur maison du Moustier le 21 décembre 1791 ; mais en 1818 Pierre Espieute, dont nous publierons une notice au mois de juillet, donna 24,000 fr. à la ville pour faciliter le rétablissement des Écoles chrétiennes à Montauban.

11 mai 1824. — Mgr de Cheverus est nommé évêque de Montauban.

Supprimé le 7 juillet 1790, l'évêché de Montauban fut rétabli par le décret impérial du 2 Novembre 1808 qui créait le département de Tarn-et-Garonne, et par une bulle de Pie VII, de la même année.

M. l'abbé de Trélissac ayant refusé le titre d'évêque, fut chargé d'administrer provisoirement le diocèse comme vicaire-général de l'archevêque de Toulouse et des évêques de Cahors et d'Agen, auxquels appartenaient les diverses portions de département qui avaient été prises pour former le Tarn-et-Garonne. Cet état de choses dura jusques en 1824, parce que l'abbé Brunault de Beauregard, désigné en 1817 pour notre évêché, n'avait pas encore reçu ses bulles lorsqu'il fut appelé à Orléans.

Le 11 mai 1824, le siége épiscopal de Montauban fut enfin pourvu d'un titulaire par la nomination de Mgr Lefebvre de Cheverus, **ancien évêque de Boston.**

Né à Mayence le 28 janvier 1768, l'abbé de Cheverus fut ordonné prêtre en 1790, et se vit bientôt forcé d'émigrer. Il alla alors prêcher l'Evangile aux sauvages de l'Amérique du Nord, et fonda une mission à Boston, dont il devint le premier évêque. Mais sa santé étant altérée, il rentra en France, fut nommé en 1824 à l'évêché de Montauban et en 1826 à l'archevêché de Bordeaux, où il mourut le 19 juillet 1836, après avoir été élevé à la dignité de pair de France et de cardinal.

Nous rappellerons, au mois de juillet, l'accueil sympathique que ce prélat reçut à Montauban lorsqu'il vint prendre possession de son siége.

11 mai 1573. — Banquet des consuls de Montauban.

Par suite d'un usage immémorial, les consuls de Montauban étaient soumis à un tribut de bienvenue, nommé *béjaune*, consistant à donner, à leur entrée en fonctions, un régal, auquel étaient invités les membres du conseil particulier et les principaux fonctionnaires de la commune.

Lorsque les Anglais, chassés de nos murs, établirent 14 bastilles dans les environs de Montauban, le conseil général décida (27 janvier 1423) la suppression du banquet annuel, et en échange chaque consul fut tenu de fournir « une arbalète d'acier, du calibre de 14 carreaux au moins, munie de 25 traits bons et suffisants avec leur étui ou carquois, ou bien de payer 4 livres tournois pour achat d'artillerie. »

Après le rétablissement de la paix, le repas municipal fut repris et fixé à la fin de l'année consulaire, qui expirait le premier lundi après la translation de saint Nicolas. La veille de l'élection l'hôtel-de-ville revêtait un air de fête, et une table était dressée dans la grande salle pour recevoir le soir les consuls et leurs convives.

M. Devals nous a donné des détails intéressants sur ces repas : celui du 14 mai 1549 coûta 15 livres 7 sous 8 deniers ; mais c'était seulement une collation, car dans la dépense on ne trouve que 4 livres 15 sous 10 deniers pour des gaufres ; 6 livres 1 sou 3 deniers pour 18 livres 1/2 de dragées, et 4 livres 2 sous pour une barrique de vin clairet et une de vin blanc.

Le lendemain nos consuls firent célébrer « une messe du Saint-Esprit, afin que Dieu accorde la grâce de faire de bonnes élections. » Le trésorier paya 2 sous 6 deniers pour cette messe. Ce pieux usage fut abandonné lorsque la Réforme devint toute puissante à Montauban, et l'on ajouta à la collation du soir un déjeuner pour le lendemain.

Les banquets du 11 mai 1573 furent de vrais festins, s'il faut en juger d'après la dépense, qui s'éleva à la somme, alors très-importante, de 57 livres 19 sous. Nous allons donner le détail et le prix des denrées consommées, afin que nos lecteurs puissent se faire une idée de la valeur de l'argent vers la fin du XVIe siècle.

1 veau de lait,	3 l.	10 s.	4 pièces fromage,	» l.	7 s.
1 chevreau,	1	13	1 1/2 l. sucre fin,	»	12
2 chapons,	1	5	1 1/4 l. cassonade blan.		4
1 lièvre,	»	12	Girofle, canelle,	1	6
4 lapereaux,	1	4	Pour le pain,	10	10
12 poulets,	1	10	La pâtisserie,	11	10
2 oisons,	2	»	Pour le vin,	12	15
12 pigeons,	1	7	Artichauts,	»	7
4 livres mouton,	1	2	Salade et farines		
7 livres lard,	1	1	à la poêle,	»	10
1 livre olives,	»	3	Pois, cerises et autres		
1 1/2 livre capres,	»	8	fruits,	»	5

Pour préparer ces repas, les cuisiniers et leurs aides ne reçurent que 15 sous, et cependant ils employèrent 4 charretées de bois du Ramier, 3 charges de charbon et 2 fagots de sarment. Les « chandelles de coton à faire lumière » furent payées 1 livre 3 sous. Enfin les consuls offrirent à leurs convives 5 sous de fleur d'oranger pour parfumer les mains.

A partir de 1576, les élections ayant lieu le 1er janvier, le repas fut fixé au 31 décembre, et la somme consacrée à cet usage s'augmenta peu à peu : en 1679 la dépense était de 150 livres ; en 1740 elle fut portée à 200 livres ; mais l'intendant supprima définitivement ce crédit en 1760, à la suite des désastres que la France avait éprouvés dans l'Inde et le Canada.

13 mai 1290. — Arnaud de Parias fonde l'Hôpital de ce nom.

Par son testament du 13 mai 1290, Arnaud de Parias donna sa maison pour y fonder un hôpital, qui prit son nom, et auquel Pierre Roques, prêtre, laissa tous ses biens en 1354.

Le 24 juillet 1549, les 12 hôpitaux qu'il y avait dans la ville de Montauban se trouvant fort étroits et n'ayant surtout que de médiocres revenus, nos consuls, d'accord avec l'Evêque et les administrateurs de ces établissements, en supprimèrent 9, et décidèrent de consacrer tous leurs revenus à ceux de Lautier et de Parias, qui furent destinés aux malades et aux vieillards, et à celui de Notre-Dame, réservé pour les enfants orphelins.

Le 18 octobre 1597, l'hôpital de Parias fut vendu pour y bâtir un collége et une académie protestante, et ces bâtiments, agrandis par l'achat de plusieurs maisons, restèrent affectés à cet usage jusqu'à la construction par les Jésuites, en 1677, du nouveau collége dans la rue des Soubirous, aujourd'hui occupé par les écoles municipales.

L'hôpital de Parias était situé dans la rue de ce nom, qui plus tard devint la rue de l'Ancien-Collége, qu'elle porte aujourd'hui.

L'évêque Colbert fit construire en 1686, dans le faubourg Saint-Antoine ou de Villenouvelle, l'hôpital général de Saint-Jacques, qui existe encore, y transporta tous les meubles des autres maisons et lui attribua tous leurs revenus.

14 mai 1457. — Transaction entre le Viguier royal et les Consuls sur l'exercice de la Justice.

Pour mettre un terme aux conflits qui s'étaient élevés plusieurs fois entre les consuls de Montauban et le viguier du Roi sur la justice et la finance, Pierre Beraldi, trésorier de France, intendant de justice et finance, fut chargé de faire un règlement, qui fut accepté le 14 mai 1457 par les parties. D'après ce règlement, la justice appartint en seul à nos consuls, le viguier n'eut aucun droit de s'y entremettre ; seulement, il pouvait capturer un criminel surpris en flagrant délit, mais il devait le conduire immédiatement dans les prisons des consuls, à qui il appartenait de dresser la procédure, sans que le viguier pût s'en mêler aucunement.

Le 27 janvier 1514, la ville acheta pour 200 livres la charge de viguier ou du moins une partie de ses droits. La viguerie fut définitivement supprimée à Montauban le 2 septembre 1644, moyennant une indemnité de 4,000 livres.

14 mai 1788. — Le conseil de la ville demande des prières publiques à cause de la grande sécheresse.

Dans la séance du 14 mai 1788, M. de La Mothe, chevalier de Saint-Louis, maire de Montauban, exposa au conseil que l'affreuse sécheresse qui régnait depuis longtemps exposait les fruits de la terre aux plus grands dangers. En conséquence, il proposa au conseil d'écrire à Mgr l'Evêque pour le prier d'ordonner des prières publiques, afin d'obtenir du ciel la cessation de ce fléau. Après avoir ouï les conclusions de M. Mialaret, procureur du Roi et de la commune, le conseil approuva, à l'unanimité, cette proposition, et décida en outre d'assister en corps à ces prières, le jour qui serait fixé par l'Evêque. Ces prières furent faites le 16 mai, et le soir le théâtre fut fermé.

Un mois après, le conseil, effrayé par les dégâts que causaient les pluies qui ne cessaient de tomber depuis plusieurs jours avec une grande abondance, se transporta à l'évêché pour supplier Mgr de Breteuil de prescrire de nouvelles prières publiques, afin d'obtenir le retour du beau temps. Notre prélat s'empressa de répondre à ces désirs, et des prières publiques eurent lieu le 23 juin, en présence de tout le corps municipal.

15 mai 1650. — Lettre du duc d'Epernon au président d'Aussonne sur les troubles du Quercy.

« Monsieur, j'aurai peine à croire ce que l'on me dit de quelques levées de gens de guerre qu'on présuppose se faire dans la vicomté de Turenne, et même dans le voisinage de Cahors, contre le service du Roi, jusques à ce que j'en aie appris quelque chose de votre part. Je vous conjure donc de me vouloir mander ce que vous en savez. Continuez vos soins pour maintenir toutes choses à Cahors dans le devoir et la tranquillité, et de me croire, comme je suis, avec autant de passion que personne au monde, Monsieur, etc. »

Le président d'Aussonne fut nommé gouverneur du Quercy, le 2 septembre 1651.

16 mai 1800. — *Projets de canaux dans les environs de Montauban, Toulouse, Castres et Alby, pour la communication des deux mers.*

L'opinion publique réclame en ce moment de nouvelles lignes pour compléter le réseau de nos chemins de fer, avec la même énergie que nos pères demandaient, au commencement du siècle, la création de nombreux canaux, notamment de celui qui devait former une communication directe entre l'Océan et la Méditerranée, projet repris plusieurs fois de nos jours, et développé le 8 mars 1876, devant la chambre de commerce de Bordeaux, qui donna son entière approbation au grand canal maritime proposé par M. Laliman.

Il n'est donc pas sans intérêt, au point de vue historique, de rappeler que, dans ce but, M. Couderc, ancien ingénieur des ponts-et-chaussées des Basses-Pyrénées, dressa, en 1800, une « Carte « topographique des environs de Montauban, Toulouse, Castres et « Albi, où sont tracés plusieurs projets de canaux pour la com- « munication de ces différentes communes avec les deux mers. »

Nous allons indiquer sommairement les projets que notre compatriote propose dans la légende qui accompagne sa Carte, conservée aux archives municipales de Montauban.

D'après M. Couderc, le premier canal, déjà projeté par Riquet, établissait une communication depuis Naurouse, point de partage entre les deux mers, jusqu'à la rivière de l'Agout, et de là jusqu'à la Pointe-Saint-Sulpice. Il partait de Naurouse, allait rejoindre le canal du Midi et l'Agout, et se réunissait aux canaux projetés pour Castres et Mazamet ; cotoyant ensuite la plaine jusqu'à Lavaur, il arrivait à Saint-Sulpice, où il communiquait avec le Tarn, et par suite avec la Garonne, ou bien il était continué jusqu'à Montauban par Buzet, Magnanac, La Bastide et Bressols ; sa longueur était d'environ 133 kilomètres, partagés par 27 écluses. La partie comprise entre Saint-Sulpice et Montauban avait une longueur de 43 kilomètres et une pente de 26 m. 30 c.

Le deuxième canal partait d'Albi, suivait la rive gauche du Tarn et allait rejoindre à Saint-Sulpice celui de Naurouse ; il avait 49 kilomètres.

Le troisième canal allait de Castres à la Pointe-Saint-Sulpice, et avait 16 kilomètres.

Le quatrième canal venait de Mazamet, et se réunissait à celui de Castres, après un parcours de 21 kilomètres.

Le cinquième canal, celui de Toulouse à Montauban, commençait au canal du Midi, au pont Saint Etienne, afin de partir de la plus grande hauteur. Il suivait La Lande, longeait la route de Montauban jusqu'au Lhers, qu'il traversait dans un pont-canal, passait ensuite dans les communes de Castelnau, Pompignan et Grisolles, tournait entre les forêts de Montech et d'Escatalens, longeait le ruisseau de Montbeton, descendait dans la plaine de Gasseras, arrivait à La Laque de Montauban et débouchait dans le Tarn au-dessus du moulin de Palisse.

Ce canal aurait eu 54,555 m. de long, 37 m. 54 de pente et 11 écluses! C'est à peu de chose près le Canal latéral avec embranchement sur Montauban, qui fut inauguré en 1844. M. Couderc avait renoncé à la prolongation du canal jusqu'à Moissac par crainte des inondations de la Garonne et du Tarn.

Le sixième canal, de la Grésigne à Montauban, prenait les eaux de la forêt par deux petits canaux allant rejoindre la rivière de la Vère, longeait cette rivière et la traversait à Bruniquel, d'où il venait déboucher à Montauban, par le ruisseau La Garrigue, qui aurait continué son cours dans un aqueduc construit sous le canal.

La possibilité de ce canal, qui avait 46,741 m. de long, 40 m. de pente et 13 écluses, fut reconnue par l'ingénieur Bourouil, envoyé sur les lieux par M. de Maillebois, à qui le gouvernement avait concédé la forêt de Grésigne. Nos histoires locales nous apprennent qu'il fut plusieurs fois question de canaliser l'Aveyron, notamment sous Richelieu et Colbert, et de nouveau sous le règne de Louis-Philippe; en 1845, tous les nivellements étaient terminés jusqu'à Villefranche. Au XVIIe siècle on avait proposé de creuser un canal pour faciliter le transport des houilles, pierres, marbres et bois qu'on trouve en quantité dans ces contrées, et qui ont manqué de débouchés faciles jusqu'au moment où le chemin de fer Grand Central a procuré à peu près tous les avantages qu'on espérait d'une voie navigable.

M. Couderc indiquait encore dans sa Carte, dressée le 20 floréal an VII, plusieurs petits canaux : de Salvagnac à Montauban en longeant le Tescou ; — de Monclar à Montauban, en suivant le Tescounet jusqu'à Bonrepos ; — de Chouastrac à Saint-Etienne, le long du ruisseau de la Tauge; — enfin, de Caussade à Montauban, par Réalville.

Si dans les autres provinces les projets de canaux avaient été aussi nombreux que dans la nôtre, il aurait fallu, pour les exécuter, autant de millions qu'on en demande aujourd'hui pour donner satisfaction à toutes les localités qui réclament des lignes secondaires de chemins de fer.

17 mai 1808. — Projet d'acquisition, par la Ville, de l'ancien jardin de l'Evêque.

Quelques années avant sa mort (1674), Pierre de Bertier, évêque de Montauban, désireux de faire disparaître les traces de nos luttes religieuses, et d'embellir sa ville épiscopale, obtint du Roi une somme de 60,000 francs, qu'il employa à l'établissement d'un magnifique jardin sur l'emplacement de l'ancienne église cathédrale de Saint-Martin, située à l'extrémité du faubourg du Moustier, et qui avait été détruite en 1562, pendant les guerres du XVIe siècle.

Un écrivain contemporain nous a conservé le souvenir de ce parc, dont la création et l'ordonnance étaient une nouvelle preuve du goût éclairé de l'évêque Bertier.

Le Bret écrivait en 1668 dans son *Histoire de Montauban* (1) :

« Cet admirable jardin est partie en terrasse, partie sur un rampant, et partie au pied de ce rampant, le long duquel passe le Tescou. La terrasse forme un parterre de six carreaux, bordés de buis et de plantes aromatiques, avec des fleurs de toute espèce, des bordures de lauriers d'Espagne entremêlées de cyprès, et des contre-allées de fruitiers nains. Au-dessus de la terrasse sont de belles palissades de charmes, de grandes allées d'ormeaux, et un labyrinthe ; sur le rempart, des vignes toutes de muscat, avec des sous-allées de sycomores..... Tout cela est accompagné d'une parfaitement belle orangerie, qui est sur la main droite en entrant dans la cour, où l'on rencontre de front un

---

(1) *Histoire de la Ville de Montauban*, par Henry Le Bret, édit. de 1668, t. II, p. 377; et édition annotée de 1841, t. II, p. 229.

grand perron en fer à cheval, conduisant par deux escaliers pour les personnes à pied, et par des rampants pour les carrosses, sur la terrasse où est le parterre, qui a 100 toises de long et 50 de large. »

A ces détails Cathala-Coture ajoute, dans l'*Histoire du Querci*, que le roi d'Angleterre Jacques II, admirant ce jardin, « un des prodiges de la nature par la beauté de sa situation, » s'écriait : « *Dieu peut faire de plus belles choses, mais il ne l'a point fait.* » Ces paroles du royal exilé montrent que le jardin public répondait parfaitement aux projets du vénérable prélat.

Nous avons dit *jardin public* avec intention, car le jardin, quoique entretenu aux frais des Evêques, fut depuis sa création constamment ouvert à la population montalbanaise, qui finit par le considérer comme une de ses promenades publiques.

1790 arriva : l'évêché de Montauban fut supprimé, et l'Etat fit mettre en vente, comme biens nationaux, le palais épiscopal et le jardin de l'Evêque.

La population, par l'organe de ses magistrats municipaux, réclama contre l'aliénation de la promenade du Moustier, qu'elle regardait comme lui appartenant par droit d'usage; mais, ne pouvant s'appuyer sur une preuve écrite, puisqu'il n'y avait qu'une gracieuse autorisation verbale de jouissance, elle fut déboutée de ses prétentions, et la vente eut lieu. Malheureusement l'administration municipale ne se rendit pas adjudicataire du jardin et n'acheta que l'évêché, devenu aujourd'hui l'hôtel-de-ville, ainsi que nous l'avons dit.

Nos concitoyens ne cessèrent de regretter cette belle promenade, et le 2 mai 1808 M. Vialètes de Mortarieu, maire de Montauban, proposa au conseil municipal de racheter l'emplacement du jardin de l'Evêque.

« La ville de Montauban, disait ce magistrat, est privée depuis environ 16 ans de l'avantage de la promenade appelée Jardin de l'Evêque, située au faubourg du Moustier, sur un plateau dont la vue, dominant sur les vastes plaines du Tarn et de la Garonne, s'étend jusqu'aux Pyrénées et offre à l'œil de l'observateur un tableau aussi riche que varié. La jouissance de ce beau site, embelli par les soins de Messieurs les Evêques, a été conservée sans trouble ni empêchement aux habitants de cette ville jusqu'à l'époque de la Révolution. Alors seulement la ville fut dépouillée de l'avantage précieux de cette promenade. Nous souffrîmes tous cette perte avec douleur, mais avec l'espérance que l'homme honnête qui en avait fait l'acquisition en ferait la cession à la ville.

« La privation de cette promenade a toujours excité les regrets les plus profondément sentis des habitants de cette ville, qui pendant l'été ne pouvant aller à celle du Cours sans s'exposer à l'ardeur du soleil, se rendaient, à l'ombre des maisons, à la promenade du Moustier pour y jouir de la fraîcheur qu'ils auraient cherchée vainement ailleurs. Cette privation a d'ailleurs fait éprouver des pertes considérables aux propriétaires de ces quartiers, qui avaient fait de fortes dépenses pour rendre l'avenue de cette promenade aussi belle par la construction de leurs édifices qu'utile aux étrangers, que le besoin de respirer attirait dans cette ville de divers Etats voisins, et que la beauté de cette promenade, son heureuse situation et la commodité de se loger d'une manière convenable à leur fortune, les y retenait souvent plusieurs années, ce qui était d'un avantage réel pour tous les habitants en général, mais particulièrement pour ceux du faubourg du Moustier.

« Tous ces motifs réunis secondent puissamment le vœu des habitants de cette ville de rentrer dans la possession de ce jardin. Vous seconderez leurs désirs, vous réparerez cette partie des ravages révolutionnaires, et la ville de Montauban, rentrée dans une propriété dont elle n'aurait jamais dû être dépouillée, pourra encore offrir au regard des étrangers la vue d'un des plus beaux sites de l'Europe. »

La proposition du maire fut approuvée par le conseil, qui reconnut que la promenade du Moustier était indispensable aux habitants de notre ville, mais que, pour l'acquérir, « on devait forcément procéder conformément à la loi du 16 septembre 1807, et faire estimer la partie supérieure du ci-devant jardin de l'Evêque, du pavillon, des murs de soutènement, de la prairie, avec les deux bâtisses, l'allée basse et les murs de clôture, en se réservant un mètre de largeur autour pour en permettre la réparation. Sur la partie restant au propriétaire, il serait interdit de bâtir ou de planter des arbres pouvant gêner la vue. »

M. Couderc, ingénieur des ponts-et-chaussées, expert pour la

—mairie, et M. Galibert, négociant, nommé par M. Poursillié, propriétaire du jardin, reconnurent, le 17 mai 1808, que le terrain à acquérir était de 1 arpent 71 perches 57 mètres, et ils l'estimèrent à 20,000 francs.

D'une enquête faite par M. Octavien de Gironde, adjoint au maire, il résulta que la grande majorité des habitants approuvait cette acquisition, mais que le prix d'estimation paraissait trop élevé.

L'affaire resta en suspens jusques en 1812. Alors M. Poursillié demanda à la municipalité de prendre une décision, « car s'il cédait son jardin avec plaisir à la ville, il était tout aussi désireux de le garder. »

Le 19 mai 1812, M. le préfet de Tarn-et-Garonne voyant que les parties ne s'entendaient pas, les autorisa à se dégager réciproquement de leurs promesses.

Tout en regrettant vivement que l'administration municipale ait manqué cette occasion de posséder une belle promenade, nous devons nous féliciter de voir l'ancien jardin de l'Evêque non-seulement conservé, mais considérablement agrandi par son propriétaire, qui est toujours heureux d'en faire les honneurs à ses concitoyens et aux étrangers ; l'ancien pavillon est remplacé par un beau château, entouré d'un parc planté avec beaucoup de goût, et notre cité, vue de ce côté, est encore plus belle qu'au dernier siècle.

22 mai 1759. — La durée des foires de Montauban est fixée à 5 jours.

Nous avons dit que Charles V avait concédé aux Montalbanais, en 1369, une foire fixée au 25 juillet, et que Henri II confirma cette concession en 1542, et créa les foires du 19 mars et du 13 octobre.

Ces indications doivent être modifiées et complétées par suite de nouveaux documents que nous avons trouvés depuis que les lignes qui précèdent ont été écrites.

Les foires de Montauban datent certainement de la fondation de cette ville, car l'article 62 des Coutumes rédigées le 24 mars 1195 est ainsi conçu : « Celui qui viendra aux marchés ou aux *foires* et portera des draps ou amènera du bétail pour les vendre, devra acquitter le péage comme il est dit ci-dessus; mais s'il ne vend pas, il ne paiera rien. »

Par lettres patentes de Philippe V, datées du 26 mai 1343, et transcrites dans le *Livre armé*, f° 12, les officiers du Roi furent autorisés à prolonger jusqu'à deux ou trois jours les trois foires existant à Montauban *depuis les temps anciens*, si besoin était; notamment pendant les inondations ou autres cas d'empêchement.

En reconnaissance de ce que les Montalbanais étaient rentrés d'eux-mêmes à son obéissance, Charles V leur accorda, au mois de février 1369, le privilége de tenir la foire de Saint-Jacques le 25 juillet et les deux jours suivants. *Livre armé*, f°s 70 et 106.

En 1402, le Roi défendit aux marchands étrangers d'étaler leurs marchandises en public dans la ville de Montauban, en dehors des jours des foires. *Livre armé*, f° 91.

Henri II confirma, en décembre 1547, les concessions de ses prédécesseurs relatives aux foires, et fixa au 19 mars et au 13 octobre celles de Saint-Joseph et de Saint-Géraud.

Enfin, dans le dénombrement fait en 1733 par les consuls, nous lisons à l'article 42 :

« La ville est en droit et a accoutumé de tenir trois foires franches l'année, savoir : le 19 mars fête de saint Joseph, le 25 juillet fête de saint Jacques, et le 13 octobre fête de saint Géraud, qui peuvent durer trois jours chacune, et deux marchés chaque semaine le mercredi et le samedi, par concessions des rois Philippe VI en 1343, Charles V en 1369 et Henri II en 1547.

Quoi qu'il en soit, la durée de ces foires n'étant plus que d'un jour, nos Consuls décidèrent, le 15 mai 1758, d'adresser une requête au Roi, pour obtenir qu'elles fussent prolongées à 5 jours. Voici l'analyse de cette requête :

« Ces foires, disaient nos administrateurs, établies anciennement et lorsque la ville était peu considérable, ne duraient qu'une journée, ce qui était sans doute proportionné, lors de leur établissement, au commerce et au nombre des habitants. Mais aujourd'hui, ce temps n'est plus suffisant. En effet, la ville s'est tellement étendue, que chacun des cinq faubourgs est aussi considérable que l'était autrefois la ville, et journellement on fait de nouvelles constructions.

« Montauban, devenu le chef-lieu d'une généralité et le centre de différentes fabriques et manufactures, voit tous les jours augmenter son industrie et ses habitants. Le commerce des étoffes de laine est surtout très-important, parce qu'il s'étend dans tout le royaume et même dans les pays étrangers. La culture du mûrier et le tirage de la soie ont produit des fabriques d'étoffes et de bas de soie, nouvelle branche de commerce très-considérable. Les fabriques de minot pour les colonies ont également donné plus d'importance à notre ville. Aussi est-il regrettable que ces foires ne durent qu'un jour, ce qui fait que les marchands ne veulent pas entreprendre un voyage pour si peu de temps. »

En conséquence, nos consuls demandaient que la durée des foires fût portée à 5 jours. Le Roi, en son conseil, accueillit favorablement cette requête par un arrêt du 22 mai 1759.

Pendant leur durée, dit cet arrêté, « tous les marchands, et autres particuliers pourront aller et venir librement dans la ville pour y hanter, fréquenter, porter, conduire, vendre ou acheter, troquer et débiter toutes sortes de bestiaux, denrées et marchandises, permises et non prohibées. »

Malheureusement les foires de Montauban ne furent pas aussi prospères qu'on l'avait espéré, ou du moins leur durée ne dépassa pas la journée. Sous le premier Empire, notre ville obtint que le nombre de foires fût porté à 14, dont voici les dates, d'après une description du Tarn-et-Garonne (1) publiée en 1809 : les 29 janvier, 28 février, 19 mars, 29 avril, 29 mai, 28 juin, 26 et 31 juillet, 27 août, 1, 13 et 31 octobre, 30 novembre et 30 décembre; mais les habitudes sont plus fortes que tous les décrets, et les foires dites de Saint-Joseph, de sainte Anne (qui a remplacé saint Jacques), et de Saint-Géraud sont les seules, depuis 1547, qui aient résisté à tous les événements, et elles ne durent que quelques heures, quoique très-fréquentées.

24 mai 1612. — Mort de Pierre de Beloy.

En 1860 nous avons publié, dans la *Biographie de Tarn-et-Garonne*, 1re série, une remarquable étude de M. Benech sur

(1) *Description topographique et statistique du département de Tarn-et-Garonne*, 1809, in-4°.

Pierre de Beloy, l'un des légistes les plus instruits et des polémistes les plus autorisés de son siècle, et qui, à l'époque de la Ligue, servit la royauté avec autant de dévouement que d'intelligence. Dans une note, imprimée à la 3e page de cette notice, nous exprimions le regret de n'être pas d'accord avec M. Benech sur l'incertitude qui, d'après ce savant professeur, régnait relativement au lieu de la naissance de Pierre de Beloy, que la ville de Toulouse dispute à Montauban, comme elle disputait naguère encore Fermat à Beaumont.

A l'appui de notre opinion, nous citions, d'après M. Devals, un extrait du « *Livre des comptes* de Jean Vidal, chargé par les consuls de Montauban de percevoir le produit de l'affermage des biens des catholiques émigrés pendant les années 1587-88. » — Jean Vidal déclare « avoir reçu de M. Bertrand de Nouaillan, enquesteur, *fermier des fruits de la metterie de M. François Beloy*, à Gastaud et Nivelle, la somme de 23 escus et 20 soulz tournois. »

Cette citation, disions-nous, ne prouve-t-elle pas que la famille de Beloy habitait notre ville? et nous partagions l'opinion formulée par Cathala-Coture, qui, dans l'*Histoire du Querci*, dit que « P. de Beloy serait allé se fixer à Toulouse lorsque Montauban devint un des boulevards du calvinisme. »

Depuis 1860, nous avons continué nos recherches, soit au sujet de la naissance de Pierre de Beloy, soit sur la date de sa mort, l'une et l'autre étant alors inconnues.

Pour la date de la naissance, il est impossible de recourir aux registres de l'état civil de Montauban, qui ne remontent qu'à 1565 pour les protestants et à 1629 pour les catholiques (1). Mais nous avons un portrait, qui d'après le P. Le Long a été gravé en 1582 par Rabel et sur lequel on lit: *Petrus Belloius Tholosas. Ætatis suæ 47*. Si Pierre de Beloy avait 47 ans en 1582, il serait né en 1535.

Quant au lieu de sa naissance, la qualification de *Tholosas* ne prouve nullement que de Beloy soit toulousain, car une semblable

---

(1) Nous lisons cependant dans les registres de l'église Saint-Jacques :
« Marguerite de Beloy, fille à Pierre (de Beloy), avocat, et à Jeanne de Cahuzac, nasquit le 27 juillet 1651, à 6 heures soir. Parrin, Me Salvi de Cahuzac, lieutenant particulier ; marrine, Marguerite de Furbeyre, femme à Jean de Beloy, habitant de Villemeur, et a esté baptisée le 11 septembre 1651. » — Regist. de 1651-61, fo 6.

indication a été inscrite sur le buste de Fermat placé dans la salle des Illustres au Capitole de Toulouse, quoique sans aucune preuve, ainsi qu'on le reconnaît aujourd'hui.

Non-seulement François de Beloy avait une propriété à Gasseras, dans la banlieue de Montauban, en 1587-88, mais nous savons qu'il la possédait antérieurement à cette date. En effet, dans le cadastre de 1582, gache de Tarn et Tescou, nous lisons au f° 164 : « Maistre François Beloy, licencié de Montpezat, tient diverses pièces de terre, » dont suit la désignation ; entre autres : « Une maison, terre, patus et jardin au terroir de Gasteau et de Nivelle. » Le total de ces immeubles est allivré (imposé) pour 36 livres 10 sous, somme relativement très-importante à cette époque.

François Beloy étant inscrit sur le cadastre terminé en 1582, il est permis de croire qu'il habitait depuis quelques années notre ville, où l'avait probablement attiré un des évêques de Montauban issus de la famille Des Prez, et originaires, comme lui, de Montpezat.

D'après la *Biographie Toulousaine*, Pierre de Beloy avait eu trois frères, qui périrent au service du roi Henri III. Etaient-ils tous quatre fils de François? nous l'ignorons ; mais il est certain que l'éminent jurisconsulte fut son héritier, car à la suite des articles déjà cités du cadastre de 1582, nous lisons :

« Le 20 août 1597, mons. l'avocat général de Beloy a prins de l'allivrement de M. de Laplanche trois articles terre portés au livre de Montmurat, f°. 74.

« Le 30 octobre 1605, M. de Beloy, avocat général du Roi en la cour du parlement de Tholose, a prins de l'allivrement des mariés Dumas deux articles au présent livre, f° 393.

« Plus, de l'allivrement de Pierre et Bertrand Garrigues, etc.

« Plus, de l'allivrement de M. Aymery Lachèze, etc.

« Le 17 août 1602 a pris de l'allivrement de Blas, etc. »

Tous les biens successivement acquis par Pierre de Beloy, comme ceux de François Beloy, restèrent inscrits sur le cadastre au nom de cette famille jusques au 4 juin 1606 qu'ils passèrent à Me Guillaume Benoît, docteur et avocat, et plus tard à Corneille Natalis.

Il est d'ailleurs incontestable que P. de Beloy n'avait pas complètement abandonné notre ville ; et si sa charge le retenait une grande partie de l'année à Toulouse, il venait sans doute passer la belle saison dans sa propriété (1), qu'il ne cessa d'agrandir jusqu'au jour où l'âge et les infirmités rendirent ce déplacement trop pénible.

Nous disions dans la note précitée de la *Biographie de Tarn-et-Garonne :* « Rien ne prouve que de Beloy fût mort avant 1612, date de la publication de son *Recueil des Edits de pacification.* » Les lignes suivantes, du *Journal de Malenfant,* greffier civil du parlement de Toulouse, publié récemment dans les *Chroniques du Languedoc,* justifient notre prévision :

« Le 24 mai 1612, dit ce chroniqueur, les honneurs funèbres de M. de Beloy, avocat général du Roi, furent faits, et furent députez pour porter le drap devant le corps MM. de Catalan et de Tiffaut, conseillers, avec MM. de Calvières, avocat général, et de Saint-Félix, procureur du Roi. »

Après cette indication, il ne reste plus aucun doute sur le lieu et la date de la mort de Pierre de Beloy, décédé à l'âge de 77 ans, d'après nos calculs, et de 72 seulement d'après la *Biographie toulousaine,* qui le fait naître vers 1540. Nous regrettons que nos renseignements ne soient pas aussi concluants sur le lieu de sa naissance. Il est cependant prouvé que s'il n'est pas né à Montauban, il y a passé une partie de son existence (1) et n'a cessé d'y avoir des intérêts, et que sa famille était originaire de Montpezat. Toulouse ne peut donc plus disputer au Tarn-et-Garonne l'honneur d'avoir vu naître cet éminent magistrat, qui joua un rôle aussi honorable que périlleux pendant la Ligue, et qui plusieurs fois exposa sa vie pour défendre les droits de Henri IV, comme ses frères s'étaient sacrifiés pour Henri III.

25 mai 1747. — Règlement pour la préséance des corps constitués de la ville de Montauban dans les cérémonies.

Au XVIII° siècle, comme dans le nôtre, il y avait souvent des conflits entre les diverses autorités sur la question des préséances.

---

(1) Il fit imprimer à Montauban, en 1604, son traité sur l'*Origine et Institution de divers ordres de chevalerie, tant ecclésiastiques que profanes.* — Impr. de Denis Haultin, in-12. — Probablement c'est de Beloy qui fit venir dans notre cité, en 1589, l'imprimeur Denis Haultin, l'un des membres de la célèbre famille des Haultin, de La Rochelle, qui avaient imprimé plusieurs de ses écrits pendant la Ligue.

Pour mettre un terme aux difficultés élevées à cet égard à Montauban, le Roi fit, le 25 mai 1747, un règlement dont voici les principales dispositions :

Lors des *Te Deum*, processions et autres cérémonies faites à la cathédrale, la Cour des aides, précédée et suivie de ses huissiers, entrera la première par la grande porte de l'église, ouverte à deux battants, continuera sa marche dans le milieu de la nef, entrera dans le chœur par la grande porte du fond et se placera dans les 20 premières stalles hautes du côté droit, après le siége épiscopal.

Les Trésoriers de France entreront ensuite par les mêmes portes et occuperont les stalles laissées libres, et au besoin se placeront sur un banc posé sur le parquet des hautes stalles.

Les officiers du Présidial viendront après les Trésoriers des finances et occuperont les 12 stalles hautes du côté gauche vis à vis la Cour des aides.

Les Officiers de l'Election prendront les 4 stalles venant à la suite.

Les Consuls, précédés du seul commandant du guet, qui n'aura d'autre arme que l'épée et la canne, occuperont les 4 stalles hautes après les Officiers de l'Election.

Les compagnies sortiront dans le même ordre qu'à leur entrée, précédées et suivies de leurs huissiers. Lorsqu'elles entreront dans le chœur ou en sortiront, tous les dignitaires, chanoines et bénéficiers devront se lever pour recevoir et rendre le salut, ce que feront aussi toutes les compagnies à l'égard les unes des autres, et à l'égard de l'Evêque ou du chanoine officiant et des chapitres.

La cérémonie ne commencera que lorsque tous les corps seront placés, mais ils devront ne pas se faire attendre.

Tout bruit de tambours, trompettes ou autres instruments qui auront accompagné les Consuls cessera dès qu'ils seront sur le seuil de la porte de la nef, et les soldats du guet resteront toujours hors de l'église.

A la procession du Saint-Sacrement, la Cour des aides et les autres corps viendront après le Chapitre, et les Consuls porteront les bâtons du dais (1), qui sera escorté par 8 soldats du guet ; le

(1) Le 10 mai 1770, le comte de Saint-Florentin écrivit aux consuls que le Roi, sur leur demande, les autorisait à faire porter les bâtons du dais par des soldats

reste de ces soldats sera rangé aux côtés et à la suite des compagnies pour en écarter la foule. Il en sera de même pour la procession du vœu du Roi, le 15 août, et pour celle de la délivrance de la ville, le 20 du même mois (1).

Les huissiers des compagnies resteront debout dans le chœur, excepté le premier huissier de la Cour des aides, qui sera assis sur un tabouret, vis à vis du premier président.

Lorsque le Roi n'aura pas fixé le jour des cérémonies, l'Evêque devra s'entendre avec le premier président de la Cour des aides pour convenir du jour et de l'heure.

Ce règlement, composé de 18 articles, fut transcrit par ordre du Roi sur les registres des divers corps et dans le *Livre marbré* de l'hôtel-de-ville ; il est imprimé dans les *Edits, déclarations et arrêts de la Cour des aides et finances de Montauban* (2).

25 mai 1622. — M. de Saint-André de Monbrun est nommé au commandement des gens de guerre du Bas-Quercy.

Henri de Rohan, gouverneur général pour Sa Majesté ès pays de Hault et Bas Poitou, chef et général des Eglises réformées du Royaume, et des provinces de Languedoc et Haute Guyenne, remplaça le comte d'Orval par M. de Saint-André de Monbrun pour commander en la ville de Montauban et dans le pays de Quercy.

« Les avis que nous avons reçus, dit Henry de Rohan, de plusieurs endroictz, que les ennemis du Roy continuent en leurs pernicieux desseins, n'ont autre volonté qu'au péril de la ruyne de l'Estat, nous poursuivant par toutes sortes de violences et oppressions

du guet, en se réservant l'honneur d'en tenir les cordons, si toutefois personne n'était déjà en cette possession. Mais le chapitre s'opposa énergiquement à cette concession qui lui paraissait blessante, et le 14 juin 1770 fit porter les bâtons du dais par des chanoines. De là, conflit, que le Roi termina en retirant aux consuls la permission qui leur avait donnée et en rétablissant l'ancien usage. — *Livre gris*, f° 257.

(1) D'après le *Rituel* du diocèse, la procession du 20 août, dite de Saint-Bernard, était faite « en action de grâces de ce qu'à pareil jour la religion catholique avait été rétablie dans la ville de Montauban par trois différentes fois et la dernière lorsqu'elle rentra sous l'obéissance de Louis XIII le 20 août 1629. »

(2) Montauban, imprimerie de J.-F. Teulières, 1752, in-4°.

et que le saccagement et désolation de la ville de Montauban est leur but, pour cela estant obligé par le devoir de nostre charge de les assister en tout ce qui nous sera possible... estant dûment certifié de votre piété, valeur, diligence, courage et fidélité, mesme de votre entière et singulière affection à l'avancement de la gloire de Dieu et service des Eglises, vous avons commis pour commander aux gens de guerre qui sont establys en la ville de Montauban et le pays de Quercy. »

La lettre du duc de Rohan est datée de Nimes, le 25 mai 1622.

31 mai 1649. — Lettre de M. le duc d'Epernon au président d'Aussonne, à l'occasion de la défaite des rebelles à Libourne.

« Monsieur. Je ne sais si vous avez su comme mercredi dernier, avec six cents hommes de pied et cinq cents chevaux, composés du régiment de cavalerie de Créquy, de la compagnie de chevaux légers de M. le duc de Candale, mon fils, de quelques gentilshommes de la province, qui s'étaient rendus volontairement près de moi, de mes domestiques et de mes gardes, j'allai attaquer les rebelles de la ville de Bordeaux, qui avaient eu l'audace d'assiéger par mer et par terre les troupes du Roi qui étaient dans Libourne; et les ayant trouvés en bataille dans leurs retranchements, au nombre de six mille sept cents hommes de pied et trois cents chevaux, je les chargeai, les forçai et défis, en sorte qu'outre leur prétendu général, le marquis de Chambouret, qui y fut tué, il en demeura sur la place ou s'en noya plus de trois mille. Il y eut beaucoup de prisonniers, parmi lesquels le sieur Andraut, conseiller au Parlement de Bordeaux ; je gagnai leur canon, consistant en quatre grosses et six petites pièces, que je fis pointer contre leurs vaisseaux ; je les obligeai de se retirer et d'en abandonner deux desquels je me suis saisi et les ai trouvés bien pourvus de munitions de guerre et de bouche. »

On voit par cette lettre, datée de Cadillac, que le duc d'Epernon tenait le président d'Aussonne au courant des évènements qui se passaient dans la Guyenne. Plusieurs lettres adressées à ce magistrat par le Roi, le duc d'Epernon, le marquis de Saint-Luc, et autres personnages, sont publiées dans le Recueil de la Cour des aides de Montauban que nous venons de citer.

Mois de Juin.

3 juin 1356. — *Vente des eaux, rivages et moulin de Sapiac.*

Jean Leclerc, bourgeois de Montauban, vendit, le 3 juin 1356, à Durand de Rives et à Pierre Caumelh les eaux, rivages, moulin et paissière (chaussée), ainsi que les droits de pêche dont il jouissait à Sapiac.

Le 5 décembre de la même année, Durand de Rives vendit à Bernard Assalit la troisième partie, c'est-à-dire le tiers des eaux, moulin et chaussée de Sapiac, qui confrontent, dit l'acte, avec les eaux des religieux Carmes de Montauban.

3 juin 1551. — *Etablissement d'un poids public à Montauban.*

L'établissement d'un poids public à Montauban vers le milieu du XIIIe siècle résulte, selon nous, d'un acte du mois de septembre 1255, cité par M. Devals dans sa Notice sur les anciens poids et mesures de notre ville. — *Etudes historiques et archéologiques*, p. 115.

D'après un règlement sur les poids à l'usage des marchands, daté de juillet 1329, les étalons de ces poids devaient être conservés dans la maison consulaire ; et une ordonnance du 28 septembre, même année, en réglait la fabrication, la vérification et la marque aux armes de la ville. — *Livre armée*, f. 158.

Henri II, pendant son séjour à Angers, écrivit, le 3 juin 1551, au Sénéchal du Quercy, pour le charger de vérifier la requête envoyée par les Consuls de Montauban, exposant la nécessité d'avoir « un poids commun en leur ville, et de prendre 4 deniers par quintal sur toutes les pesées, afin d'employer les deniers provenant de ce droit à la construction ou à la réparation et à l'entretien de 120 ponts qui existent dans la juridiction, avec défense aux marchands forains d'avoir des poids particuliers. »

Le 6 novembre 1551, le Sénéchal donna, après enquête, un avis favorable à la demande des Consuls, et le Roi les autorisa en 1552 à établir un poids public et à faire prendre 4 deniers par quintal sur toutes les pesées.

Henri IV confirma ce privilége en 1609.

Voici les principaux articles du règlement fait en 1618 sur

« l'esmolument du poids commun ; » il est signé Naces, notaire, de mandement des Consuls :

Il n'est permis à aucun marchand ni habitant de *poiser* aucunes marchandises, mais les forains se retireront au poids de la ville, et paieront le droit au fermier, sous peine de la *carce* et autre *arbitrère*. Défense est faite aux habitants de prêter balances ni poids aux forains, sous peine de confiscation. Les *fermiers* du poids doivent poiser au poids commun de la ville et non selon le poids de Bordeaux, ni d'ailleurs. Les fermiers ne peuvent acheter aucune marchandise pour les revendre sous peine de 150 livres d'amende, ni peser que ne soit jour et heure compétente.

Ce règlement fut lu et publié le 15 juillet 1618, à voix du trompette, sur le perron (1) de la place publique, en la place de Villebourbon et en celle de Villenouvelle de Fossat, puis affiché à la porte du Poids public et sur les quatre pilliers principaux de la grande place, ainsi qu'aux portes de la ville.

Le 14 février 1620 les administrateurs de la ville firent avec les marchands un règlement relativement aux poids, qui a été plusieurs fois renouvelé et modifié suivant les exigences.

Nous n'avions à nous occuper aujourd'hui que de l'établissement du poids public et des droits à payer par les marchands ; plus tard nous analyserons le règlement fait par les Consuls le 28 septembre 1329, pour régler la fabrication et la marque des poids et mesures, dont nous ferons connaître les rapports avec le nouveau système.

6 juin 1658. — *Arrêt du Parlement de Toulouse permettant aux merciers d'étaler leurs marchandises sous les couvertes de la place publique.*

Les habitants qui possédaient des maisons sur la place publique furent obligés, en 1512, de faire une entrée à chaque coin, afin

---

(1) Il y avait sur la place publique, adossé à une maison du couvert des sabots où l'on voit une croix de bois, un large perron, sur lequel étaient placées deux colonnes : l'une en marbre, dite du *Laurier*, portant les armes de la ville et la date de 1574 ; elle indiquait la place où se tenaient les Consuls lorsque, revêtus de leurs chaperons, ils faisaient lire les actes officiels par le sergent trompette ; l'autre colonne était en pierre et dite *du carcan*, parce qu'on y attachait les criminels condamnés à la marque ou à l'exposition. Ces colonnes furent supprimées en 1792. — Voir notre *Etude sur la Place publique*.

qu'une charrette chargée pût entrer et sortir ; ils durent démolir les tabliers établis autour de ladite place et les réduire a la forme ancienne de trois palmes, accrochés à un pilier du milieu et soutenus par des tréteaux, laissant entre deux le passage libre d'une bête chargée.

« L'usage des tabliers, dit cet arrêt, appartiendra préférablement aux propriétaires des maisons pour y mettre les choses exposées en vente, et non autrement; étant permis à tous autres de dresser, les jours de marché, de pareils tabliers aux piliers de dehors la couverte, dans la même forme que ceux du milieu, sans qu'il soit permis aux propriétaires des maisons de prendre aucun émolument de ceux qui se serviront de ces tabliers, parce qu'ils sont faits sur les fonds du Roi ou public ; aucun homme de métier ne pourra travailler sur ces tabliers, qui sont destinés à la débite des marchandises (1). » — *Livre balhonat*, f° 9.

Sur la demande des marchands drapiers établis dans les magasins de la place, les Consuls défendirent, le 25 juin 1645, aux marchands merciers de la ville ou forains de déplier leurs marchandises, les jours de foire ou de marché, sur tabliers ou bancs placés sous les couvertes.

Les merciers, s'appuyant sur une ordonnance rendue en leur faveur le 15 février 1599, par le Sénéchal, firent appel au Parlement de Toulouse qui, le 6 juin 1658, les autorisa à déballer leurs marchandises sur tabliers installés sous les secondes couvertes. — *Livre jaune A*, f° 66.

Le 9 avril 1742, le conseil de police fit pour la première fois un règlement afin d'affermer en gros ou en détail les piliers de la place royale ; mais nous ignorons à quelle époque il fut donné suite à ce projet. Depuis cette époque, nos administrateurs ont plusieurs fois réglementé le droit d'étalage sur la place, ainsi que sous les couvertes, dont le sol a toujours été inscrit sur les cadastres comme propriété de la ville, quoique les possesseurs des maisons soient obligés d'entretenir et de réparer les piliers qui les supportent.

(1) Le 20 novembre 1508, les Consuls avaient cependant permis à certains artisans de travailler de leur métier dans la place publique pour le temps qu'il plairait auxdits Consuls et non contre leur volonté, sous peine de 25 livres d'amende. — *Livre armé*, f. 214.

6 juin 1811. — *Les armoiries de la ville de Montauban. Décret accordant ces armoiries.*

Pierre Leclerc, dans son *Inventaire des Archives de la ville de Montauban*, dressé en 1691, disait :

« L'opinion vulgaire et générale de l'étymologie de *Montauban* est prise d'un *mont*, parce que cette ville est sur une éminence, et d'*alba*, qui en quercinois signifie un saule, arbre aquatique qui croissait naturellement à l'entour du mont, arrosé d'eau de trois côtés, à sçavoir : au levant d'été, couchant et septentrion, le ruisseau de La Garrigue ; au midi, le ruisseau du Tescou, et entre le midi et le couchant, la rivière du Tarn. Aussi Montauban porte des armes parlantes : de gueules à un *alba* ou saule d'or planté sur un *mont* d'or, au chef cousu d'azur, chargé de trois fleurs de lys d'or, comme les Consuls le déclarèrent à l'article 3 du dénombrement de l'an 1671. »

Jacques de Coras, lieutenant particulier au Présidial de Montauban (1665 à 1677), plus connu par les satires de Boileau que par ses tragédies, ne partageait pas l'opinion de Leclerc et de nos historiens sur l'étymologie du nom de Montauban et sur ses armoiries ; aussi nous a-t-il paru intéressant de faire connaître l'explication qu'il donne dans une rarissime plaquette (1) :

« Ceux qui disent que la ville fut appelée de ce nom parce qu'elle fut bastie sur un mont où il y aurait quantité de saules qu'on appelle *Albas* en la langue du pays, ne considèrent pas que ces arbres ne viennent que dans les lieux bas, humides et marécageux, et qu'il ne leur est pas naturel de croistre et de s'élever sur les montagnes. Ils ne considèrent pas que si Montauban devoit l'origine de son nom à celui de *Saule*, il auroit fallu l'appeler en latin *Mons salicis*, ou la nommer *Salicium*, comme on fit d'un lieu qui est sur le Tarn, à un quart de lieue de Montauban et qu'on nomme encore aujourd'hui *Salit*, à cause des saules qui y croissent. Si la considération de ces arbres avoit esté assez puissante

---

(1) *Montauban florissant*, idylle héroïque à la gloire de ses habitants, par Jacques de Coras, lieutenant particulier au Présidial. — Montauban, imp. de Samuel Dubois, 1677, in-12.

pour faire donner le nom à la ville, on l'auroit nommée *Montalbarède*, d'un nom composé de deux, dont le dernier signifie la même chose que *Salictum* en latin, et que *Saulsaye* en françois..., et que l'on donne encore à un lieu qui est entre Montauban et Salict. »

Coras ne voit pas le saule dans les armes de la ville, car cet arbre a des branches inégales de tous côtés et des feuilles longues et menues. « J'estime donc, dit-il, que cette figure, qui n'a point du tout la ressemblance d'un saule, a en perfection celle de cet ancien chandelier qui paroissoit dans le temple de Salomon et qu'on voit représenté dans la plupart des Bibles. Cette figure, qui fait la moitié des armes de Montauban, ne s'éloigne point de celle de ce grand chandelier qu'on voyoit jadis dans l'église cathédrale de Montauban, qui s'appeloit le chandelier des ténèbres ou des funérailles des Evêques, qui estoit si gros et si massif, qu'il pesoit vingt quintaux, ou deux mille livres, pour me servir des termes de M. Le Bret, qui l'a si bien décrit dans son histoire. »

D'après Coras, les anciens prélats faisaient mettre sur la porte des lieux relevant de leur juridiction, des armes et des figures qui étaient des symboles de leur profession plutôt que des marques de leur naissance et de leur fortune « Si bien que comme les successeurs de saint Pierre ont pris des clefs qui figurent les droits que leur ministère leur donne d'ouvrir et de fermer aux pécheurs les portes du Ciel, ainsi les prélats ont pu prendre la figure d'un chandelier pour marquer l'honneur qu'ils ont d'éclairer l'Eglise par l'exemple de leur vertu et la lumière de leur doctrine... Cela estant, on voit que lorsque les comtes de Toulouse voulurent partager la seigneurie de Montauban avec les abbés, ceux-ci mirent la figure de leur chandelier avec les armes du comte... qui, après la réunion de la comté de Toulouse à la couronne en 1361, furent remplacées par trois fleurs de lys, qui sont les armes de nos Rois. »

On a fait remarquer, avec raison, que l'explication donnée par Coras est fort contestable, « puisque la tige du milieu du chandelier et les six branches des côtés ne portent point à leurs extrémités un endroit creux, propre à porter des flambeaux ou des chandelles allumées; » et nous dirons, avec Pierre Leclerc, qu'il « vaut mieux suivre la tradition vulgaire de *Montauban, Mont du Saule.* »

Nous pensons que les armoiries de la ville de Montauban remontent au commencement du XIVe siècle, car une charte de Charles IV, datée de juillet 1322, accorde aux Montalbanais, entre autres priviléges, le *sceau*, une chambre pour les archives, une cloche pour appeler le peuple au conseil, etc.; et une nouvelle charte du mois d'août 1323 autorise les Consuls à faire porter, par leurs deux sergents, des verges blanches marquées de *fleurs de lys* et des *armes* de la ville. Les poids fondus en 1307 n'ont que le *saule*, tandis que ceux de 1329 devaient être marqués aux armes du Roi et à celles de la ville, ce qui permet de croire que les armoiries de Montauban datent de 1323 et non de 1369, mais qu'antérieurement notre cité avait adopté le *saule* pour sceau distinctif. Il n'est point probable que Charles IV eût permis de mettre les fleurs de lys sur les baguettes des sergents avant d'avoir autorisé les Consuls à les placer en chef sur leur écu.

Dans son *Histoire de l'église Saint-Jacques*, p. 134, M. Devals dit qu'il y a dans la nef de cette église trois chapiteaux armoriés : le troisième à droite, portant les armes de saint Jacques; le quatrième, les armes de Montauban ; et le troisième à gauche, les armes des comtes de Toulouse. Puis il ajoute : « Il est assez étonnant de trouver en face de l'écu des comtes de Toulouse celui de Montauban chargé de trois fleurs de lys, surtout quand on sait que ce n'est qu'en 1369 que Charles V permit aux Montalbanais de les coudre au chef de leur écusson. Cette singularité ne peut s'expliquer, à mon avis, qu'en admettant qu'à cette époque il pouvait rester encore quelques chapiteaux à sculpter, comme cela se voit de nos jours dans plusieurs églises. Les lettres patentes du Roi arrivèrent, et les Montalbanais, voulant consacrer le glorieux privilége qu'elles leur octroyaient, disposèrent sans doute pour cela de ce chapiteau, à qui l'on eut soin de donner le même caractère qu'à ceux déjà sculptés. »

Dans les dénombrements faits par les consuls en 1671 et en 1733, on lit :

« Art. 2. — La ville de Montauban porte de gueules à un saule d'or planté sur un mont d'or, au chef cousu d'azur, chargé de trois fleurs de lys d'or, en témoignage de son attachement et de son immortelle fidélité à la couronne de France.

« Art. 64. — Les consuls ont un sceau marqué aux armes de la ville, lequel leur est attribué avec pareille force et autorité qu'au grand sceau de la Maison commune de Toulouse, et les émoluments leur en appartiennent par l'octroi de Charles V en 1370, confirmé par les autres rois avec les autres clauses contenues dans les archives. »

Avant la Révolution les livres de prix donnés aux élèves du Collége royal de Montauban portaient les armes du Roi et de la Ville réunies dans le même écusson et dorées sur les plats par le relieur avec le cuivre dont nous donnons ici l'empreinte.

Quelquefois les Consuls de la ville de Montauban firent aussi imprimer ces armes sur leurs placards officiels.

Quoi qu'il en soit, un décret du 6 juin 1811 autorisa la ville de Montauban à porter des armoiries telles qu'elles sont figurées et coloriées dans ledit décret : « De gueules au saule terrassé et étêté d'or à six branches sans feuilles, trois à dextre, trois à senestre, au chef cousu des bonnes villes de l'empire, qui est de gueules à trois abeilles en fasce d'or. Les ornements extérieurs desdites armoiries consistent en une couronne murale à sept créneaux, sommée d'une aigle naissante, le tout d'or pour cimier, soutenu d'un caducée du même, posé en face au-dessus du chef, auquel sont suspendus deux festons servant de lambrequins, l'un à dextre de chêne, l'autre à senestre d'olivier, aussi d'or, noués et rattachés par des bandelettes de gueules. » — *Livre jaune*, n° 3, f° 201.

D'après l'ordonnance du 6 juillet 1826, les armes de la ville de Montauban sont « de gueules au mont d'or mouvant de la pointe, som-  mé d'un saule à six branches sans feuilles aussi d'or, au chef cousu d'azur à trois fleurs de lys d'or. — *Livre jaune*, n. 3, f° 31.

Pendant les premières années du Gouvernement de Juillet on mit à Montauban, sans consulter l'autorité supérieure, croyons-nous, trois étoiles à la place des fleurs de lys, qui cependant furent rétablies; les administrateurs intelligents les ont maintenues sous le second Empire et depuis la République.

Pour compléter les indications qui précèdent, nous ajouterons que dans le sceau du chapitre cathédral, la mense Notre-Dame est représentée par un oiseau nommé *Auriol*, perché sur un mont, et la mense Saint-Etienne par son saint patron placé sur un *saule*. Avant l'union des deux menses capitulaires, faite par Mgr de Bertier, en 1666, chaque chapitre avait ses armes, dont on forma le sceau que nous reproduisons.

P. Leclerc, dans son inventaire des archives, dit :

« Le sceau de l'Abbaye de Montauriol, portant un oyseau nommé *Auriol*, perché sur un *Mont*, fut retenu et sert encore à l'Eglise de Montauban, gravé autour : *Sigillum Ecclesiæ Montisalbani*, parce que le chapitre cathédral de Montauban succéda à l'Abbaye. Ce sceau ou ces armes sont « de gueules à un Auriol

« d'argent sans œil, perché sur un mont de sinople, au chef cousu
« d'azur, » comme ces armes sont blazonnées dans un écu en
cartouche, sur l'ancienne vitre d'une fenêtre, à la maison des
héritiers d'Ysaac Lacoste, avocat, située en cette ville, gache du
Fossat, au coin de Brandalac. » — Suit la figure, gossièrement
dessinée et dans laquelle ne se trouve pas le chef cousu d'azur.

*8 juin 1794. — Précis historique de la Fête à l'Être suprême
et à la Nature, célébrée à Montauban le 20 Prairial, 2ᵉ année.*

Désirant faire connaître « à la République entière l'ardeur avec
laquelle les citoyens de la commune de Montauban avaient célébré
la fête de l'Être suprême, » la Société populaire de notre ville
délibéra, le 22 prairial an II, « d'en rédiger le précis historique, de
le livrer à l'impression, et de l'envoyer à la Convention et aux
sociétés populaires affiliées. »

Nous reproduisons textuellement le compte-rendu de cette fête,
distribué aux frais de la Société, et imprimé par Fontanel père
et fils, avec la même tête de page retrouvée dans leur imprimerie.

PRÉCIS HISTORIQUE DE LA FÊTE
A L'ÊTRE SUPRÊME ET A LA NATURE.

« A la lecture du décret qui consacre une fête solennelle à l'Être
suprême et à la Nature, la Société populaire de Montauban témoi-

gna, par des applaudissemens universellement répétés, que ce décret étoit gravé dans tous les cœurs, et délibéra de marquer ce jour par un bienfait qui fût agréable à l'Être suprême et à la Nature (1).

Elle arrêta de faire sept mariages, et de doter la pauvreté, mais la pauvreté appuyée sur la vertu, et environnée du patriotisme (2). Elle chargea des Commissaires des deux sexes, et du choix des époux, et du plan de la fête. Le choix fait et approuvé par la Société, le plan tracé et adopté par le Conseil général de la Commune, la fête a été célébrée avec le tressaillement de la joie et le recueillement de la religion.

Une salve d'artillerie annonce la naissance de ce jour mémorable. A l'instant toutes les maisons sont décorées de flammes tricolores : la cité entière respire la fête de l'*Eternel*.

A une heure après midi, tous les Corps constitués, tous les fonctionnaires publics, se réunissent à la Maison commune. Les futurs époux, partis des salles de la Société populaire, s'y rendent, accompagnés des commissaires, pour remplir les formalités prescrites par la loi. Leur union est suivie des cris mille fois répétés de *Vive la République*.

Un coup de canon annonce le départ. Le cortége se met en mouvement vers le Temple (3). Une partie de la troupe à cheval ouvre la marche. Un des cavaliers porte une bannière, avec cette inscription : *Le Peuple Français reconnoît l'existence de l'Etre suprême.*

Vient ensuite la compagnie des canonniers avec deux pièces d'artillerie, suivie de quatre sapeurs. Vingt tambours et vingt-cinq musiciens expriment alternativement la majesté de la cérémonie. On voit après l'Etat-major et un détachement de la garde nationale, un piquet de cent vétérans à droite, et un piquet de cent membres de la compagnie de l'Espérance à gauche.

Les époux, vêtus uniformément, décorés du bonnet de la liberté, et les épouses, habillées de blanc, et ceintes du ruban tricolore, suivent sur un char traîné par quatre taureaux ornés de festons, de guirlandes, et conduits par quatre laboureurs. Vingt-quatre

---

(1) Le programme, composé de 7 p., in-4°, est imprimé par Fontanel.
(2) Chacun des époux reçut une somme de 1,200 livres.
(3) L'église Cathédrale.

jeunes citoyennes vêtues de blanc, et portant la ceinture tricolore, entourent le char, où brille un faisceau d'armes, surmonté du niveau et du bonnet de la liberté, et où flottent sur les côtés deux drapeaux tricolores.

Paroissent ensuite le président, les quatre secrétaires de la Société, les commissaires, les corps Constitués et la Société populaire. La garde nationale borde la haie à droite et à gauche. Un second piquet de cavalerie ferme la marche, et l'un des cavaliers porte une bannière avec cette inscription : *Le Peuple Français reconnoît l'immortalité de l'âme.*

Le cortége rendu au Temple avec presque toute la cité, Vincent Delbrel, président de la Société, adresse à l'Éternel une prière sublime, extraite d'un papier public. Pastoret prononce un discours sur l'existence de l'Être suprême. Une ode du même auteur (1), sur le même sujet, est solennellement exécutée par Bonnet avec toute la pompe de la musique. Rivals adresse aux nouveaux époux un discours où leurs devoirs sont énergiquement tracés. Bernady aîné a ensuite lu une Hymne à l'Être suprême. Des strophes lyriques, mises en musique par Fresal, sont chantées en chœur sous sa direction (2).

Au sortir du Temple, le cortége ceint l'arbre de la liberté, en chantant des hymnes patriotiques. Après avoir fait le tour de la cité, il se rend à la Maison commune, où un repas frugal est servi aux nouveaux époux par les commissaires. La musique égaye le repas, et les citoyens défilent en ordre pour les voir souper. Pendant le repas on porte plusieurs santés *à l'Auguste Convention, à la prospérité de la République,* et *à la Société populaire de Montauban.* Une des nouvelles épouses entonne un Cantique patriotique, que répètent en chœur tous les assistans.

La fête est terminée par un bal qui laissera long-temps dans l'esprit des pauvres le souvenir de la fête de l'Être suprême. »

Signé : DELBREL Cadet, *président.*
BERGIS-PORTAL, BROUSSE, CHARLES Cadet, *secrétaire.*

(1) *L'existence de Dieu et l'immortalité de l'âme,* ode. Paroles de Pastoret, musique de Bonnet. In-4°, de 7 pages, imprimées par Fontanel.
(2) *Hymne à l'Être suprême.* Paroles de Rairac, musique de Fresal. In-4°, de 4 pages, imprimées par Fontanel.

A la suite de ce compte-rendu sont imprimés les discours et les pièces ci-dessus indiqués. Nous croyons qu'il suffira de reproduire l'hymme de Bernady (1), pour que nos lecteurs puissent apprécier les tendances spiritualistes des orateurs et des poètes officiels au moment même de la Terreur.

Hymne à l'Être suprême, lue dans son Temple le jour de la Fête célébrée en son honneur,

Par le Citoyen BERNADY AINÉ.

O toi de qui la voix féconde
Enfanta les cieux et les mers,
Balança hardiment le monde
Dans l'immense vague des airs ;

Toi qui fais rouler sur nos têtes
Ces astres d'un éclat si doux,
Qui des plus affreuses tempêtes
Allumes, éteins le courroux ;

Comble, comble les précipices
Que l'orgueil creusa sous nos pas;
Fais que l'athée, au sein des vices,
Avec lui ne nous plonge pas !

Frappe, anéantis dans la poudre
Cette perfide impiété,
Qui s'agiteroit pour dissoudre
Les nœuds de la société.

O souveraine intelligence,
Source des dons les plus parfaits,
Peut-on nier ton existence !
Elle éclate par mille effets.

Il est dans le fonds de mon âme,
Ce soufle émané de ton sein,
Un sentiment qui te proclame
L'Être sans principe et sans fin.

La sombre nuit dit à l'aurore,
La terre à l'onde, l'onde aux cieux:
« Un Dieu puissant fit tout éclore,
« Règle tout au gré de ses vœux. »

C'est lui qui vous orne, campagnes,
De blonds épis, de riches fruits ;
Qui vous fertilise, montagnes ;
Qui vous émaille, prés fleuris.

Ouvrons les fastes de l'histoire :
Voyez-y les peuples divers,
Tous à l'envi publier, croire
Un artisan de l'univers.

Français, à ce moteur suprême
Offrons l'hommage de nos cœurs,
Sur les ruines du système
Qui niant Dieu, détruit les mœurs.

(1) M. Bernady fut d'abord professeur de 3e au Collége de Montauban, et fonda plus tard un pensionnat dans notre ville. Il a laissé en manuscrit un grand nombre de poésies latines ou françaises, dont quelques-unes seulement ont été imprimées, notamment des pièces de circonstance, telles que : *Epître à M. Ingres (père)*, **Stances à la mémoire de Henri IV**, etc.

9 juin 1659. — Achat de la place des Nonnains, aujourd'hui de la Cathédrale.

Messire Jean Daliès, conseiller du roi et maître de son hôtel, maire de Montauban, vendit à messieurs les consuls, syndics et communauté, la moitié de la place des *Nonnains*, assise dans la présente ville, gache du Moustier; ladite vente fut faite pour le prix de 2,000 livres, payables le 9 mai 1660, avec 25 livres pour les intérêts. Dans cet acte, la ville était représentée par les consuls MM. Pierre de Peyronnenc, conseiller ; Jean Dubreil, avocat en la cour; Claude Marquairet et Jacques Dassier, bourgeois ; M° Isaac Delfios, bachelier ès-droits, notaire royal ; et par les syndics MM. Isaac Richaud, avocat, et Jean Palis, bourgeois.

En 1664, la ville acheta l'autre moitié de la place des *Nonnains*, appelée aussi des *Monges*, pour la somme de 2,000 livres, aux trésoriers de France, qui l'avaient acquise dudit sieur Daliès, lequel la tenait des religieuses de Sainte-Claire, par échange fait en 1632 de 6 boisseaux de terre destinés à l'agrandissement de leur couvent, situé au quartier de Montmirat. — *Dénombrement de* 1733, art. 6.

Cette place est portée au nom de la cité dans le cadastre de 1746, pour la contenance de 1,398 cannes, et ses limites sont ainsi indiquées : la Cathédrale, la rue de la Pissote (de Notre-Dame), la Grande-Rue (Saint-Louis), la rue Lacaze, le careiron de Melan et celui de Combes, la rue La Serre, la rue Porte-du-Moustier et « la rue qui va à la maîtrise. »

Aujourd'hui la place des *Monges* est désignée sous le nom de place d'Armes ou de la Cathédrale.

9 juin 1771. — *Privilége de Barbier-Perruquier.*

Voici le texte d'un privilége de barbier, donné par le Roi le 23 mai 1771, et transcrit sur le *Livre gris* de l'hôtel-de ville de Montauban, le 9 juin 1771 :

« Sur le bon et louable rapport qui nous a été fait de la personne de Jean Sarrat, et de ses sens, capacité et expérience, nous lui avons donné et octroyé, par ces présentes, une place de barbier-perruquier-baigneur-étuviste en la ville de Montauban, créée par les édits (de 1672 à 1725), à laquelle il n'a pas encore été pourvu et dont il a payé la finance (*cinq cents livres*).

« Pour ladite place avoir, tenir et dorénavant exercer, jouir et user, par ledit Sarrat, sa veuve, ses enfants et héritiers, de l'art et métier de barbier-perruquier-baigneur-étuviste, tenir boutique ouverte et enseigne avec bassin blanc, faire savonnettes et pommade, essences, poudres de senteur et autres choses semblables, pour son usage, et autres fonctions, priviléges et exemptions que ceux qui sont pourvus de pareilles places et ainsi qu'il est plus au long porté dans lesdits édits. »

Les statuts donnés aux barbiers leur permettaient d'avoir des « boutiques peintes en bleu, fermées de chassis à grands carreaux de verre, sans aucune ressemblance aux montres des maîtres chirurgiens, et de mettre à leurs enseignes des bassins blancs pour marque de leur profession; et pour faire différence de ceux des maîtres chirurgiens qui en ont de jaunes, leurs bassins devront porter cette inscription : *Barbier-perruquier-baigneur-étuviste*. De leur côté, les maîtres chirurgiens ne pourront faire peindre leurs boutiques en bleu ni avoir des chassis semblables à ceux des barbiers. »

Ces statuts n'ont pas moins de 47 articles et sont transcrits en entier sur le *Livre gris*, déjà cité.

10 juin 1759. — *Logement et mobilier fournis par la Ville à M. de La Valette, maréchal de camp.*

Dans la séance du 10 juin 1759, M. Carrère, maire, rappela au Conseil général de la ville qu'il avait été décidé qu'un logement meublé convenable serait donné à M. de La Valette, maréchal de camp des armées du Roi, arrivé à Montauban depuis le 11 mai, pour commander les troupes de la province ; en conséquence de cette décision, les consuls avaient choisi et le général avait agréé le premier appartement de la maison de M. Bardon-Tauge, ancien officier (la maison Calvinhac), située sur la place de la Paroisse, et donnant sur la petite rue Saint-Georges, moyennant la somme de 350 livres par an, et de plus trois chambres de la maison de M. Calmel, prêtre, même rue, pour le prix de 50 livres.

Les meubles, fournis par Louis Rabé, marchand fripier, furent estimés à 4,493 livres 10 sous, et le prix de location fut fixé à 600 livres pour la première année et à 500 livres pour les années suivantes.

Afin que nos lecteurs puissent apprécier le genre et la valeur du mobilier qu'avait le droit d'exiger au dernier siècle un commandant de province, nous indiquerons les principaux articles de l'inventaire dressé à cette occasion :

	Estimation EN LIVRES.
Une tapisserie verdure, en 6 pièces.	450
Un lit complet en taffetas vert, piqué, avec les bonnes-grâces, les pentes et soubassements de damas à petites fleurs d'argent, la housse de coton vert, une grande couverture filoselle et coton, etc.,	500
Huit fauteuils et un sopha en moquette verte, garnis de clous jaunes,	224
Un trumeau, 60 l. ; une commode, 50 l.,	110
Deux portières moquette, 45 l. ; un paravent à 6 feuilles, 30 l.,	75
Un secrétaire, 50 l. ; une inquiétude avec coussins, 9 l.,	59
Un lit à la romaine, garni en vieux damas jaune,	100
Une tapisserie au point de Hongrie,	120
Dix chaises à la dauphine, garnies de peau noire,	80
Un buffet à 2 corps pour salle à manger,	80
Une fontaine avec cuvette et son pied,	135
Une tapisserie d'Aubusson représentant l'Histoire d'Alexandre, en 5 pièces,	300
Deux portières en damas d'Abbeville,	72
Une tapisserie verdure, d'Aubusson, en 6 pièces,	350
Un lit à l'ange rouge, étoffe Valentine, avec galon jaune,	250
Une tapisserie de Hongrie,	160
Un lit jaune, étoffe Valentine, galon bleu,	250
Douze chaises et un sopha, moquette jaune,	224
Six paires de draps en toile crétonne, de 36 pans,	198

M. de La Valette avait aussi réclamé la batterie de cuisine et le linge de table ; mais nos consuls renvoyèrent leur décision à une autre séance, afin d'avoir le temps de prendre des renseignements sur cette demande, qui ne leur paraissait pas justifiée et dont il n'est plus question dans les registres des délibérations.

14 juin 1365. — Une formule d'acte au XIVe siècle.

Dans une quittance donnée à Montauban par Pierre de Forabosc, bourgeois de cette ville, à Bertrand Dallis, avocat, de 137 florins d'or, en déduction de plus forte somme pour l'achat d'une métairie, nous avons remarqué une formule rarement employée dans notre province et dont voici la traduction :

« Régnant Edouard, par la grâce de Dieu roi d'Angleterre, et nostre seigneur Edouard, son fils, prince d'Aquitaine et de Galles, duc de Cornouailles et d'Exester. »

16 juin 1551. — Les Etats du Quercy s'opposent à l'impôt de la gabelle et du sel.

Les Etats du Quercy, réunis à Cahors, délibérèrent d'envoyer Jean Lacoste, lieutenant-général du sénéchal de Montauban, et Rafaël Lagérie, licencié, de Lauzerte, en députation devers le Roi et son conseil privé, pour porter les priviléges du pays qui l'exemptaient de la gabelle et du quart du sel, et protester contre cet impôt, que les traitants voulaient introduire dans le Quercy.

16 juin 1788. — Reconstruction du pont de l'Abbaye.

Le 7 mars 1788, le Conseil général de la ville de Montauban décida de donner à l'adjudication les travaux de maçonnerie, terrasses et gravelages à faire au pont de l'Abbaye, situé sur le Tescou, et le 17 mai il approuva le devis dressé par l'architecte.

Ces travaux furent adjugés le 16 juin à Léonard Terral, charpentier, pour le prix de 2,180 livres.

21 juin 1618. — Une éclipse de soleil à Montauban. — Un météore. — Une comète.

L'an 1618 et le 21 de juin, à 3 heures après-midi, dit Natalis, dans ses *Mémoires* inédits, il y eut éclipse de soleil, mais de peu de durée.

« Et la mesme année 1618, et le 13e de novembre, environ 3 heures après-midi, il parut au ciel un météore, ou signe céleste, ayant figure comme d'une longue faux à faucher l'herbe, et dont le talon ou fond regardoit l'Orient, et sa pointe s'estendoit vers l'Occident. Sa couleur estoit cendrée ; néanmoins elle rendoit grande lueur à cause que ledit talon estoit fort rouge. Ce météore parut depuis ledit jour 13e jusqu'au 22e dudict mois, chaque jour.

« Et le 29e des mesmes année et mois que dessus parut encore au ciel une comète environ 4 heures du matin. Elle estoit plus grande qu'aucune estoile, ayant une grande queue à façon d'une poignée de verges ou balay, laquelle queue regardoit l'Occident, estant couleur un peu rougeâtre ; et fut vue par trois ou quatre jours. Dieu par sa grande miséricorde fasse que ce ne soit tesmoignage de son ire et indignation contre nous. Garnier, qui calcula l'almanach pour ladicte année, dict qu'il estoit à craindre que nos péchés, blasphesmes, usures, injustices, fraudes, infidélités, avarice, hypocrisie, symonie, hérésie, malversations en estat et charges, et autres iniquités qui nous chargent les épaules, n'en usions en paix et prospérité, et que le souverain Seigneur du ciel et de la terre ne nous punisse griefvement, tant par guerres, contentions, maladies et autres genres de punitions, ainsi que nous le méritons.

« Le temps nous a fait voir que ladicte prédiction de Garnier a esté véritable, car Dieu nous a grandement chastiés par guerres qui survinrent peu d'années après. »

21 juin 1660. — Un tremblement de terre à Montauban.

« Le lundi 21e du mois de juin 1660, à 4 heures du matin, il y eut tremblement de terre, et tous les habitants demeurèrent tellement effrayés de voir que toutes les maisons de ceste ville de Montauban branlèrent si fort, qu'on appréhenda qu'elles dussent choir et renverser. Ce fut un épouvantement. Ce branlement de terre a esté général. Je puis assurer que je vis branler ma maison avec épouvantement. Ce branlement de terre a esté général à trente lieues de ceste ville, à ce qui nous a esté rapporté et escrit de plusieurs endroits, et particulièrement de Bordeaux et de Tholoze. »
— *Mémoires de Natalis.*

21 juin 1793. — Exécution de l'abbé Clavières, curé de Caussade, et de quinze de ses paroissiens.

Sur le désir que lui exprimèrent quelques amis, M. l'abbé Clavières, curé de Caussade, célébra en secret une messe pour l'infortuné Louis XVI. Cet acte de piété fut dénoncé comme un crime, et le curé fut arrêté en même temps que quinze de ses paroissiens. Conduits d'abord à Montauban et mis en réclusion dans l'ancien couvent de Sainte-Claire (aujourd'hui la Faculté de théologie protestante), ces malheureux demandèrent à être jugés, dans l'espoir qu'ils ne tarderaient pas à être rendus à la liberté. Mais le tribunal révolutionnaire de Paris les fit mander à sa barre, et ils partirent tous sur une charrette, qui traversa Caussade sans qu'il leur fût permis de voir leurs familles. Quelques jours après leur arrivée dans la capitale, ils comparurent pour la forme devant leurs juges, car d'avance ils étaient condamnés.

Leur arrêt de mort fut prononcé le 4 messidor an II (21 juin 1793), en ces termes :

« Sont condamnés à mort comme traîtres envers la patrie, les citoyens Clavières, curé ; — Delpech-Saintou père ; — Delpech-Saintou fils, ancien consul ; — Pécholier, ancien procureur du roi de la justice royale de Caussade ; — Savy, ancien greffier de la même justice ; — Moulet ; — Calmettes ; — Borie jeune et Borie, François, frères ; — Mazuc ; — Cassagne, Antoine, et Cassagne, Pierre, cousins ; — Foissac ; — Azam, dit Riguet ; — Lacroix ; — Ginibre. »

Résignés et forts des consolations de la religion, puisque tous purent se confesser la veille au curé de Caussade, pas un n'ouvrit la bouche pour se plaindre, persuadés que c'était mourir martyr que de mourir pour une aussi belle cause. La voix de l'un d'eux se fit cependant entendre : ce fut celle de M. Delpech-Saintou père, qui demanda comme une faveur au tribunal que son exécution se fît avant celle de son fils ; et le tribunal acquiesça.

Le curé de Caussade vit mourir avant lui tous ses compagnons d'infortune, et remplit jusqu'au dernier soupir ses devoirs de pasteur et d'ami avec le plus grand courage (1).

L'abbé Jean-Pierre Clavières, né à Castelnau de Montratier en 1730, était curé de Caussade depuis 1771.

22 juin 1358. — Les Montalbanais sont autorisés à chasser les sangliers.

Jean, fils du roi de France, son lieutenant dans la partie du

---

(1) Voir les *Notes historiques sur Caussade*, par M. l'abbé Salèles, 1856, in-f°.

Languedoc située deçà la Dordogne, et comte de Poitou, permit aux consuls et habitants de Montauban de chasser les sangliers qui ravageaient en grand nombre les propriétés situées dans les environs de cette ville, mais à la condition que ces animaux ne pourraient être poursuivis qu'en dehors des forêts du Roi.

Cette ordonnance est datée de Grenade, le 22 juin 1358.

22 juin 1794.— Les Montalbanais sont taxés à demi livre de pain.

Nous lisons dans une histoire inédite de Montauban pendant la Révolution :

« Des commissaires nommés par la Municipalité ont parcouru les divers quartiers de la ville, pour prendre les noms de tous les citoyens sachant moissonner ; on doit les envoyer dans les campagnes dès que le temps le permettra.

Depuis le 20 mars nous pouvions prendre une livre de pain par jour chez le boulanger ; mais ce matin on nous a taxés à demi livre, excepté les femmes enceintes qui ont droit à trois quarts de livre ; précédemment elles en recevaient une livre et demie.

La Municipalité nous a fait remettre une carte pour la distribution du pain, contenant 30 coupons, un pour chaque jour du mois, qui doivent être donnés au boulanger. »

Voici le texte de cette carte :

Le citoyen .., boulanger, rue..., délivrera au citoyen..., demeurant rue..., dont la famille est composée de... individus..., la quantité de.... livres de pain, poids de marc, *qu'il payera comptant.* Le commissaire de police,

(Suit la signature.)

Montauban, le... l'an... de la République.

24 juin 1266. — Fondation de l'Hôpital Notre-Dame.

Guillaume Amiel, homme également pieux et riche, fonda à Montauban, en 1266, un hôpital, sous le nom de la Vierge Marie ou de Notre-Dame, dans le faubourg de Campagne ou des Cordeliers (aujourd'hui Lacapelle), près du ruisseau La Garrigue. Par son testament, transcrit sur le *Livre des serments,* f. 32, le bienfaiteur de cet établissement régla le costume des gouverneurs ainsi que des gouvernantes de cette maison, qui seraient établis par lui ou ses successeurs, et qui ne devaient porter ni drap *vermeil* ni *vair* (fourrure), ni aucun signe sur leur robe ; ils ne pouvaient prendre le nom d'aucun ordre, si ce n'est celui de serviteurs des pauvres besogneux de Jésus-Christ ; ils étaient tenus d'habiter la maison construite par lui, et de ne manger de la viande que trois fois par semaine, le dimanche, le mardi et le jeudi. Le jour anniversaire de sa mort, les administrateurs dudit hôpital devaient servir un repas aux Frères Mineurs — *Hist. de Montauban*, I, 133.

Amiel fut enterré dans l'église des Cordeliers, qu'il avait fait bâtir, du moins en partie, et qui était située sur l'emplacement occupé aujourd'hui par la maison des Dames Ursulines.

26 juin 1369. — Le duc d'Anjou donne 80 francs d'or aux Montalbanais pour la défense de leur ville.

Par sa lettre du 26 juin 1369, Louis, duc d'Anjou, mandait à son trésorier des guerres, de payer aux consuls de Montauban quatre-vingts francs d'or, destinés à acheter dix milliers d'artillerie, pour la défense de leur castel et de la ville, ainsi que de la garnison, contre les ennemis établis dans les environs.

Le même jour, le duc d'Anjou exempta les habitants de Montauban de tous péages, subsides et subventions à l'égard du Roi, pour raison de leurs marchandises, pendant dix années, et rendit à la liberté tous ceux de leurs concitoyens qui étaient retenus prisonniers à cause de la guerre des Anglais.

27 juin 1746. — Portrait de l'intendant Lescalopier.

Le Conseil de police de Montauban vota, dans la séance du 27 juin 1746, la somme de 300 livres en faveur du sieur Hubard, peintre habile, que « le hasard avait procuré, » et qui avait fait le portrait de l'intendant Lescalopier.

« La ville de Montauban, dit la délibération, doit à ce magistrat sa sûreté, sa clarté, la plus grande partie de son lustre et l'établissement d'un nouveau commerce aussi utile qu'agréable. »

A l'unanimité le Conseil décida que ce portrait serait placé dans l'hôtel de-ville. Cette toile fut probablement brûlée le 13 octobre 1793, en même temps que tous les portraits de rois, d'intendants et de consuls qu'on avait transportés à l'église cathédrale lorsque le culte fut interdit.

Mois de Juillet.

1er juillet 1777. — Le premier journal publié à Montauban.

Théophraste Renaudot, natif de Loudun, devint médecin du Roi en 1612, fonda à Paris un *bureau d'adresses* qui n'était qu'une espèce d'office de publicité, et créa en 1631 le premier journal français, auquel il donna le nom de *Gazette*. Cette feuille périodique, ne paraissant d'abord qu'une fois par semaine, 4 pages in-4º, prit bientôt une grande importance, grâce à la protection de Richelieu, qui l'honora de sa collaboration. Louis XIII lui-même adressa à son médecin-journaliste des articles écrits de sa main et dans lesquels il appréciait à sa manière les affaires politiques.

Un privilége exclusif de faire imprimer et vendre des gazettes fut accordé à Renaudot ; sa famille le possédait encore lorsqu'il fut renouvelé le 1er janvier 1762. Mais alors M. Chapoux de Verneuil, un des héritiers, comprenant qu'il ne pouvait continuer seul à exploiter ce monopole dans toute la France, consentit à céder une partie de son privilége à des personnes qui sous-traitèrent à leur tour. Ainsi, M. Aunillon, président de l'élection de Limoges, paya 97,000 livres cette concession pour sa province, et la céda pour Limoges à M. Chambon, avocat, moyennant une rente de 150 livres.

Nous venons de relever dans la *Bibliographie de la Presse périodique*, la date de la création des feuilles d'annonces de province que cite M. Hatin, et nous avons trouvé que la première publication de ce genre parut à Rouen en 1762, à La Rochelle et à Amiens en 1770, à Dijon en 1771, à Grenoble en 1774, à Limoges en 1775 ; cette liste, quoique très-incomplète, — car nous savons que Toulouse eut sa feuille d'annonces en 1775, — nous permet de dire que Montauban suivit de bien près, pour la presse périodique comme pour l'introduction de l'imprimerie, des villes beaucoup plus importantes.

En effet, le prospectus du *Journal d'annonces, affiches et avis divers de la ville et généralité de Montauban*, imprimé à Toulouse par Baour, — nous ignorons pour quel motif, — fut distribué le 1er juillet 1777, et le premier numéro, imprimé par Vincent Teuliéres, imprimeur du Roi à Montauban, parut le 23 du même mois. Il est probable que l'éditeur de cette feuille avait traité avec les héritiers de Renaudot pour la cession de leur privilége, mais il nous a été impossible de retrouver cet acte.

« La province où cette feuille doit naître et mourir, disait le prospectus, était environnée de voisins, qui tous avaient un homme de lettres chargé de les instruire et de les amuser. Nous avons cru que nos dignes compatriotes méritaient qu'on prît le même soin à cet égard. Nous espérons qu'ils verront avec plaisir qu'il se trouve parmi eux un citoyen dont le zèle leur consacre quelques-unes de ses veilles, et qui travaille avec joie à les venger du reproche qu'on leur a fait si longtemps, d'être obscurs et négligés. Nous osons même nous flatter d'obtenir le suffrage et les encouragements des gens éclairés. Nos motifs, au moins, nous donnent des droits à l'estime et à la reconnaissance publique. »

L'éditeur ajoute ensuite qu'il s'occupera des questions relatives à l'agriculture, au commerce, à la médecine pratique, à la morale, sans oublier la littérature, les nouvelles et les annonces. Sa feuille sera hebdomadaire et composée de 4 pages in-4°, à 2 colonnes. Le prix des abonnements est de 6 livres pour Montauban, et de 7 livres 10 sous pour tout le royaume.

Le 17 juin 1778, Teulières et Crosilhes annoncent que, pour donner plus d'intérêt à leur journal, ils vont publier « le *Mémoire historique sur la généralité de Montauban*, écrit par Me Antoine Cathala-Coture, avocat à la Cour des Aides, pour messire Gaspard Legendre, intendant de justice, police et finances de la généralité. » Malheureusement, la place consacrée à cet intéressant travail était fort réduite, et la publication en fut d'ailleurs suspendue le 12 avril 1780, à la 46e page, c'est-à-dire à la dixième partie environ du *manuscrit original* qui est conservé dans notre collection (1).

Le journal d'annonces fournit une assez longue carrière, racontant les événements plus ou moins importants qui se passsaient

---

(1) Les mémoires dressés par les intendants du royaume, par ordre du roi Louis XIV, à la sollicitation du duc de Bourgogne, furent publiés par extraits en 1752 par le comte de Boulainvilliers, sous ce titre : *Etat de la France*.

Le résumé du Mémoire sur la généralité de Montauban, dressé en 1699, et qui est moins complet que celui de Cathala-Coture, fait en 1713, a été inséré en partie dans l'*Etat de la France*. tome vi, p. 479 à 62.

dans notre bonne ville, alors fort peu agitée : nos pères s'occupaient activement de leur commerce et de leur industrie, qui ne furent jamais plus prospères, ou se passionnaient quelquefois pour une question littéraire, car les belles-lettres étaient aussi en grand honneur parmi eux.

M. J.-B. Poncet, avocat au parlement, et plus tard délégué à l'Assemblée provinciale de la Haute-Guyenne, député à l'Assemblée constituante et membre du Conseil des cinq-cents, fut un des collaborateurs les plus assidus de Vincent Teulières. On trouve plusieurs pièces de vers, portant sa signature manuscrite, dans la collection de la feuille montalbanaise que nous possédons, et qui s'arrête au 28 juin 1780, sans que rien, dans ce numéro, puisse faire prévoir qu'il sera le dernier. Dans un nouveau prospectus, daté du 15 juin 1780, Charles Crosilhes, seul directeur privilégié depuis 2 ans, dit même que la rédaction va être complétée et que l'abonnement recommencera le 1er juillet (1).

Depuis la création de la feuille d'annonces de Montauban, bien des journaux ou revues de tous genres et de tous formats ont été publiés dans l'atelier où s'imprime le *Courrier*; pendant la Révolution et les premières années de l'Empire, la presse locale fut plusieurs fois suspendue, mais à partir de 1809 il n'y a pas d'interruption. Moissac et Castelsarrasin ont eu aussi et ont encore leurs journaux, et nous avons essayé de réunir toutes les publications de ce genre qui ont vu le jour dans le département de Tarn-et-Garonne, afin d'en écrire la bibliographie.

4 juillet 1592. — Le vicomte de Joyeuse ravage les environs de Montauban.

Guillaume de Joyeuse, un des chefs des Ligueurs, se rendant à Villemur avec son armée, le 14 juillet 1592, fit brûler plusieurs métairies au lieu de Léojac, près Montauban, et détruisit toutes les récoltes sur pied. Trois mois après, il était battu près de Villemur par les troupes de Henri de Navarre, et se noyait dans le Tarn, le 19 octobre, en voulant traverser cette rivière avec son armée en déroute.

(1) Si quelqu'un de nos lecteurs possédait des numéros du *Journal d'annonces de Montauban*, nous le prions de nous en faire connaître la date.

5 juillet 1700. — *Fonte d'une nouvelle cloche pour la grande horloge.*

M. Le Franc de Lacarry, maire, exposa au conseil général, le 6 juillet 1700, que sur les réclamations de l'Intendant il avait été décidé de commander au sr Lanouzelle, fondeur à Toulouse, une cloche de 14 quintaux pour l'horloge, au prix de 15 sous la livre. « Cette cloche, dit le maire, est déjà placée, et depuis deux jours on l'a sonnée par intervalles, mais généralement on se plaint qu'on ne l'entend pas au bout des faubourgs, parce qu'elle est trop petite. »

En conséquence, ce magistrat proposa et le conseil décida de laisser cette cloche en place provisoirement, et d'en demander une autre au même fondeur du poids de 30 quintaux au moins, au prix de 20 sous la livre, livrable dans 4 mois.

Le 5 juillet Lanouzelle réclama à l'administration le prix de la nouvelle cloche, pesant 32 quintaux 64 livres, qu'il avait fondue et que les experts avaient reçue.

Le sieur Bergis, entrepreneur, se chargea de la mettre en place pour la somme de 135 livres.

Le conseil de police accorda 60 livres, comme loyer et indemnité, aux Cordeliers qui avaient prêté une grange pour fondre ladite cloche.

Voici l'inscription que nous avons relevée sur cette cloche : « Messire François-Gaspard Legendre, intendant de la province. M. Louis Lefranc de Lacarry, écuyer, maire de la ville de Montauban. M. Patron, conseiller en l'élection et premier consul. M. Tissendier, procureur à la Cour des aides, consul. M. Anne de Clusel, ancien capitaine, consul. Lanouzelle, fondeur à Toulouse, m'a faite. 1700. » — Les armes de France et celles de la ville sont fondues en relief au-dessous de cette inscription.

Le 5 août 1701, le même fondeur fit pour l'horloge de l'hôtel-de-ville une cloche du poids de 240 livres à 20 sous la livre, qui fut placée par le même entrepreneur. — Qu'était devenue la grande cloche que l'administration avait fait fondre le 10 avril 1494, probablement pour la maison commune ?

Dans le dénombrement fait en 1733, art. 126, les consuls de Montauban déclarent que la communauté possède « l'horloge qui est à la tour de Lautier avec la cloche du poids de 32 quintaux 60 livres, comme aussi l'horloge qui est sur l'hôtel-de-ville avec sa cloche, et une autre pour appeler à la messe qui se dit dans la chapelle (de l'hôtel-de-ville); ensemble 6 cloches grandes ou petites qui sont dans le clocher de l'église Saint-Jacques (1).

La cloche fondue par Lanouzelle occupe toujours sa place sur la plateforme de la tour de Lautier, et n'a rien perdu de la pureté de ses vibrations. Depuis 1700, elle a sonné les fêtes publiques qui ont eu lieu sous les divers régimes ; mais elle a signalé aussi bien des sinistres. La population montalbanaise, dès qu'elle entend les premiers sons de la *barloque*, — c'est le nom qu'elle lui a donné, — se demande avec anxiété si les coups vont être frappés lentement ou avec précipitation, s'ils vont lui annoncer quelque réjouissance ou quelque incendie.

6 juillet 1760. — *La ville achète le Petit jeu de Paume pour en faire une salle de spectacle.*

Dans la séance du 6 juillet 1760, M. Carrère, conseiller du Roi, lieutenant en l'élection, maire et premier consul, proposa au conseil général de Montauban d'acheter la salle du Petit jeu de Paume, situé dans la rue de l'Hôtel-de-Ville (aujourd'hui de la Comédie), appartenant à Arnaud Lapierre, maître menuisier, et à ses frères.

Voici en quels termes notre premier magistrat exposa l'utilité de cette acquisition :

« Les habitants de cette ville ne peuvent voir qu'avec beaucoup de complaisance les progrès sensibles qui l'ont portée au point de la faire regarder comme une des plus considérables du royaume, bien moins toutefois à cause de sa situation gracieuse que tous les étrangers admirent, que parce qu'elle a le bonheur d'avoir réuni dans son sein la plupart des avantages et des ornements qui contribuent à rendre une ville du premier ordre. Il y manque néanmoins une salle pour les spectacles, ainsi qu'il y en a dans toutes les villes où l'on aime les arts. C'est, en effet, l'amour des arts qui excite une louable émulation parmi les jeunes gens. Il ne suffit pas de cultiver les sciences et les belles-lettres, pour lesquelles le génie de nos habitants se montre plus propre de jour en jour : un pareil avan-

---

(1) En 1662, l'Evêque et le chapitre firent fondre, par Villermo, trois cloches pour l'église Saint-Jacques. La grosse cloche de la même église fut fondue en 1690. — *Reg. de Barthe, notaire,* ann. 1662 f° 120 et 1690 f° 271.

tage a besoin d'être aidé de celui que procurent infailliblement la connaissance et l'étude des arts, de développer et de perfectionner par ce moyen des talents également utiles à soi et autres dans le commerce de la société civile.

La proposition de M. de Carrère fut accueillie favorablement par le conseil, qui décida d'acheter « la maison de l'ancien petit Jeu de Paume, près l'hôtel-de-ville, où il y a un théâtre avec des loges et un amphithéâtre en planches, que les propriétaires ont construit depuis plusieurs années pour le louer aux comédiens. »

Cette acquisition fut approuvée par l'Intendant, et les travaux d'appropriation s'élevèrent à 8,147 livres 8 sous 5 deniers.

Les peintures et décors furent faits par Numa Laurent, peintre, et Valette Penot, peintre aussi, qui n'était pas sans talent : la *Biographie de Tarn-et-Garonne* lui a consacré une notice, et le musée de Montauban possède deux de ses toiles.

Cette salle de spectacle fut démolie en 1849 et une nouvelle fut construite l'année suivante sur le même emplacement.

7 juillet 1621. — *Le vicomte Louis d'Arpajon lève un régiment contre les Montalbanais.*

Louis d'Arpajon fit ses premières armes en Italie et fut autorisé, par commission du 7 juillet 1621, à lever un régiment d'infanterie, avec lequel il prit part au siège de Montauban, où il reçut trois blessures en différentes rencontres.

Devenu maréchal de camp en 1622, sous les ordres de Thémines, qui avait eu l'occasion de l'apprécier pendant les opérations dirigées contre notre ville, Louis d'Arpajon concourut à la prise de Sainte-Foy et de Saint-Antonin, et se signala particulièrement au second assaut de cette place. Il fut mêlé à la guerre contre les calvinistes et assista aux principales opérations de l'armée du Languedoc. En 1629, il ménagea la soumission de la ville de Montauban ; puis, sous les ordres de La Force, fit la guerre d'Italie, devint lieutenant général du Bas-Languedoc en 1633, se distingua à l'armée de Bourgogne et à celle du Roussillon, et contribua à remettre la Guyenne sous l'obéissance du Roi.

Après avoir défendu Malte contre Ibrahim, il rentra en France, comblé de titres et d'honneurs, et mourut à Sévérac le 6 mai 1679.

8 juillet 1840. — *Souscription pour le rétablissement des campaniles de la Cathédrale.*

Les tours de la Cathédrale étaient autrefois surmontées de deux gracieux campaniles recouverts d'une toiture ellipso-pyramidale, en plomb, d'un effet très-pittoresque. Au lieu de restaurer les couvertures qui étaient en mauvais état, on trouva plus simple, en 1831, de supprimer les campaniles et de les remplacer par une lourde galerie en pierre, qui n'a aucun rapport avec l'architecture de l'édifice. On enleva ainsi à la façade de notre Cathédrale toute son harmonie.

Plusieurs fois nos concitoyens ont réclamé vivement contre cette mutilation. Il y a près de 40 ans, un projet de restauration fut présenté par un architecte, qui promettait de ne pas dépasser 20,000 fr., dont le Gouvernement devait donner la moitié.

Une souscription fut ouverte, et le *Courrier* publia, le 8 juillet 1840, la première liste des sommes souscrites, s'élevant à 730 fr.

Pourquoi ne fût-il pas donné de suite à ce projet, dont tous les Montalbanais désirent la réalisation ? Pourquoi ne pas reprendre cette souscription? Le *Courrier* serait heureux de prêter son concours à cette œuvre de restauration, et nous souhaitons que M. Olivier, qui est chargé des bâtiments diocésains, puisse un jour restituer au monument construit par l'architecte Larroque son caractère si gracieux.

9 juillet 1715. — *Location de la tour de Lautier pour y placer une horloge.*

Navarre de Montaut, fille d'un seigneur de Bressols, avait épousé en premières noces Arnaud Lautier (1), riche bourgeois de Montauban, consul en 1335 ; et en secondes noces, Raymond de Folcaud, aussi bourgeois de notre ville ; elle était veuve pour la seconde fois lorsque, le 13 septembre 1373, elle donna aux pauvres la plus grande partie de ses biens et notamment sa maison appelée de la *Tour de Lautier* (2), pour y établir un hospice, qui serait dirigé

---

(1) Dans la liste des consuls de 1306 on trouve aussi le nom d'Arnaud Lautier ou Lhautier. — *Livre rouge*, fol. 73.

(2) On ignore la date de la construction de cette tour, qui paraît être du XIVe siècle. Ses ouvertures ont été remaniées; il n'en reste qu'une seule de géminée.

par deux dames, et dans lequel seraient reçus les hommes et les femmes, sains, malades ou infirmes, femmes en couches, orphelins, etc. Cet hôpital fut détruit en 1561 par les calvinistes, qui bâtirent en 1614 sur son emplacement un temple, que l'intendant Pellot fit démolir en 1665 ; mais la tour, dans laquelle mourut Navarre de Montaut, a échappé à toutes les révolutions.

A quelle époque une cloche et une horloge (1) furent-elles placées sur cette tour? Nous l'ignorons : nous savons seulement qu'en 1665 la grosse cloche du temple dont nous venons de rappeler la démolition, fut retirée de la tour de Lautier et donnée à l'église Saint-Jacques, qui avait eu toutes ses cloches brisées ou enlevées par les calvinistes en 1561. Cette cloche et celles qui furent fondues en 1669 et 1690 pour cette église, servirent à faire des canons pendant la Révolution.

Dans une réunion tenue à l'évêché le 9 juillet 1715, et présidée par Mgr de Vaubecourt, il fut convenu, entre M. Maury, maire, assisté des consuls, et M. Ginesty, chanoine, trésorier des hôpitaux, qu'il serait passé un bail à locatairie perpétuelle, en faveur de la ville, de la tour de Lautier, située sur la place de la Poissonnerie (aujourd'hui de la Grande-Horloge), et d'un petit bâtiment joignant ladite tour. Cette cession fut faite pour une rente annuelle de 35 livres.

M. Simon, architecte du Roi, « ayant la conduite du bâtiment de l'église cathédrale, » fut chargé de dresser le plan des lieux. Il trouva que les trois étages étaient voûtés et en bon état, mais les trois planchers devaient être refaits à neuf, ainsi que l'escalier conduisant à l'horloge. La hauteur de cette tour est d'environ 32 mètres ; sa façade en a 8 et ses côtés 6; les murs ont 1 mètre 15 au bas et 65 centimètres en haut.

Le 12 août 1735, un devis pour l'exécution de réparations très-urgentes à faire à la tour de Lautier fut dressé par M. de Larroque, « architecte du roi et de l'église cathédrale ; » ces travaux, portés à 1,450 livres, consistaient surtout à recouvrir la plate-forme avec des plaques de plomb, à suspendre la cloche à une cage de fer, et enfin à établir une galerie aussi en fer pour servir d'accoudoir et de garde-fou ; aujourd'hui la galerie est en briques.

(1) Nous nous occuperons de l'horloge dans une autre éphéméride.

En 1755, M. Boennier, ingénieur du roi et architecte de la ville, dirigea de nouvelles réparations.

En juin 1842, on fit aussi des travaux très-importants pour consolider la tour de Lautier, qui après plus de 5 siècles est encore en assez bon état. Pendant longtemps elle a servi de dépôt des munitions de guerre en même temps que des archives, et plus tard de corps de garde; aujourd'hui son rez-de-chaussée est loué pour une remise-écurie, et il est à craindre que ce vieux bâtiment ne soit un jour détruit par un incendie.

11 juillet 1858. — Création du Jardin d'horticulture et d'acclimatation de Montauban.

La Société d'horticulture, qui d'abord ne formait qu'une section du Comice agricole de Montauban, se rendit indépendante le 7 août 1856, et ouvrit sur la promenade des Acacias, le 6 juin 1857, une exposition dont le succès dépassa toutes les prévisions. Encouragés par ces heureux débuts, quelques membres proposèrent, dans la séance du 11 juillet 1858, de transformer en jardin public les terrains vagues appartenant à la ville et s'étendant, sur les bords du Tescou, le long du Plateau et de la promenade des Carmes. Le 26 décembre suivant, la Société décida que, pour réaliser la pensée d'établir un jardin définitif, les membres de l'association seraient invités à garantir pour 15 ans leur adhésion; en même temps il fut convenu que l'on s'adresserait à M. Lebreton, architecte-paysagiste de Paris, qui avait pris part aux concours de la Société. Sur l'avis de M. Lebreton, le terrain situé sur la rive gauche du Tescou fut acheté et annexé à celui de la ville, ce qui permit de constituer une surface de deux hectares, coupée par une rivière et non par un cours d'eau factice.

Il n'entre pas dans notre intention de faire l'historique de la Société d'horticulture; nous voulons seulement citer quelques dates et indiquer très-sommairement les principales phases d'une existence de 20 ans, très-utilement remplie.

Commencés au mois d'août 1860, d'après les plans de M. Lebreton, les travaux de terrassements et de plantations furent poussés avec énergie: le 17 mai 1861, à 7 heures du soir, les portes du jardin étaient ouvertes pour son inauguration.

M. Lorette, préfet, et M. Château, maire, furent reçus officiellement par M. Martin, président du bureau (1), entouré d'un grand nombre de sociétaires et d'invités, qui tous rendirent un juste hommage à l'heureuse transformation de ces lieux, dont l'aspect était naguère si repoussant. Pendant toute la soirée, la foule ne cessa de circuler dans ces allées improvisées, qu'un pont américain, œuvre de M. Fréjevu, venait de relier si gracieusement.

Le 26 mai s'ouvrait, pour la première fois dans le jardin et dans l'orangerie, une exposition horticole et maraîchère, et le 30 la distribution des récompenses était présidée par M. Célières. Dans son discours, M. le Secrétaire général de la Préfecture fit l'historique de la Société et l'éloge de nos concitoyens qui, pour assurer son existence, n'avaient pas craint de s'engager pendant 15 années ; en même temps il remercia les 120 dames patronnesses qui apportaient leur concours bienveillant, et s'étaient également engagées pour le même nombre d'années.

Le dimanche 16 juin 1861, dans la matinée, l'élite de la population montalbanaise assistait à l'inauguration définitive du jardin, en présence de M. le maréchal Niel, commandant du 6e corps d'armée, de M. le préfet Levainville, de M. le maire Prax-Paris, des administrateurs et des membres de la Société, ainsi que des dames patronnesses. Pour perpétuer le souvenir de cette solennité, M. le maréchal planta un jeune *sequoya gigantea* au pied du grand talus, visita ensuite avec intérêt le chalet de la pisciculture, les serres, la magnanerie, et parcourut les allées, en félicitant ceux de nos concitoyens qui avaient eu la bonne pensée

---

(1) Le bureau de la Société pour 1861, auquel on doit la création du Jardin d'horticulture, était composé de MM. le Préfet et le Maire, présidents nés ; le docteur Faisan, président honoraire ; A. Martin, président ; Emile Miret et Alphonse de Gironde, vice-présidents ; Léonce Bergis, secrétaire-général ; Louis Buscon, secrétaire ; Amédée Ligounhe, secrétaire-archiviste ; Léon Saintgeniès, trésorier.

Nous tenons à rappeler ici que M. Léonce Bergis, soit comme secrétaire-général (1861-65), soit comme président de la Société (1865-69), eut une part très-active dans l'organisation du jardin, qui doit aussi beaucoup à M. Amédée Ligounhe, travailleur infatigable, suppléant le président quand sa mauvaise santé le tenait éloigné, et dirigeant les cultures ou les éducations précoces de vers à soie. Le 14 janvier 1878, notre regretté concitoyen venait du jardin lorsqu'il fut frappé, à 46 ans, par une attaque foudroyante, qui à l'instant même éteignit la vie dans tous ses organes. Ce fut une grande perte pour cet établissement.

de créer ce bel établissement et les autorités qui les avaient encouragés.

Pour donner un résumé complet des travaux de la Société d'horticulture depuis sa fondation, il faudrait relire les comptes-rendus insérés dans nos journaux, et analyser longuement les neuf *Annuaires* qu'elle a publiés de 1861 à 1869, et dans lesquels on trouverait la composition du bureau, le nom des membres, le résumé des opérations de l'année, le résultat des éducations précoces des vers à soie indigènes ou de diverses races, les rapports sur les expositions horticoles de Montauban ou des villes voisines, la liste des récompenses décernées dans les divers concours, et des dons faits par des établissements publics ou par des particuliers ; il faudrait rappeler que les Ministres, les Préfets de Tarn-et-Garonne et le Conseil général, les Maires et le Conseil municipal de Montauban n'ont cessé de favoriser par des secours ou par des subventions, cette importante institution, qui fit ses débuts sous le haut patronage de l'Impératrice et des Députés du département.

Depuis les malheurs de 1870, la publication des *Annuaires* est suspendue, ce qui nous prive des études spéciales qu'ils contenaient, et les expositions florales ou maraîchères n'ont pas eu lieu régulièrement, parce que les administrateurs ont dû s'imposer des économies pour maintenir l'équilibre dans leur budget, éteindre en partie l'emprunt contracté pour acheter le terrain de la rive gauche, et réparer les dégâts causés aux bâtiments par l'incendie du 31 janvier 1877, qui détruisit toutes les archives de la Société. Mais cette année, une exposition est déjà annoncée pour le 10 septembre prochain, et nous espérons qu'elle marquera une nouvelle ère de prospérité.

Disons, en terminant, que les souscriptions ou les abonnements n'ont pas diminué, et que les étrangers qui visitent ce jardin reconnaissent tous qu'il était impossible de trouver une situation plus agréable, plus pittoresque, qui est pour ainsi dire au centre de la cité, au pied d'un plateau assez élevé, où l'on a un point de vue admirable, s'étendant jusques aux Pyrénées.

14 juillet 1794. — Fête du quatorze juillet.

La Société populaire de Montauban décida, le **23 messidor an II**, de célébrer solennellement l'anniversaire de la Fédération et de la prise de la Bastille par une fête dont le programme fut imprimé et distribué.

Dès le lever du soleil, le 14 juillet, une salve d'artillerie annonça cette fête. Tous les corps constitués et tous les fonctionnaires publics se réunirent à 3 heures de l'après-midi à la Maison commune pour se rendre au Temple de l'Etre suprême (ancienne Cathédrale).

Le cortége marchait dans l'ordre suivant : Les vétérans, divisés en deux colonnes ; le bataillon de l'Espérance, composée d'enfants et de jeunes gens de 12 à 16 ans ; 25 canonniers avec une pièce d'artillerie ; 20 tambours ; 25 musiciens ; l'état-major de la garde nationale ; la marine ; un brancart sur lequel était figurée la Bastille, porté par quatre citoyens (1) entourés de douze autres, armés de pelles et de pioches ; un rocher représentant la Montagne, surmonté d'une Arche dans laquelle étaient déposés les Droits de l'homme, porté par quatre sans-culottes, habillés en gilet sans manches et tenant d'une main une massue.

Venaient ensuite: le président, les quatre secrétaires de la Société et les commissaires de la fête. La Liberté, l'Égalité, la Victoire, représentées par trois belles citoyennes (C., L. et P.), décorées d'attributs allégoriques, étaient placées sur un char traîné par deux taureaux, orné de festons de verdure et conduit par un laboureur. Sur le même char étaient les bustes de Brutus, Lepelletier et Marat, soutenus par le président de l'administration du district, le maire et le président du comité de surveillance.

24 jeunes citoyennes de l'âge de 12 à 15 ans, vêtues de blanc et ceintes d'un ruban tricolore, entouraient le char, qui était suivi par les Corps constitués, la Société populaire, et un grand nombre de citoyennes vêtues aussi de blanc et ceintes du ruban tricolore.

Un détachement de 25 gardes nationaux, dont un portait une bannière avec cette inscription : *les hommes du 14 juillet*, et la gendarmerie fermaient la marche. 100 gardes nationaux en uniforme formaient la haie à droite et à gauche.

---

(1) Nous supprimons les noms des citoyens et des citoyennes qui figurèrent dans cette fête, quoiqu'ils soient inscrits dans le programme, 8 pages in-4°, imprimé par Fontanel père et fils.

Le cortége se rendit d'abord à l'ancienne Cathédrale, où un discours analogue à la circonstance fut prononcé par le citoyen Pastoret, ancien maître de pension dans notre ville, et qui pendant quelques mois de 1791 avait été chargé de la direction du collége. Son discours (1), entremêlé de vers empruntés à sa tragédie de *Socrate*, n'est et ne pouvait être qu'une glorification de la journée du 14 juillet 1789. Dans sa péroraison, l'orateur adressa des éloges à Jeanbon-Saint-André, qui était présent à la fête.

En sortant du Temple, le cortége fit le tour de l'arbre de la liberté planté sur la place d'armes, et se rendit au Champ de Mars (au Cours), en chantant l'hymne des Marseillais. La fête fut terminée par des farandoles.

15 juillet 1628. — Commission donnée au sieur de Valada et autres pour faire dresser un Bureau de monnaie à Montauban.

« Henri, duc de Rohan, pair de France, prince de Léon, etc., chef et général des Eglises réformées de ce Royaume ez provinces de Languedoc et Guienne, Sevènes, Gévaudan et Vivarez, aux sieurs du Valada, Dusnau (Du Jau) et Bourguet, de la ville de Montauban, salut :

« Ayant esté jugé nécessaire en nostre Conseil d'establir des Bureaux de Monnoye en divers lieux pour le service du public, attendu l'incommodité en laquelle on se trouve pour le payement des gens de guerre et débite des denrées, Nous, de l'advis de nostre dit Conseil, duement informés de vostre fidélité, capacité et expérience, vous avons commis, ordonnés et depputés, commettons, ordonnons et depputons par ces présentes pour faire faire et dresser un Bureau de Monnoye dans la ville de Montauban, et en icellui faire battre et marquer telles monnoyes que vous jugerez, au coin de France, et au tiltre, poidz et alloy observés dans les monnoyes establies pour Sa Majesté, pour avoir libre cours et estre employées à toute sorte d'uzages. De ce faire vous donnons et aux ouvriers et autres qui seront par vous employés, tout pouvoir, commission et adveu ; mandons à tous gouverneurs, chefs de gens de guerre,

---

(1) La Société populaire fit imprimer ce discours pour l'envoyer à toutes les Sociétés affiliées. — 8 p. in-8°, imp. Fontanel père et fils. — Pastoret fut l'un des orateurs officiels des fêtes populaires.

magistrats, consuls, soldats de nos gardes et autres, de à ce prester toute ayde, faveur et main forte à peine de désobéissance. En tesmoin de quoy nous avons signé les présentes de nostre main, à icelles fait apposer le cachet de nos armes et contresigner par nostre secrétaire ordinaire.

« Donné à Nismes, le quinziesme jour de juillet mille six cents vingt-huit.

« HENRY DE ROHAN. *(Place du sceau.)*
« Par Monseigneur, FAGET. »

Cette pièce originale, classée au n. 31 du cartulaire donnée aux archives municipales par M. de Valada, fut publiée par M. Devals dans sa *Notice historique sur la Monnaie frappée à Montauban pendant les guerres de Religion*. Elle mit fin aux discussions soulevées à l'occasion de la prétendue monnaie d'argent qui aurait été frappée dans notre ville pendant le XVIIe siècle, avec cette inscription : *Monedo novela de la Republico de Montalba* ; plusieurs auteurs l'avaient signalée, mais pas un ne disait l'avoir vue. Comment d'ailleurs reconnaître les pièces légalement frappées dans notre ville, « au coin de France, et au tiltre, poidz et alloy observés dans les monnoyes establies pour Sa Majesté? »

Le Bret et Cathala-Coture attribuent cette fabrication monétaire aux ordres de Saint-Michel, gouverneur de notre ville pour le duc de Rohan, agissant uniquement dans son intérêt privé, et ajoutent que ses quarts d'écu étaient si mal faits et de si mauvais aloi, que personne n'en voulut. Il est probable que les mauvaises pièces dont il est question, telles que quarts d'écu, demi quarts d'écu et pièces de dix sous, faites entièrement de cuivre recouvert d'étain, avaient été fabriquées en dehors de l'atelier monétaire, et par de faux monnayeurs. Aussi nos consuls se préoccupèrent de ce fâcheux état de choses, et le 27 février 1629 adoptèrent des mesures pour arrêter ce mal.

Dès que la paix fut signée (20 août 1629), la commission des monnaies offrit de remettre aux consuls « les coingz et outilz desquels ils s'étaient servis à battre monnoye. » Mais la peste et les difficultés du moment ne permirent pas d'accepter immédiatement ces offres.

Le 14 juin 1630, Dujau et Bourguet, consuls, firent transporter à l'hôtel de ville « les coingz et outilz, en dressèrent un inventaire, dont ils donnèrent acte, et les firent briser et rompre, en présence de Pierre Coderc, imprimeur; Antoine Bosquet, hoste: Dupré-Dujau et Bourguet, gardiens des coins ; Lacaux, Poncet vieux et Poncet jeune, orfèvres ; Barthe, marchand ; de Brassard, de Constans, Trabuc, Brandalac et Bosquet, consuls ; Beraud et Dubédat, syndicz. » Cet acte, retenu par David Naces, greffier des consuls, a été publié en entier par M. Devals dans sa notice. Il en résulte que l'atelier monétaire de Montauban avait frappé des « escus au soleil, marque de Paris, des pièces de 10 sous 8 deniers, coin de France, des sous, des doubles tournois (liards) et des deniers. »

17 juillet 1632. — Installation de la cour de Sénéchal et Présidial à Montauban.

La sénéchaussée du Quercy était fort ancienne, car dès 1207 Pierre-Raymond de Rabastens en était sénéchal. Le 21 juin 1404 Charles VI ordonna à son sénéchal de jurer aux consuls de Montauban l'observation de leurs priviléges. — *Livre armé*, f° 96.

Après la réunion de la comté de Toulouse à la couronne, il y eut six sénéchaussées dans la province, dont une à Montauban, qui fut transférée à Moissac en 1563 à cause des troubles, et ne rentra qu'en 1569. Pendant la guerre civile de 1621 et 1628 cette cour fut momentanément transportée deux fois à Moissac et deux fois elle rentra dans notre ville.

En avril 1630, un édit du Roi avait joint le Présidial au Sénéchal de Montauban ; mais le Parlement de Toulouse refusa deux fois d'enregistrer cet édit, et rendit même un arrêt qui en interdisait l'installation.

Le 17 juillet 1632, M. de Verthamond, conseiller du Roi et maître des requêtes, fut chargé de mettre cet édit à exécution, nonobstant l'opposition du Parlement, et il installa comme conseillers MM. de Peyronnenc, de Rossel, de Caïssac et de Villeneuve, qui auparavant avaient exercé leur charge à Caylus, pendant 6 à 7 mois, en attendant le rétablissement de la paix.

« Le lieu où le Sénéchal et le Présidial rendent la justice, disait Le Bret en 1668, est non-seulement le plus ancien de la ville, mais est même plus ancien qu'elle, parce que c'est le château que le comte de Toulouse se réserva dans l'acte de 1144. Son Viguier et ensuite celui du Roi y rendaient la justice comme ont fait depuis les officiers du Sénéchal et enfin ceux du Présidial. »

Le nouveau règlement fait pour l'hôtel-de-ville de Montauban portait que deux membres du Sénéchal seraient délégués par cette compagnie pour participer aux élections consulaires et assister aux réunions du conseil général. Le 8 mars 1677 le Sénéchal procéda à cette élection ; Jacques de Coras, lieutenant particulier, et Roucoules, conseiller, furent désignés par leurs collègues.

M. de Lostanges, colonel de dragons, était gouverneur du Quercy et sénéchal en 1790, lorsque cette cour fut supprimée.

Le palais du Sénéchal, transformé en Maison d'arrêt, a donné son nom à la rue qui va de la Place de l'horloge à la rue Montmurat.

21 juillet 1412. — Lettres de rémission aux Montalbanais, du meurtre des consuls Thomas Neveu et Arnaud Ratier.

Pendant les années 1411-12, les Montalbanais, exaspérés par les alertes que leur donnaient les Anglais établis dans les bastilles qui entouraient alors notre ville, croyaient voir partout des ennemis, surtout parmi les personnes ayant quelque importance, et souvent se faisaient eux-mêmes justice sur le moindre soupçon. C'est ainsi qu'ils firent périr « de mort horrible » Thomas Neveu, châtelain de Roquefixade, et Arnaud Ratier, seigneur de la Mothe. Ces deux consuls, délégués par les officiers royaux pour recevoir les serments des consuls de Molières et de Lafrançaise, villes jadis soumises aux Armagnac, étaient soupçonnés d'être les partisans de ces vicomtes : il n'en fallut pas davantage pour tomber sous les coups de ces émeutiers, qui s'étaient même emparés des clés de la ville, et forçaient les maisons afin de rechercher ceux qu'ils soupçonnaient de complicité contre le parti du Roi.

Le 21 juillet 1412, les commissaires du Roi en Languedoc et Guyenne, voulant conserver à la cause royale les habitants d'une place qui avait alors une grande importance, et attribuant d'ailleurs ces crimes à une panique trop explicable, adressèrent aux consuls de Montauban une lettre d'absolution et de grâce pour la cité en général, et pour les criminels qui étaient en prison. Toutefois, le juge de la sénéchaussée et les consuls furent autorisés à bannir de la ville et du Quercy les meurtriers les plus dangereux, ainsi que tous ceux qui n'offraient aucune garantie, et à confisquer leurs biens.

La famille Nepos ou Neveu, avait eu plusieurs consuls dans notre ville, notamment en 1282 et 1315. Dans le xiiie siècle, un jurisconsulte célèbre, *Nepos de Monte-Albano*, publia quelques ouvrages qui lui acquirent une certaine réputation en Italie : aussi, on le crut longtemps originaire d'Albano, près de Rome, mais aujourd'hui on sait qu'il avait vu le jour en France, à Montauban. Nous avons pu réunir deux éditions de son *Tractatus de exceptionibus rerum, seu liber fugitivus*, qui est rare, malgré plus dix éditions publiées de 1510 à 1589.

Richard Nepos, archidiacre, et Pierre Atillac, chanoine de Paris, députés au pays de Quercy pour le règlement des affaires, donnèrent commission à Pierre de Bazegua, agrimenteur, pour arpenter le bois du Ramier, situé près de la ville de Montauban, et en laisser 500 séterées aux consuls de ladite ville, en présence du procureur du Roi. Cette commission, signée à Toulouse, porte la date du 24 août 1303. — *Inventaire des archives*, 1666, liasse G.

Pierre Neveu, qui appartenait à l'ordre des Frères Prêcheurs, fut d'abord évêque de Béziers, puis de Lavaur et enfin d'Albi en 1410; probablement il occupait encore ce siège lorsque Thomas Neveu et Arnaud Ratier furent victimes des terreurs qui assiégaient leurs concitoyens.

24 juillet 1793.— *Décret établissant une manufacture d'armes à Montauban.*

Dans la séance du 24 juillet 1793, la Convention nationale, après avoir entendu le rapport de son comité de Salut public, rendit le décret suivant :

Art. 1er. — Il sera établi à Montauban une manufacture d'armes de guerre.

Art. 2 — Cette manufacture réunira la confection des armes blanches à celle des armes de guerre.

Art. 3. — Cette manufacture sera montée de manière à donner annuellement de trente à quarante mille fusils, et des autres armes en proportion.

Art. 4. — Le ministre de la guerre enverra, sous le plus court délai possible, à Montauban, un ou plusieurs agents qu'il chargera du soin d'indiquer le lieu le plus propre à la construction des usines et les bâtiments les plus convenables aux autres parties de la manufacture. Ces agents seront chargés d'accélérer les constructions ci-dessus mentionnées, et d'assurer le rassemblement des ouvriers nécessaires.

Art. 5. — Le ministre présentera, le 1er septembre au plus tard, le résultat du rapport des agents qu'il aura envoyés à Montauban, l'état des fonds nécessaires à cet établissement, les plans et devis des objets à construire, ou le projet des encouragements à donner aux citoyens qui voudraient eux-mêmes entreprendre de former cette manufacture.

À Paris, les jour, mois et an que dessus.

Signé : Jeanbon-Saint-André, *président*.

La fonderie de canons, placée sous la direction de Despax, Triadou et Chatelet, fut établie dans les bâtiments du collége; le métal provenait des cloches enlevées aux églises, et le forage des pièces était fait dans le moulin de Mlle Mariette. Cette manufacture fonctionna environ deux ans et fournit une certaine quantité d'armes à l'armée des Pyrénées.

Le 25 fructidor an V (11 septembre 1797), l'Administration municipale de Montauban, « vu le danger de laisser dans les circonstances présentes, les canons en état de service qui se trouvent à la fonderie exposés à être enlevés par des malintentionnés, vu d'ailleurs que toutes les armes en dépôt dans une commune doivent être spécialement sous la surveillance de l'Administration municipale, » requit le garde-magasin de la ci-devant fonderie de délivrer au capitaine de la compagnie de service, pour les conduire à la Maison commune, tous les canons ainsi que les affûts. »

Le garde magasin remit deux canons de 4 avec leurs affûts.

25 juillet 1587. — La Peste à Montauban.

Nos annales ont conservé le souvenir des maladies contagieuses qui plusieurs fois affligèrent la ville de Montauban, notamment en 1347 et 1411. Aussi l'évêque Jean d'Oriolle donna, par son testament du 18 février 1518, 3,000 livres pour bâtir un hôpital destiné aux pestiférés, dans l'enclos des Jacobins (aujourd'hui le Grand-Séminaire). Trois ans après, nos consuls quittèrent la cité atteinte par la contagion, et en confièrent les clés au viguier, avec pouvoir de punir et de pendre les malfaiteurs.

Le 22 avril 1557, nos consuls et les administrateurs des hôpitaux donnèrent à Jean Viguerie une pièce de terre dite des Reclus, assise au faubourg du Moustier, près de la Cathédrale, et reçurent en échange un jardin joignant l'hôpital Saint-Roch, destiné aux pestiférés, situé au faubourg Montmirat, terrain de la Roque, confrontant avec chemin public allant à Villemade. — *Livre Bailhonat*, f° 154.

Le 15 juillet 1587, la peste éclata de nouveau à Montauban : « Un fils et une fille de Ramond Cassanh, tanneur, demeurant près la porte du Griffoul, moururent de peste, occasion de quoy ledit Cassanh, sa femme et un sien fils, aisné, furent tirés de la ville et mis au lieu où estoit une chapelle appelée Saint-Berthoumieu, près le pont de Montmirat, où ledit Cassanh père, dix jours après y avoir esté remis, mourut dudit mal : et sa dicte femme, neuf jours après la mort de son dict mary, y mourut de mesme ; et ledict fils aisné en feut frappé sous l'aissèle. Toutefois, Dieu permit qu'il en guérist et que personne n'en fust infecté dans la ville. »

Pierre Natalis, auquel nous empruntons ces détails, dit dans ses *Mémoires* inédits, que la peste « régna estrangement la même année ès villes de Cahors, Figeac, Montpezat et Villemur, où moururent plusieurs personnes, en sorte que la pluspart d'icelles furent abandonnées.

« En 1588, la contagion fut grande à Tholoze, Moissac et Montech, lesquelles furent également abandonnées. »

En 1628, la peste se déclara de nouveau avec une grande violence dans les mêmes villes, à tel point que le parlement de Toulouse fut transféré à Muret. Mais Montauban en fut heureusement préservée, quoique la contagion eût atteint La Bastide, située à trois lieues, et qui vit périr la plupart de ses habitants. Au mois d'août 1629 la population montalbanaise fut encore décimée par les maladies contagieuses, qui persistèrent jusques en avril 1630, et emportèrent 5,500 habitants. Ce fléau empêcha le clergé et les catholiques de rentrer dans la ville immédiatement après la paix.

Dans les registres des décès des réformés on lit, après le mois de juillet 1653 : « Dieu nous ayant affligés de la peste, avons quitté la ville, comme la plupart des autres habitants, et après nous avoir redonné la santé à la fin de l'année, nous sommes rentrés. »

Les registres des décès des catholiques ne font pas mention de cette peste.

27-28 juillet 1824. — Arrivée de Mgr de Cheverus dans le diocèse de Montauban.

Nous avons dit que notre évêché, supprimé en 1790 et rétabli en 1808, ne fut occupé qu'en 1824. Nous allons aujourd'hui résumer les articles publiés par le *Journal de Tarn-et-Garonne* sur l'arrivée et la réception de Mgr de Cheverus.

Après s'être arrêté à Lamagistère, Golfech et Valence, où il adressa quelques paroles aux populations réunies dans leurs églises, le nouveau Prélat arriva à Moissac le mardi 27 juillet et y passa la nuit.

« Parti de Moissac, le 28, à six heures du matin, après avoir célébré le saint-sacrifice de la messe, Mgr de Cheverus a paru sur l'avenue de Montauban vers 8 heures et demie, suivi de M. de Limairac, préfet du département, et de M. le général duc de La Force, pair de France, commandant le département, qui, empressés de voir un évêque si digne de tous les hommages, se sont rendus à sa rencontre et lui ont exprimé la joie qu'ils ressentaient de sa présence.

« Arrivé à la promenade du Cours, où était toute la population, avide de saluer le Prélat qui s'annonce partout comme un ami tendre, Mgr l'Evêque est entré dans l'allée où l'attendaient le corps municipal, le clergé et des députations des corporations religieuses réunies sous des tentes préparées pour sa réception. Là il est descendu de voiture, au bruit des salves d'artillerie, à la vue de la foule jalouse de le contempler et de retrouver dans ses traits cette douceur angélique, cette charité chrétienne qui sont empreintes dans les accents de sa voix comme dans ses actions. »

Aussitôt M. le chevalier Du Moulinet de Granès, maire de la ville de Montauban, à la tête du conseil municipal et accompagné de MM. ses adjoints, s'approcha de Monseigneur, et lui souhaita la bienvenue au nom de la cité. La réponse du nouveau Pasteur produisit une impression profonde sur les assistants, et fit éclater les plus chaleureuses acclamations.

« Après avoir répondu à M. le Maire, Mgr a écouté avec non moins d'attention et de bonté le discours qui lui a été adressé par M. l'abbé de Trélissac, vicaire-général, à la tête du clergé de la ville et des paroisses environnantes. Nous avons été les témoins de l'émotion de Mgr ; nous avons vu des larmes de bonheur et de joie inonder ses yeux, en écoutant l'expression des sentiments dont il était l'objet de la part de son clergé, et en se trouvant enfin au milieu du nouveau troupeau que la Providence vient de confier à ses soins paternels.

« La cérémonie de la réception étant finie, Mgr l'Evêque a été conduit dans un pavillon préparé pour son usage particulier. Après s'y être reposé quelques instants et s'y être revêtu des ornements pontificaux, ce Prélat s'est mis en marche, au bruit de nouvelles salves d'artillerie, pour faire processionnellement son entrée dans la ville. Placé sous un dais porté par quatre ecclésiastiques, il était précédé des corporations de femmes vêtues de blanc, ayant en tête leur bannière, des corporations d'hommes et d'un nombreux clergé en habits sacerdotaux. M. le Préfet, M. le Général, M. le Maire et le corps municipal étaient autour du dais, suivi par des milliers de fidèles. Tandis que les troupes de la garnison, en grande tenue, étaient placés en haie dans les rues que traversait la procession, la garde nationale, ayant en tête ses tambours et sa musique, accompagnait le cortége, qui se rendait à la cathédrale aux sons harmonieux des hymnes sacrés et des instruments.

« Partout, sur son passage, Mgr donnait sa bénédiction aux personnes de tous les cultes, de toutes les conditions, qui accouraient avec un égal empressement pour jouir de sa présence, et qui rendaient grâces à Dieu de posséder un Pasteur si digne de l'attachement des chrétiens de toutes les communions. Les rues, les places que parcourait le cortége étaient garnies d'une foule innombrable, qui venait le grossir successivement, et avec lequel elle est arrivée à la cathédrale. »

M. le curé harangua Sa Grandeur en lui présentant les clés de l'église. Mgr l'Evêque monta en chaire, et prononça d'une voix émue un discours qui rappelait la douce éloquence de Fénélon. Puis, les chants du *Te Deum* et du *Salvum fac Regem* terminèrent la cérémonie.

A la sortie de la Cathédrale, Mgr de Cheverus fut conduit à l'hôtel de la préfecture, où il était logé provisoirement, et y reçut les autorités civiles, judiciaires et militaires, le clergé, les fonctionnaires de tous ordres, les corps religieux et enseignants, ainsi qu'un grand nombre de personnes notables des deux cultes, venues pour lui offrir leurs vœux.

Le *Journal de Tarn-et-Garonne* publia les discours prononcés par M. Rous-Féneyrols, président du tribunal de première instance; — M. Lacoste-Rigail, président du tribunal de commerce; — M. Marzials, pasteur, président du consistoire; — M. Bonnard, doyen par intérim de la faculté de théologie protestante. La feuille montalbanaise reproduisit également les réponses du vénérable Prélat, qui sont toutes empreintes des qualités apostoliques auxquelles la presse américaine avait rendu un hommage unanime, au moment où Mgr de Cheverus quittait le diocèse de Boston, dont il avait été le premier évêque et qu'il administrait depuis près de 15 ans.

Nous terminerons cette éphéméride, déjà un peu longue, en citant les lignes suivantes du *Journal de Tarn-et-Garonne*, qui résument parfaitement l'heureuse impression que l'arrivée du nouveau Prélat produisit sur toute la population montalbanaise :

« Le 28 juillet a été un jour de fête pour les habitants de Montauban et des lieux circonvoisins, qui ont été témoins de l'arrivée de leur Evêque. Retenus par le respect, ils n'ont pu faire retentir l'air de leurs acclamations ; mais la joie que causait la présence de ce nouvel apôtre se manifestait dans tous les traits. Aussi a-t-il jugé dans l'expression de toutes les physionomies et dans l'empressement avec lequel on accourait de tous côtés sur ses pas, qu'il avait déjà conquis les cœurs de son nouveau troupeau comme ceux de l'ancien, et qu'il recevrait de leur tendresse filiale le prix des soins paternels qu'il va leur donner. »

Les Montalbanais ne possédèrent pas longtemps Mgr de Cheverus. Cet éminent Prélat fut nommé archevêque de Bordeaux en 1826 et pair de France presque en même temps. Le 1ᵉʳ février 1836 il reçut le chapeau de cardinal, et il mourut le 19 juillet de la même année.

Mois d'Août

1ᵉʳ août 1808. — La sulfatation cuivreuse employée contre la carie du blé, par Bénédict Prévost.

Une commission de la Société des sciences et arts de Montauban, composée de MM. Robert-Fonfrède, Maleville de Condat et Ysarn de Capdeville, se rendit sur le domaine de Belleplaine afin d'examiner le moyen employé par M. Benedict Prévost pour préserver le blé contre la carie, cette terrible maladie qui depuis longtemps attirait l'attention des agriculteurs.

M. Prévost avait sulfaté à différentes doses la semence d'un labour considérable, après en avoir extrait, autant que possible, tous les grains cariés. La plus forte de ces doses était de 9 décagrammes de sulfate de cuivre ou vitriol bleu employés par hectolitre. Ce blé avait été semé dans différentes pièces de terre, que la commission parcourut avec soin, sans y trouver aucun épi avarié: rien n'annonçait d'ailleurs que la végétation eût souffert de cette opération.

A la dose de 6 décagrammes, la semence avait donné un beau résultat, car on ne trouvait dans le champ où elle avait été jetée, que deux épis cariés. La troisième dose, qui était de 3 décagrammes, n'avait nullement préservé la récolte ; la quantité du blé carié était médiocre, mais suffisait pour gâter la récolte. Enfin, dans un petit champ mêlé de méteil, et dont la semence n'avait pas été sulfatée, on constata que le grain était infecté de charbon.

Le rapport de cette commission, publié dans le *Journal du Lot*, le 1ᵉʳ août 1808, constata que la méthode due à l'initiative de M. Prévost avait donné les meilleurs résultats, et la Société déclara que cette découverte, indépendamment de son avantage incalculable pour l'agriculture, était sans contredit une des plus intéressantes qu'on eût faites en physiologie végétale. Aussi, des remerciements furent votés à son auteur (1); et depuis 70 ans la plupart de nos cultivateurs pratiquent la sulfatation des semences, mais sans savoir à qui revient l'honneur de son invention.

Né à Genève en 1755, Bénédict Prévost vint se fixer à l'âge de 21 ans à Montauban, où il publia plusieurs mémoires sur la physique, la chimie, la botanique, etc. Il était professeur de philosophie à la Faculté protestante depuis 1810, lorsqu'il mourut dans notre ville, le 18 juin 1819, universellement regretté par tous nos concitoyens.

5 août 1799. — Interdiction de 41 écoles ou établissements d'instruction de Montauban.

Le 5 pluviôse an VII (24 janvier 1799), un membre de l'Administration municipale de Montauban signala à ses collégues, — comme les principaux abus que les ennemis de la patrie s'efforçaient de perpétuer au mépris des lois, — la *conduite incivique* de la plupart des instituteurs et des institutrices de la commune, et leur résistance aux lois des 17 thermidor et 13 fructidor an VI (4 et 30 août 1798), « qui prescrivaient de conduire les élèves au temple décadaire. »

Aussi l'Administration, « considérant les dangers pour le présent et pour l'avenir, de laisser ces instituteurs exercer leur profession ; considérant qu'il serait inutile de faire de nouveaux efforts pour les ramener à des sentiments patriotiques ; considérant qu'ils n'ont jamais conduit leurs élèves au temple décadaire, » prit l'arrêté ci-après :

« Les établissements d'instruction des citoyens Homo, Boussarot, Filles, Bernardy aîné, Canihac, et des citoyennes Scribes, Alguié, Saubion, Leclair, Malfré, Grimal, Bruté, Laffitte, Selves, Dagran, Salesses, Caprony et Advenier seront fermés sur le champ, et leurs directeurs devront fournir à l'Administration la liste de leurs élèves. »

(1) Son *Mémoire sur la carie du blé* fut imprimé en 1807, par Fontanel, 84 p. in-4° avec 3 planches.

Cet arrêté fut immédiatement imprimé et affiché sur les murs de la ville.

Le 14 pluviôse an VII (2 février 1799), l'Administration centrale du Lot approuva cet arrêté, et loua même les administrateurs de la commune du zèle dont ils avaient donné des preuves à cette occasion.

Le 14 thermidor an VII (1er août 1799), l'Administration municipale de Montauban communiqua au Conseil une lettre du Ministre de l'intérieur, du 30 messidor an VII (18 juillet 1799), adressée au commissaire du Directoire exécutif du département du Lot. Le Ministre annonçait qu'il avait reçu la lettre lui dénonçant que les institutrices de Montauban, destituées le 5 pluviôse dernier (24 janvier 1799), avaient pris une patente de couturières, afin de se soustraire aux lois et de continuer à avoir des élèves.

« Il faut les interdire, dit le ministre, *à moins qu'elles ne conduisent leurs élèves aux réunions décadaires..* »

« Quant au peu d'ordre qui règne dans ces réunions, c'est aux magistrats à y maintenir la décence, » et le Ministre n'a pas à s'en préoccuper. En conséquence, l'Administration municipale maintint son arrêté relatif à la suppression de plusieurs établissements.

Le 18 thermidor an VII (5 août 1799), le sous-chef des sergents de la commune fut chargé de notifier à 41 instituteurs ou institutrices l'ordre de fermer leurs écoles, conformément à l'arrêt du 5 pluviôse. Voici, d'après le procès-verbal, la note relative au citoyen Lhomme : « A 30 élèves ; n'a pas la réputation de professer des principes républicains ; bonnes mœurs ; apprend à lire et à écrire. Influence dangereuse : ne s'est jamais présenté aux fêtes décadaires et n'a pas prêté serment. » — Ne pas se rendre aux fêtes décadaires, où cependant l'ordre ne régnait pas, d'après l'aveu de l'Administration, était une cause de révocation pour un maître d'école. Tout citoyen qui allait entendre la messe dite par un prêtre non assermené, était signalé à l'Administration par des commissaires que le club avait chargés de ce soin.

Après l'expulsion des Frères de la doctrine chrétienne (21 décembre 1791), et la fermeture des écoles des couvents, l'instruction fut complètement désorganisée à Montauban pendant plus de 10 ans.

5 août 1819. — *Une voiture-moulin.* — *Une diligence avec pompe à vapeur.* — *Une frégate à roues.*

Il n'est pas sans intérêt d'indiquer les inventions nouvelles signalées par la presse montalbanaise il y a 60 ans, et qui préoccupaient nos pères. Nos lecteurs verront ainsi tout le chemin fait par l'industrie dans l'espace d'un demi siècle.

Le 5 août 1819, M. Saget fit l'essai d'une *voiture-moulin* qui pourrait être associée aujourd'hui aux *voitures pétrin et à four*, d'invention toute récente. Ce moulin fournissait une livre de farine par minute. Au moyen d'un levier, les roues perdaient terre, et, avec des manivelles vissées à l'extrémité des essieux, des hommes mettaient les meules en mouvement : le moulin fonctionnait alors avec autant de facilité que lorsque la voiture était traînée par des chevaux: on obtenait ainsi de la farine en rame pour faire du pain, ou de la fleur de farine pour les malades. Dans les circonstances difficiles, en levant un ressort qui déplaçait une pièce, la voiture pouvait aller aussi vite que le cas l'exigeait.

A la même époque les journaux annonçaient que, dans le Kentucky, une diligence marchait au moyen d'une pompe à vapeur, et qu'elle parcourait 12 milles à l'heure. Il était très-facile de l'arrêter ou de la mettre en marche, et sa vitesse dépendait de la grandeur des roues.

Autre expérience : A Porsmouth, la frégate l'*Active* était mise en mouvement sans voiles et faisait une dizaine de milles en 3 heures contre vent et marée, au moyen de deux roues manœuvrées par 200 hommes. Ces roues pouvaient être enlevées en une minute lorsqu'elles gênaient le service. Cette invention, due au lieutenant Burton, permettait de faire marcher un bâtiment dans le cas de calme, pour l'éloigner d'une batterie, l'approcher de l'ennemi, ou enfin le diriger lors même qu'il était démâté.

6 août 1792. — *Proclamation, à Montauban, du décret qui déclare la Patrie en danger.* — *Enrôlement des volontaires.*

Les 22 et 23 juillet 1792 fut proclamé à Paris le décret de l'Assemblée législative, rendu le 11, déclarant *la Patrie en danger!* Des officiers municipaux, escortés de trompettes, de tambours et d'un corps de musique, parcoururent à cheval toutes les rues de la capitale, lisant l'acte de l'Assemblée, et déployant une bannière tricolore, sur laquelle étaient inscrits ces mots : *Citoyens, la Patrie est en danger!* Toute la garde nationale parisienne était sous les armes. Dans les places et les carrefours, des planches posées sur des caisses de tambours servaient de bureaux d'enrôlement.

A Montauban, la proclamation du décret de l'Assemblée législative eut lieu le 6 août. Après l'arrivée d'un courrier extraordinaire, le Conseil général de la cité, composé des officiers municipaux et des notables, se réunit à la Maison commune et décida de porter cette importante nouvelle à la connaissance du public. Escorté par des détachements de la garde nationale, du régiment de Champagne arrivé dans la matinée, de la gendarmerie et des volontaires, le Conseil général parcourut toutes les rues de la ville et des faubourgs, donnant lecture de la proclamation qui annonçait que la *Patrie était en danger!* En même temps ce décret était affiché sur tous les coins par le crieur public.

Un bureau d'enrôlement fut immédiatement installé sur la place Nationale pour recevoir les engagements des volontaires qui voulaient aller défendre la République.

Le 15 août, la garde nationale sans armes, excepté les quatre compagnies qui escortaient la Municipalité, se rendit au Champ de Mars (au Cours Foucault), et les autorités annoncèrent qu'il fallait fournir 36 volontaires et 16 recrues; 85 volontaires s'étaient déjà présentés et avaient pris l'engagement de se rendre à Cahors pour rejoindre leurs camarades. Tous les volontaires du département, réunis au chef-lieu ou à Montauban, se mirent en route le 22 août, mais sans armes, pour l'armée du Nord, où était déjà le 1er bataillon du Lot.

6 août 1874. — Lagrèze-Fossat : sa mort; ses publications.

Il y a aujourd'hui 5 ans, le département de Tarn-et-Garonne perdait un savant aussi modeste que distingué, M. Lagrèze-Fossat (Arnaud-Rose-Adrien), né le 2 août 1814, à Moissac, et la population entière accompagnait à sa dernière demeure celui qui pendant plusieurs années avait dirigé avec intelligence et dévouement l'administration de sa ville natale, et dont toute la vie fut consacrée à l'étude de ses institutions et de ses monuments.

Avant de mourir, M. Lagrèze-Fossat eut le plaisir de distribuer à ses amis le 3e volume de ses *Etudes sur Moissac*, — le 1er avait paru en 1872; — et s'il comprenait qu'il ne lui serait pas donné de voir terminée cette œuvre de Bénédictin, du moins il avait la consolation d'avoir tout préparé pour le 4e et dernier volume ; il savait que sa famille remplirait un jour pieusement la volonté qu'il exprimait, que cet ouvrage ne restât pas inachevé : aussi pouvons-nous rassurer à cet égard les souscripteurs qui ont déjà reçu les trois premiers volumes.

A l'occasion de l'anniversaire de notre regretté compatriote, nous croyons devoir rappeler les principaux travaux qu'il a publiés: cette longue liste, quoique incomplète, prouvera combien sa carrière, beaucoup trop courte, fut utilement remplie.

Nous avons de M. Lagrèze-Fossat :

Discours ou rapports aux comices de Moissac en 1852 et 1853 ;

Mémoires sur un moyen d'amender les terres et de prévenir les inondations ;

Mémoire sur les plantes nuisibles à la prospérité des cultures dans le Tarn-et-Garonne, et les moyens de les détruire ;

Observations sur : La Folle-Avoine ; — la Mite du blé ; — la Ravanelle ; — la Cuscute ; — le Parasitisme ou l'Eufraise odontalgique sur le Froment ;

Composition des prairies naturelles de l'arrondissement de Moissac ;

Origine du Gypse dans les terrains supercrétacés du bassin du sud-ouest de la France ;

Notes sur deux fruits exotiques trouvés dans le tube digestif d'une Chèvre ;

Note sur une Tortue fossile trouvée à Moissac et sur la constitution et l'âge des terrains tertiaires des environs de cette ville ;

Deux observations de botanique cynégétique ;

Notice géologico-botanique sur l'arrondissement de Moissac ;

Les Gorges du Tarn, du Rosier à la Malène (Lozère) ;

Le droit de pêche et les droits de navigation sur le Tarn et la Garonne ;

Flore de Tarn-et-Garonne, ou Description des plantes vasculaires qui croissent spontanément dans ce département ;

Le Sarcophage de Massanés, près du Bourg-de-Visa :

La ville, les vicomtes et la coutume d'Auvillar ;

Histoire de Moissac pendant la Révolution ;

Réponse à M. Léonce Rigail de Lastours aux objections proposées à son Mémoire sur le morcellement de la propriété ;

Etudes historiques sur Moissac, t. I, II et III.

Après avoir ainsi étudié une foule de questions très-importantes pour le département, M. Lagrèze-Fossat voulut que tous les éléments et les instruments de ses travaux pussent servir encore à ses concitoyens. Aussi donna-t-il : au Musée d'histoire naturelle du département, son Herbier, dont il publia la notice ; à la ville de Montauban, sa Bibliothèque ; aux Archives de Tarn-et-Garonne, les titres sur parchemin qu'il avait recueillis.

Nous espérons qu'une plume plus compétente écrira, pour la *Biographie de Tarn-et-Garonne*, une étude complète sur la vie et les écrits de Lagrèze-Fossat ; mais, en attendant, nous avons tenu à rappeler ici, sommairement, ses titres à la reconnaissance de ses compatriotes.

7 août 1770. — La Légion corse formée à Montauban par le comte Hippolyte de Guibert.

Aussitôt que la Corse fut définitivement réunie à la France (15 août 1768), notre Gouvernement chercha le moyen d'éloigner de l'île une foule d'individus dont la présence, l'influence et les principes pouvaient contrarier ses vues ; et pour les occuper utilement il ordonna la levée d'un corps, sous le nom de *Légion corse*, qu'il fit passer sur le continent.

Notre concitoyen Hippolyte de Guibert, qui avait pris une grande part à la pacification de la Corse, comme aide de camp du général de Vaux, fut nommé colonel commandant de la nouvelle légion, sur la proposition du maréchal de Broglie, et reçut à 26 ans la croix de Saint-Louis.

Le 29 juillet 1770, M. l'intendant de Gourgues écrivit aux consuls de Montauban, que la Légion corse arriverait le 7 août, et que les dragons (cavaliers) prendraient leurs quartiers aux environs de cette ville. En même temps, il leur recommandait de loger les 550 hommes composant l'infanterie de ce corps à Villebourbon, où les officiers devaient avoir aussi le logement afin de surveiller plus facilement les soldats. Quant aux cavaliers, pour la plupart démontés et n'ayant que 30 à 40 chevaux, ils seraient logés à Villenouvelle avec leurs chefs.

« Par cet arrangement, écrit M. l'Intendant, je crois que l'on remédiera aux inconvénients que l'on a paru craindre ; le logement chez l'habitant ne devant être que de très-peu de temps, il y a lieu d'espérer que tout se passera dans l'ordre et la règle la plus exacte.

« Cette troupe est commandée par M. de Guibert, dont les intérêts de ses compatriotes deviennent les siens propres, et dont les talents dans son état vous sont connus ; il se fera un plaisir de se concerter avec vous, surtout en ce qui sera nécessaire pour le bien du service du Roi et avantageux à votre ville. Ces intérêts ne peuvent être confiés en de meilleures mains. »

L'instruction de la Légion corse fut surveillée par son colonel avec une vigilance toute particulière, et en peu de temps ce corps put figurer honorablement à côté des vieux régiments.

Pendant son séjour à Montauban, Guibert écrivit son *Essai général de Tactique*, imprimé à l'étranger en 1772 et qui a été traduit dans toutes les langues. — Voir sa Notice dans la *Biographie de Tarn-et-Garonne*, t. 1er.

13 août 1797. — Un acte de probité de M. de Cieurac.

Le fait suivant est raconté dans le n. 69 du *Journal du Lot*, imprimé à Montauban le 26 thermidor an V :

« Le citoyen Cieurac-Godaille, frère de l'infortuné maire de Montauban, juridiquement assassiné en 1793, à Paris, sur les plus faux témoignages, vient de donner un exemple de probité et de désintéressement qui trouvera sans doute bien peu d'imitateurs.

« Il avait acheté, longtemps avant la Révolution, le bien de Pompigne à la famille Garrisson et il devait encore 6,000 livres sur le prix de l'acquisition à l'époque des assignats.

« Remboursé lui-même, avec cette monnaie factice, de certaines créances qu'il avait sur d'autres particuliers, il paya les 6,000 livres restantes à la famille Garrisson avec les assignats qu'il avait reçus. Il a reconnu depuis, par l'aperçu des différentes échelles du prix réel des assignats, comparé à leur valeur nominale, que les 6,000 livres de papier avec lesquelles il avait cru se libérer, ne valaient que 1,500 livres de numéraire à l'époque des payements qu'il en fit, et il vient de faire passer à la citoyenne Garrisson, habitante à Paris, les 4,500 livres en numéraire qu'il devait encore.

« Quoique la modestie de M. de Cieurac doive souffrir de la publicité donnée à cette action généreuse, nous avons cru utile au rétablissement de la morale qui doit être l'objet principal de tout écrivain ami de son pays, d'offrir cet exemple à l'admiration de tous. Nous avons cru d'ailleurs qu'il contribuerait encore à dissiper l'injuste prévention si artificieusement dirigée contre une classe d'hommes à qui ses adversaires les plus obstinés ne peuvent refuser du moins une grande loyauté et une noblesse de sentiments que nous ne rencontrons pas toujours chez ceux qui cherchent à les remplacer. »

15 août 1816. — La fête de l'Assomption à Montauban, et la Légion de Tarn-et-Garonne.

La procession du 15 août, dite du *Vœu de Louis XIII*, fut établie le 10 février 1638. Dans la déclaration qui consacrait le royaume de France à la sainte Vierge, le Roi enjoignait « que tous les ans, le jour et la feste de l'Assomption, il fust fait, après vespres, une procession à laquelle assisteront toutes les compagnies souveraines et corps de ville, avec pareille cérémonie que celle qui s'observe aux processions les plus solennelles. Ce que nous voulons estre fait en toutes les églises, tant paroissiales que celles des monastères, et en toutes les villes, bourgs et villages du Royaume. »

La fête de la Vierge était célébrée le 15 août par une procession bien avant le vœu de Louis XIII. A Montauban, elle fut même suivie, jusqu'au XVIe siècle, de l'histoire ou mystère de l'Assomption, représenté par les confrères de Notre-Dame de Montauriol et par les confrères de Notre-Dame de Mont-Carmel. Pour éviter des discussions, l'évêque dut ordonner que ce mystère serait représenté à tour de rôle à la Cathédrale et au couvent des Carmes. Sur le théâtre, ordinairement dressé dans l'église, on voyait les douze apôtres et d'autres personnages du Nouveau-Testament qui prenaient part à l'action, et la pièce finissait par le *montement* de l'Assomption de la Vierge (1).

Voici, d'après le *Journal de Tarn-et-Garonne*, le compte-rendu de la fête du 15 août 1846, qui fut célébrée avec une solennité toute particulière :

« L'Assomption, jour anniversaire du vœu de Louis XIII, a été célébrée à Montauban, le 15 août, par une double cérémonie, la bénédiction des drapeaux de la légion de Tarn-et-Garonne et la procession générale qui a eu lieu pour cette solennité. A cinq heures la garde nationale en belle tenue, la légion de Tarn-et-Garonne entièrement habillée à neuf, le superbe corps des cuirassiers d'Angoulême et la gendarmerie royale étaient en bataille sur la vaste place d'Armes. Bientôt les autorités civiles, judiciaires et militaires, ayant à leur tête M. Combettes de Caumont, conseiller à la cour royale de Toulouse, président de la cour d'assises pour la session du troisième trimestre 1846, M. le comte d'Héricourt, maréchal-de-camp commandant le département, et M. Rous, président du tribunal de première instance de Montauban, et suivies d'un nombreux cortége d'habitants notables, de chevaliers de Saint-Louis et de la Légion d'honneur, et d'officiers des divers corps de la garnison, se rendirent à l'église Notre-Dame, dont l'enceinte pouvait à peine contenir l'immense population qui s'y trouvait déjà réunie.

« Après les offices, la légion de Tarn-et-Garonne, précédée par son excellente musique qui faisait entendre les sons les plus harmonieux, entra dans l'église pour assister à la bénédiction de ses étendards. Bientôt les drapeaux déployés se montrèrent dans toute leur magnificence aux regards des nombreux assistants. Alors commença l'une des plus majestueuses et des plus touchantes cérémonies de la religion. Les drapeaux, courbés par MM. les officiers chargés de les porter, reçurent leurs cravates des mains de mademoiselle Caumont de Laforce et de madame la comtesse de **Prevost-Saint-Cyr**, assistées de deux chevaliers de Saint-Louis.

---

(1) On conserve encore dans l'église de Moissac la statue de la Vierge, dite *Notre-Dame de Montement*, qui le 15 août était montée jusqu'à la voûte.

Remis ensuite à M. le comte de Prévost-Saint-Cyr, colonel, et à M. le chevalier de la Contamine, lieutenant-colonel, les drapeaux furent portés par ces dignes chefs aux pieds des autels, où ils furent reçus par un nombreux clergé, à la tête duquel était M. de Trélissac, vicaire-général. Avant de procéder à leur bénédiction, M. le vicaire-général prononça un discours analogue à cette auguste cérémonie, avec un accent rempli d'onction. Il rappela les obligations qu'imposent aux guerriers français les drapeaux confiés à leur valeur.

« M. le grand vicaire dit qu'à l'exemple des Bayard, des Duguesclin et d'autres modèles de l'héroïsme national, les soldats de la légion sauraient allier la pratique des devoirs religieux avec la discipline et le courage nécessaires aux défenseurs de l'Etat et du Trône.

« Cet excellent discours finit par l'éloge du dévouement de la légion au Roi et par les témoignages les plus touchants de l'intérêt qu'elle inspire aux habitants du département.

« M. le vicaire-général termina ensuite la cérémonie par la bénédiction solennelle des drapeaux. Aussitôt la légion départementale sortit de l'église et reprit sa position de bataille sur la place d'Armes. Là, ses drapeaux, toujours portés par ces deux principaux chefs, furent accueillis avec un enthousiasme inexprimable, et aux cris réitérés de : *Vive le Roi !* par les braves militaires qui la composent. Immédiatement après leur réception, M. le maréchal-de-camp comte d'Héricourt, qui présidait à cette nouvelle cérémonie, prononça un discours mâle et rempli des plus beaux sentiments. A peine était il terminé, que de toutes parts les troupes et les spectateurs firent retentir les airs de nouvelles acclamations, qui ne furent interrompues un instant que pour la prestation du serment de la légion.

« Pendant que cette cérémonie se terminait, la procession se mettait en mouvement, et elle se trouva entièrement hors de l'église lorsque les troupes, après avoir défilé devant M. le maréchal-de-camp comte d'Héricourt, vinrent prendre les places qui leur étaient assignées autour du cortége. Une immense population répandue sur les places ou dans les rues, assista aux diverses solennités de la journée, et témoigna les sentiments divers auxquels elles donnaient incessamment lieu. »

Le samedi 17 août, la légion de Tarn-et-Garonne partit de Montauban pour se rendre à Toulon, où elle allait tenir garnison. Quoique l'on dût s'attendre à ce déplacement, son départ excita les plus vifs regrets, car on se séparait avec peine d'un corps que l'on avait vu se former et qui était tout composé de compatriotes, dont la conduite avait été irréprochable pendant leur séjour dans notre ville.

A 4 heures du matin la légion départementale, avec armes et bagages, arrivait sur la place de la Cathédrale, où l'attendaient la garde nationale et la plus grande partie de notre population. Quand elle se dirigea vers le faubourg Toulousain, tous les assistants la suivirent, pour fraterniser encore une fois et assister à la séparation, qui fut réellement pleine d'émotions.

A la sortie de la ville, les rangs qui avaient été rompus pendant quelques moments se reformèrent ; on vit alors les gardes nationaux et les militaires marchant en bon ordre par files croisées et à la même hauteur. Cependant, après une heure de marche sur la route de Toulouse, il fallut se séparer : la légion départementale fit halte, tandis que la garde nationale continuait sa marche, et allait se placer en bataille. Là, elle assista au défilé de la légion, qui eut lieu aux cris mille fois répétés de : Vive le Roi ! Vive la Légion ! Vivent les Montalbanais ! Vive la garde nationale !

Le maréchal de camp comte d'Héricourt et un grand nombre d'officiers des cuirassiers d'Angoulême suivirent la légion pendant une partie de la route, et témoignèrent ainsi leur sympathie pour leurs camarades du Tarn-et-Garonne.

Dans son numéro du 25 septembre, le *Journal de Montauban* annonça l'arrivée de la légion à Toulon, où elle avait été reçue de la manière la plus flatteuse par la garde nationale et l'artillerie de marine, qui s'étaient empressées d'offrir des banquets à nos officiers, sous-officiers et soldats.

25 août 1742. — La Société littéraire de Montauban. —
Ses membres. — Sa première séance publique.

L'Académie de Montauban, dont nous aurons l'occasion de raconter la fondation, devait sa naissance à une assemblée particulière de littérateurs qui fera aujourd'hui le sujet de notre éphéméride.

En 1730, M. de La Mothe-Monlausur, conseiller à la cour des aides de Montauban, et M. Le Franc, avocat général à la même compagnie et plus tard premier président, le comte de Miran et M. de Saint-Béar, résolurent de se réunir une fois par semaine pour s'entretenir des belles-lettres, comme l'avaient fait les fondateurs de l'Académie française. La première séance fut tenue chez M. Le Franc, et dans le cours de l'année furent associés à ces exercices : M. de Blasy de Bernoy, écuyer ; M. de Natalis, trésorier de France; M. d'Escorbiac de Lustrac, baron de Bousquet ; M. de Caussade et M. de Pradal, conseiller à la cour des aides.

Cette Société littéraire, dont les journaux de l'époque s'occupèrent, fut attaquée dès ses débuts sur tous les tons, et notamment dans une *Ode satirique*, à laquelle il fut répondu par la *Critique d'une satire contre la Société littéraire de Montauban* (1). D'après cette réponse, il n'y avait pas une strophe de l'ode où l'on ne pût trouver des fautes grossières.

Comme les membres de cette Société n'étaient encore liés entre eux que par l'amitié, leurs affaires particulières les obligèrent souvent à se séparer, et leurs exercices ne furent repris régulièrement qu'en 1740. Mais alors ils se réunirent avec une nouvelle ardeur, et le succès éclatant de *Didon*, tragédie de M. Le Franc, contribua beaucoup à ranimer leur émulation. De nouveaux associés furent admis : M. Galabert-d'Aumont, conseiller à la cour ; M. de Pradal, chanoine théologal ; M. Dubreilh, trésorier de France; M. Le Franc, capitaine d'infanterie ; M. Forestier, avocat à la cour ; M. de Cathala-Coture, avocat à la cour ; M. l'abbé Bellet, bénéficier du chapitre ; M. le chanoine Delfios et M. du Roy, écuyer.

L'année suivante la Société admit M. le chanoine de la Tour, curé de Saint-Jacques et vicaire-général ; M. de Montlausur, baron de Vabre, capitaine de cavalerie ; M. l'abbé Le Franc, alors archidiacre, et plus tard évêque du Puy et archevêque de Vienne ; M. Duclos, avocat au Parlement de Toulouse, membre des Jeux-Floraux ; M. Carrère, lieutenant en l'élection ; M. Lonjon de La

(1) Montauban, imprimerie d'Antoine Bro, 1730, 26 pages, in-8°.

Prade, conseiller à la cour, et M. de Broca, procureur du Roi au présidial.

En 1741, M. Le Franc fit les premières démarchês auprès du comte de Saint-Florentin pour obtenir du Roi l'établissement d'un Corps littéraire à Montauban, et lui adressa un projet de statuts de cette Société.

De son côté, le Conseil général de la ville délibéra, le 7 mai 1741, de demander des lettres patentes pour ériger cette Société en Académie des sciences et belles-lettres. Le résultat de ces démarches fut une lettre du comte de Saint-Florentin à l'intendant Lescalopier, par laquelle le ministre lui apprenait que Sa Majesté approuvait les assemblées de la Société littéraire et qu'elle se proposait même de lui accorder toute sorte de marques de sa protection.

Désirant soumettre les travaux de ses membres à l'appréciation de leurs concitoyens, la Société, ainsi reconstituée et complétée, demanda l'autorisation de tenir des assemblées publiques et de célébrer en même temps la fête de saint Louis, qu'elle avait pris pour patron, selon l'usage de l'Académie française.

Voici le compte-rendu de la première séance publique, inséré dans les *Mémoires de Trévoux*, livraison d'octobre 1742, sous ce titre : *Nouvelles littéraires de Montauban* :

« Le 25 du mois d'août, jour de la fête de saint Louis, la Société littéraire de Montauban a tenu sa première séance dans le palais épiscopal de cette ville. M. de Verthamon, évêque de Montauban, persuadé que l'étude des lettres forme des citoyens à l'Etat et des ministres à la Religion, a cru devoir favoriser un établissement dont son diocèse recueillera les premiers fruits. Dans cette vue, digne de son zèle et de sa piété, il n'a rien épargné pour donner à une cérémonie si intéressante tout l'éclat qu'elle pouvait avoir.

« Les associés s'assemblèrent à 10 heures et demie du matin chez M. de La Motte, directeur de quartier. De là ils se rendirent en corps à l'église paroissiale (Saint-Jacques), où ils se placèrent dans un rang de chaises qui leur était destiné. Mr l'Evêque célébra une messe basse, pendant laquelle on chanta un *motet* exécuté par la musique du chapitre.

« Après la messe, M. l'abbé de La Tour, curé de la ville, et l'un des associés, prononça le panégyrique de saint Louis, que la Société a pris pour patron.

« Le même jour, à 3 heures après-midi, les associés se rendirent à l'évêché. La grande salle était préparée pour les recevoir, et ils s'assirent autour d'une table couverte d'un tapis de velours. L'assemblée qui devait les entendre était des plus brillantes; presque toutes les personnes de quelque considération de l'un et de l'autre sexe s'y trouvèrent, comme elles s'étaient trouvées à la cérémonie du matin.

« La séance commença vers 4 heures. M. le directeur en fit l'ouverture en peu de mots. Il exhorta les associés à mériter, par leurs travaux, la protection que le Roi a daigné leur accorder, en leur permettant de s'assembler, et celle que Sa Majesté leur a fait espérer pour l'avenir s'il résulte de leurs assemblées des ouvrages utiles au public.

« Quelques associés lurent ensuite différentes pièces en prose et en vers :

« M. Dubreilh lut un discours sur l'*Utilité des Académies*.

« M. de Bernoy, secrétaire perpétuel, lut des stances sur la *première assemblée publique de la Société littéraire*.

« M. l'abbé Le Franc, *un essai critique sur l'état présent de la République des lettres*.

« M. Massip, une *épître à sa muse*.

« M. Lefranc, une *ode sacrée tirée des Psaumes* XIII et LII, et une autre ode *sur l'ouverture des séances de la Société littéraire*.

« M. l'abbé Bellet, un *problème où l'on examine s'il est plus difficile de réussir en prose qu'en vers*.

« M. de La Motte, directeur, termina la séance par une *épître en vers à M. le comte de Saint-Florentin*, qui doit être mise à la tête du Recueil que la Société littéraire donnera incessamment au public (1).

« Le lendemain de la fête de saint Louis, Mr l'Evêque de

---

(1) Voici le titre de ce volume, qui fut publié en 1743 : *Recueil de pièces*, en prose et en vers, prononcées dans l'assemblée publique tenue à Montauban dans le palais épiscopal, le 25 août 1742. — Toulouse, chez J.-F. Forest ; imprimerie Rellier, in-8° de VI-299 pages.

Montauban donna un magnifique dîner à la Société littéraire. On servit à ce repas deux plats sur lesquels étaient représentés les attributs symboliques des sciences et des lettres. Mr l'Evêque a accompagné tous les honneurs qu'il a rendus à la Société littéraire, des témoignages les plus flatteurs d'amitié pour chacun des associés. Et ce prélat, déjà si respecté dans son diocèse par sa vigilance pastorale, par sa charité sans bornes, s'est attiré dans cette occasion un nouveau degré d'estime et de vénération. »

Août 1621. — Le siège de Montauban.

Nous n'avons par l'intention de donner en éphémérides le récit du siége de Montauban. Seulement nous emprunterons aux relations imprimées ou manuscrites que nous possédons, le récit de quelques épisodes.

Une histoire complète de ce siége mémorable est encore à faire; mais, avant de l'entreprendre, il faudrait achever le dépouillement des milliers de pièces relatives à cette époque, qui existent dans nos archives municipales. Un jour peut-être pourrons-nous terminer ce travail, que des circonstances indépendantes de notre volonté ne nous ont pas permis de continuer.

La plus importante des nombreuses relations publiées sur ce siége ou sur les faits qui s'y rattachent, — et dont nous espérons donner prochainement la *Bibliographie*, — est certainement l'*Histoire particulière des plus mémorables choses qui se sont passées au siége de Montauban, et de l'acheminement d'iceluy. Dressée en forme de Iournal.* — A Leyden, par Godeffroy Basson. Iouxte la copie apportée de France. — M.DC.XXII, in-8° de xL-230 pages.

La première édition de cette histoire, quoique portant l'indication de *Leyden*, a été imprimée à *Montauban*, par Pierre Coderc, avec des lettres gravées qui sont encore dans notre imprimerie. Il y a eu plusieurs autres éditions faites en France et à l'étranger ; l'une d'elles, imprimée à Genève en 1623, porte au titre : « Par H. Joly. » Natalis, consul à la même époque et qui nous a laissé des Mémoires manuscrits sur le siége, dit que « la description en fut plus amplement dressée par M. Joly, ministre lors en ceste ville. » C'est donc à tort qu'on a attribué cette relation à Bonnencontre, à Bérauld ou à Jacques Dupuy.

I. — 10 *août, Louis XIII tient conseil à Agen, sur la question de savoir s'il faut ou non assiéger Montauban*

Après avoir fait rentrer dans le devoir toutes les villes que les calvinistes tenaient dans le Poitou, la Saintonge et le pays d'Aunis, excepté La Rochelle, après avoir soumis la Basse-Guyenne par la prise de Clairac, Louis XIII, qui avait quitté Paris le 22 janvier 1621, se rendit le 10 août à Agen pour délibérer sur le siége de Montauban.

Les avis furent partagés dans le conseil. Les uns, ayant à leur tête le maréchal de Lesdiguières, disaient : Le Roi, dont le ciel favorise toutes les entreprises, ne doit pas cette fois risquer le sort des armes. Jusqu'ici il a suffi à Sa Majesté de se montrer pour obtenir la soumission de villes qui ne pouvaient résister à ses troupes, tandis que maintenant il s'agit d'assiéger Montauban, place fortifiée par la nature et l'art, dont tous les citoyens sont soldats en naissant ; une cité qui est le principal boulevard du parti, et que le duc de Rohan lui-même se dispose à secourir avec une troupe considérable. Les Montalbanais auront aussi pour eux la mauvaise saison, les pluies et les fruits de l'automne, qui décimeront l'armée royale, et les débordements si fréquents du Tarn, qui ruineront toutes les opérations des assiégeants. Mieux vaudrait renvoyer le siége au printemps, dissiper les troupes du duc de Rohan, et forcer les habitants de Montauban à rester oisifs dans leurs murailles, et à consommer toutes leurs provisions, sans espoir de les remplacer.

Malheureusement cette opinion si sage fut énergiquement combattue par le connétable Luynes, qui, se croyant assuré du succès, taxa de pusillanimité la prudence de ses contradicteurs. Pour lui, un Roi qui semblait craindre ses sujets, les rendait encore plus redoutables; penser autrement, c'était trahir son souverain, sa patrie et même sa religion.

L'ascendant qu'avait le connétable sur l'esprit du Roi entraîna tous les suffrages, et le siége fut décidé. Immédiatement ordre fut donné au duc de Vendôme, au duc de Mayenne et au maréchal de Thémines de venir rejoindre l'armée royale avec leurs troupes.

II. — 17 *août.* — *Le Roi se rend au château de Piquecos.*

Le 17 août, après avoir passé deux jours à Moissac, Louis XIII se rendit au château de Piquecos (1), propriété de la marquise de Montpezat, situé sur une colline que baigne l'Aveyron et qui commande la plaine, et dont les constructions encore debout ont un aspect imposant.

L'armée royale réunie devant Montauban comptait près de 20,000 hommes. On y voyait les ducs d'Angoulême, de Guise et de Mayenne, le connétable de Luynes, cinq maréchaux de France et beaucoup d'officiers de la plus haute noblesse.

De leur côté, les Montalbanais, d'abord alarmés par l'arrivée de l'armée ennemie, terminèrent en toute hâte leurs préparatifs de défense. La garnison comptait 4,500 hommes et un grand nombre de volontaires. Le conseil de guerre était présidé par le comte d'Orval, secondé par Castelnau, fils du marquis de la Force, Saint-Orse, Savignac, le comte de Bourfranc et Vignaux.

Parmi les capitaines on distinguait Reyniès, Durfort, Péchels-Boissonnade, Peirebosc, Rouffio, Penavaire, etc.; et les trente enseignes des habitants étaient : Bardon, Constans, France, Gardési, Durban, Boutaric, Darassus, Vialettes, Scorbiac, Trabuc, etc.

Le conseil de police avait à sa tête le premier consul Dupuy, qui par son activité, son esprit d'ordre et de ressources, organisa tous les services civils de manière à éviter la moindre confusion. Tous les consuls et les plus notables des vieux bourgeois le secondèrent énergiquement, de telle sorte que les vivres furent toujours abondants et les marchés bien fournis ; jamais les munitions de guerre

---

(1) Jean Hérouard a composé une *Histoire particulière du roi Louis XIII*, dont il était le premier médecin. Le manuscrit, conservé à la bibliothèque nationale, a été publié dernièrement en 2 volumes, qui n'offrent pas un grand intérêt, mais dans lesquels on trouve des détails minutieux sur ce que le Roi faisait ou disait.

Voici le passage relatif à l'arrivée de Louis XIII à Piquecos et le menu de son premier dîner :

« Le 17 août, mardi, le roi monte à cheval à Moissac, à 7 heures, et arrive à 8 heures, à Piquecos, château appartenant à M. de Montpezat. Dîné à 8 heures trois quarts, salade de pourpier au sucre et au vinaigre, chapon bouilli, deux aiguillettes et la moitié d'un pilon ; veau bouilli, du jarret et des taillerons dessus, quatre livres de pâté d'assiette, mouton en carbonnade, deux pilons de gélinote à la sauce jaune, l'estomac de deux perdreaux au verjus : un rôti de tourterelle, l'estomac d'un ramier, le dedans d'une petite tarte au verjus, huit petites tranches d'écorce de citron dans une petite tarte aux prunes de Damas violet, une pomme d'orange, cerises confites et pain. Plus, bu du vin clairet fort trempé. **Dragée de fenouil, une petite cuillerée.** »

ne manquèrent ; il y avait des commissaires spécialement chargés de soigner les blessés et même de distribuer des rafraîchissements aux combattants.

III. — 20 août. — Le duc de Sully se rend à Montauban.

Le jour de l'arrivée du Roi à Piquecos, le marquis de Thémines parut en vue de la corne de Montmirat avec un détachement de l'armée assez nombreux, et le lendemain le duc de Mayenne s'approchait de Villebourbon, pendant que le maréchal Saint-Géran et le duc de Chevreuse s'avançaient du côté du Moustier, laissant le côté de Saint-Antoine ou Villenouvelle entièrement libre; en même temps les assiégeants construisaient deux ponts de bateaux pour faciliter leurs communications. Mais les Montalbanais ne se laissèrent pas surprendre : partout où la défense était faible, hommes et femmes se portaient avec ardeur, et dans une seule nuit ils réunirent 700 barriques de terre pour former un rempart de 12 pieds de hauteur sur 6 d'épaisseur à la corne Montmirat, que 2,000 coups de canons ne purent entamer.

Aussi, lorsque le duc de Sully se rendit à Montauban, avec l'autorisation du Roi, pour engager ses coréligionnaires à se soumettre, aucun des chefs ne put s'entretenir en particulier avec lui; il dut faire connaître le but de sa mission en présence du conseil de ville. Son discours ne produisit pas sur l'assemblée l'effet qu'il en attendait ; le premier consul lui répondit que toutes les menées ne les décideraient pas à violer leur serment, de n'agir que de concert avec leurs frères. Après cette réponse, le duc se retira, et les principaux membres le ramenèrent jusqu'à la porte de la ville sans avoir voulu écouter aucune de ses propositions.

IV. — 26 août. — Le capitaine Sauvage et son domestique sont arrêtés comme espions.

Malgré l'insuccès du duc de Sully, le connétable de Luynes décida le capitaine Sauvage, qui avait facilité la soumission de Clairac, à pénétrer dans la ville, avec mission de gagner Bourfranc et quelques personnes de qualité. Cet officier vint à Montauban avec deux gentilshommes protestants, et fut d'abord accueilli avec plaisir par les gens de guerre qui le connaissaient ; mais bientôt les consuls, avertis des menées du capitaine Sauvage, le firent arrêter; ils trouvèrent sur lui trois lettres qui l'autorisaient à offrir les bonnes grâces du Roi au marquis de Laforce, au comte d'Orval et au comte de Bourfranc, et liberté entière aux habitants pour l'exercice de leur religion. Malgré les chefs qu'il avait voulu gagner, malgré l'intervention des généraux de l'armée royale, le capitaine Sauvage et son domestique furent condamnés à être pendus et étranglés, après avoir été appliqués préalablement à la question, « comme traîtres à Dieu, aux Églises réformées, au Roi et à la ville. » Sauvage fit alors l'aveu de son crime, et la sentence fut exécutée immédiatement.

Un nommé Groniague, qui prétendait être entré dans la ville en descendant le cours du Tarn à la nage, pendant la nuit, remit aux consuls des lettres de la part du duc de Rohan, d'après lesquelles les assiégés pouvaient compter sur l'arrivée prochaine des secours dont ils avaient besoin ; mais, en secret, cet espion disait que ces bonnes nouvelles étaient annoncées pour contenter le peuple, et qu'il ne fallait pas compter sur le duc, qui avait assez de difficultés dans les Cévennes; heureusement pour lui, Groniague comprit à temps qu'il allait être traité comme le capitaine Sauvage, et il s'empressa de regagner au plus vite le camp du Roi.

V. — 31 août. — Incendie de deux moulins à poudre.

Pendant les derniers jours du mois d'août, il y eut plusieurs combats et quelques sorties; mais les assiégeants furent toujours repoussés. Une attaque contre le Moustier fut surtout meurtrière: le maréchal Lesdiguières y perdit 800 hommes pour se loger dans le fossé du bastion, sans cependant pouvoir avancer : Bourfranc ayant réussi à le fortifier par de nouveaux travaux.

Le 31 août le feu prit à deux moulins à poudre, brûla 15 quintaux de salpêtre ou poudre toute prête, et fit sauter les ouvriers avec quelques maisons voisines.

On crut d'abord que cet accident avait été causé par la malveillance de quelque traître, mais on eut bientôt reconnu qu'il était dû à l'imprudence : Dupuy, chargé de cette partie importante des approvisionnements redoubla de soins, et jamais la poudre ne manqua aux assiégés. *(A suivre).*

Mois de Septembre.

1er septembre 1682. — *Fêtes données à Montauban à l'occasion de la naissance du duc de Bourgogne* (1).

Joseph-Nicolas Foucault, intendant de la généralité de Montauban, donna, pendant son séjour dans notre ville (28 février 1674 au 4 janvier 1684), plusieurs fêtes ordonnées avec un grand soin, et dans lesquelles il fit preuve de ses goûts d'antiquaire et d'érudit. Ses *Mémoires*, publiés par M. F. Baudry, conservateur de la bibliothèque de l'Arsenal, nous ont conservé le récit de la fête qui eut lieu pour célébrer la naissance du duc de Bourgogne. D'après M. Baudry, il est probable que le compte-rendu qu'en donna la *Gazette* du temps avait été rédigé par l'intendant lui-même ou par quelque personne de son entourage.

Voici le texte de cette relation :

« Le 30 août 1682, le marquis d'Ambres, lieutenant du roi de la province, accompagné des consuls (2), et le sieur Foucault, intendant de la généralité de Montauban, à la tête du présidial, se rendirent à la cathédrale, où se trouva la cour des aides en robes rouges, et ils y assistèrent au *Te Deum* chanté en musique.

« Le soir il y eut un feu d'artifice, où le roi étoit représenté sur un trône, monseigneur le dauphin un peu plus bas sous un pavillon, et monseigneur le duc de Bourgogne au-dessous. Il y avoit aux quatre coins du théâtre quatre figures qui, après l'ouverture du

(1) Louis, duc de Bourgogne, petit-fils de Louis XIV, naquit à Versailles le 6 août 1682, et fut l'un des exemples les plus remarquables de l'influence de l'éducation pour réformer les penchants vicieux de l'enfance. D'après Saint-Simon, ce prince, né avec un caractère dur et colère jusqu'aux derniers emportements, et incapable de souffrir la moindre résistance, opiniâtre à l'accès, et qui était aussi voluptueux que passionné pour la bonne chère, devint, à l'âge de 18 ou 20 ans, affable, doux, patient, austère, grâce à l'heureuse influence de ses précepteurs Fénélon et Fleury. Marié en 1697 à Marie-Adélaïde de Savoie, à laquelle il fut constamment attaché, le duc de Bourgogne fut initié aux affaires de l'Etat par son aïeul, qui avait pour lui la plus grande estime et le croyait appelé à faire le bonheur de la France. Malheureusement ce prince mourut jeune, le 18 février 1712, six jours après la duchesse de Bourgogne, dont il avait eu un fils qui devint le roi Louis XV.

(2) Étaient consuls de Montauban en 1682 : Louis de Cahusac, conseiller au présidial et sénéchal; Pierre de Peyronnenc, lieutenant à l'élection ; Jean Chauquette-Beauchamp ; Jean Descuris, avocat à la cour des aides.

feu, se détachèrent pour mettre leurs armes aux pieds du jeune prince.

« Dans les espaces, entre ces figures, il y avoit des devises, dont les corps étoient trois lys de différente grandeur. Un torrent descendant d'une montagne, dont les eaux étoient reçues dans un bassin, duquel sortoit un jet qui les renvoyoit aussi haut que leur source ; un soleil avec deux parélies ; trois aigles, dont l'une fort grande étoit élevée dans les nues, l'autre moins grande voloit au-dessous, et la troisième venoit d'éclore ; les espaces qui étoient entre les figures et les devises étoient remplis par des branches de laurier et d'olivier entrelacées.

« Ce feu commença par quatre soleils qui jetèrent quantité de feux, et il fut tiré au bruit du canon et suivi d'un grand repas que les consuls donnèrent dans l'hôtel de ville.

« Tous les habitans firent aussi des feux devant leurs maisons, et les Jésuites firent un feu d'artifice qui fut tiré au bruit de la mousqueterie.

« Le lendemain, les consuls firent jouer un autre feu d'artifice sur l'eau, et, durant ce divertissement, il y eut un petit combat entre deux espèces de galères sur lesquelles étoit toute la jeunesse de la ville, et qui brilloient par un très-grand nombre de lumières. Cette fête se termina par un souper que le sieur Foucault donna avec toute la magnificence possible.

« Le 1er du mois de septembre, cet intendant voulut se distinguer et fermer les réjouissances par une fête entière. Il fit, le matin, armer quinze cents habitans de la ville, commandés par des bourgeois et divisés en quatre compagnies d'infanterie et une de cavalerie, qui, en bel équipage et fort bon ordre, défilèrent devant lui, la cavalerie le sabre à la main, et les officiers d'infanterie, aussi, la pique et les drapeaux déployés.

« Il fit dresser, pour cette milice et pour tout le peuple, plusieurs tables devant son hôtel, qui furent toujours couvertes et bien remplies, et entre ces tables il y avoit une fontaine de vin, qui ne cessa point de couler jusqu'au soir.

« Alors les troupes se rendirent à une petite île qui se forme, près du grand pont, par la jonction du Tarn et du Tescou, et ils bordèrent entièrement cette île du côté de la rivière, l'infanterie sur les ailes et la cavalerie au milieu.

« Il y avoit en cette île un feu d'artifice, il y en avoit un autre sur la rivière, et tout y parut en feu à l'entrée de la nuit, de même qu'au palais épiscopal, qu'à l'hôtel du sieur Foucault, qu'aux terrasses et aux balcons, et jusqu'aux toits des maisons de la ville et des faubourgs, éclairés par une infinité de bougies, de lanternes et d'autres lumières.

« On aperçut à ces clartés, en éloignement sur la rivière, quantité de barques ajustées en petites machines toutes brillantes et de différentes figures, dont les unes étoient des cœurs enflammés, du milieu desquels il partoit souvent un grand nombre de fusées volantes. Il y avoit un double rang de lampes de plusieurs couleurs sur les bords, à la pointe et à la poupe, et au haut du mât un fanal avec quantité de lanternes aussi de différentes couleurs, mêlées parmi les cordages ornés de banderoles de taffetas gris de lin blancs, avec quantité de devises.

« A mesure que ces machines commençoient, on entendoit des concerts de violons, de tambours et d'autres instrumens qui étoient dans chacune des mêmes barques, remplies de la jeunesse de la ville.

« Quand les unes et les autres se furent jointes, elles se rangèrent sur deux lignes, se saluèrent par quelques décharges, et on but ensuite à la santé de monseigneur le duc de Bourgogne, parmi une infinité de cris de joie, et on tira un grand nombre de fusées.

« La cavalerie et l'infanterie qui étoient dans l'île y répondirent par leurs mousquets, et, en même temps, la petite flotte se mit sur une ligne et s'avança en bon ordre vers l'île, témoignant y vouloir aborder. Cela donna lieu à un combat fort divertissant, qui finit au bruit des bombes pour signal du feu d'artifice.

« Il commença à jouer par tout ce qu'il y a de plus ingénieux et de plus nouveau dans l'artifice.

« Les fusées volantes atteignoient, de la rivière d'où elles étoient lancées, celles qui étoient parties du clocher des Carmes, et les unes et les autres, en retombant, traçoient une grande variété de chiffres et d'étoiles mêlées d'une pluie de feu.

« Cependant on entendoit le bruit du canon et des bombes, et des concerts de hautbois, de flûtes, de trompettes et de tambours.

« Le sieur Foucault, pour terminer la fête avec toute la magnificence possible, donna encore un grand régal à tout ce qu'il y avoit de personnes de considération de la ville. »

3 *septembre 1660*. — *Saint Vincent de Paul, général de la Congrégation des Missions, achète un terrain au faubourg du Moustier pour y établir le séminaire de Montauban.*

Sous l'administration d'Anne de Murviel, évêque de Montauban, et de Pierre de Bertier, son successeur, le sanctuaire de Notre-Dame de Lorm, à Castelferrus, devint le centre des missions de toute la contrée. D'après une lettre de saint Vincent de Paul, du 20 septembre 1652, les Lazaristes, dont il était le général, desservaient à cette époque cette chapelle, et ils s'en allaient deux à deux, comme les apôtres, prêcher de village en village.

Pour se conformer aux prescriptions du concile de Trente, Mgr de Bertier créa un Séminaire diocésain, et les Lazaristes se chargèrent de sa direction. Cette maison religieuse, provisoirement établie en 1652 à Montech, où le chapitre s'était réfugié, fut transférée en 1656 à Castelferrus ; mais son éloignement étant fort incommode, la congrégation des missions acheta au Chapitre, le 3 septembre 1660, moyennant 18 livres 15 sols de rente et 1 sol d'hommage, un vaste terrain situé au faubourg du Moustier, pour y établir le Séminaire.

Voici le texte de cet acte, retenu par le notaire Delfios, et publié par M. Devals dans son *Histoire de Montauban*, t. Ier, p. 34.

« L'an 1660 et le 3e jour du mois de septembre, en la ville de Montauban... establis en leurs personnes MM. Arnaud Peyronnet, Rigal, d'Ouvrier.. et Henry Le Bret, chanoines du vénérable Chappitre de l'église cathédralle de ladicte ville, lesquels, en conséquence des délibérations dudict Chappitre, du 7e aoust dernier et jour d'hier, ont vendu et vendent à Me Siméon Tresfort, prestre, procureur de la Mission et Séminaire de Monseigneur l'Evesque dudict Montauban, faisant pour et au nom de Me Edmond Barry, prestre, supérieur audict Séminaire, et de *Messire Me Vincens de Paule, général de ladicte Congrégation de ladicte Mission*,... savoir est une pièce de terre de la contenance d'une cestérée, une razée, cinq coups, appartenant audict Chappitre, assize au bout du faubourg du Mostier, confrontant du midy avec le chemin royal qui va de ceste ville à Saint-Nauphary ; du levant, vigne de Me Jean Belveze, procureur, et chemin royal quy va du Mostier à l'esglize Sainct-Michel ; couchant, jardin de Brandelin Rouges, jardinier, cy-devant de Bourilhon, advocat, dépandant du fief dudict Chappitre ; du septentrion, terre des hoirs de damoiselle Jeanne Dolive, femme de M. Pierre Dassier, advocat, à présent tenue par ledict Belveze, fossé entre deux. »

D'après M. le curé Perducet, qui a écrit une notice sur Notre-Dame de Lorm, les Lazaristes n'auraient pris possession du nouveau Séminaire qu'en 1672, c'est-à-dire 12 ans après l'achat du terrain. Henry Le Bret, dans son *Histoire de Montauban*, t. I, p. 166, n'indique pas la date de cette translation ; il dit seulement : « Les Lazaristes tracèrent alors un grand et beau jardin, sur le devant duquel fut construit le bâtiment, qui est un carré d'environ 10 toises et dont la façade est sur le grand chemin. Il est en si belle vue et en si bon air, que la solitude, qui est triste partout ailleurs, est pleine d'agrément en ce lieu-là. »

Après la suppression de l'Evêché de Montauban, en 1790, le Séminaire fut vendu comme bien national ; le 5 juin 1826 M. de Puylaroque en devint propriétaire, et fit construire la vaste maison qui existe encore ; l'enclos qui l'entoure avait longtemps servi de cimetière à la vieille ville de Montauriol.

Désireux de rendre cette propriété à sa première destination, Mgr Doney l'acheta pour le diocèse en 1845, avec le concours de M. le chanoine de Montégut et de nombreux fidèles, qui s'associèrent à cette œuvre. Depuis 1856, les missionnaires diocésains l'occupent, et desservent en même temps la magnifique chapelle que notre regretté prélat et son clergé firent construire, sous la direction de M. l'architecte Olivier, pour consacrer le souvenir de la proclamation de l'Immaculée Conception. La première pierre de ce bel édifice fut posée le 13 mai 1857.

3 septembre 1720. — Réunion de plusieurs paroisses à la seigneurie de Villemur.

Par arrêt du conseil d'Etat, du 3 septembre 1720, les paroisses de Saint-Nauphary, Corbarieu, Moulis, Reyniès et Charros, appartenant à la judicature de Puylauron (aujourd'hui annexe de la paroisse de Varennes, canton de Villebrumier), furent réunies à la seigneurie et juridiction de Villemur, qui alors faisait partie du diocèse de Montauban.

3 septembre 1817. — *L'école mutuelle du Temple consistorial, à Montauban. — Sa création.*

Le mercredi 3 septembre, M. le vicomte de Villeneuve, préfet de Tarn-et-Garonne, visitait l'école d'enseignement mutuel établie depuis peu dans le bâtiment du temple consistorial, par les soins des comités cantonaux protestants. Il était accompagné de M. le vicomte de Gironde, commandant de la garde nationale ; de M. de Grenier, adjoint au maire ; de plusieurs membres du comité et du président du consistoire. Le premier magistrat du département, qui avait puissamment encouragé les fondateurs de cette école, examina d'abord la salle nouvellement construite pour contenir 160 élèves, et assista ensuite aux exercices des 14 enfants qu'on dressait depuis deux mois pour servir de moniteurs.

« Digne organe d'un gouvernement paternel qui ne cesse d'encourager les institutions utiles, dit le *Journal de Tarn-et-Garonne*, M. le vicomte de Villeneuve a secondé, avec sa sollicitude accoutumée, le zèle des membres des comités cantonaux protestants. Sur sa proposition, le conseil général, voulant aussi concourir au bienfait de l'institution des écoles d'enseignement mutuel, vota des fonds pour les frais de premier établissement de ces écoles. Des fonds seront également faits pour les communes qui voudront faire jouir les enfants de l'un et de l'autre culte des avantages d'un mode d'instruction aussi sûr que rapide. »

Les lignes qui précèdent prouvent que le gouvernement de la Restauration, dès ses premières années, se préoccupait déjà de l'instruction publique, et qu'il facilitait autant que possible la création de nouvelles écoles.

4 septembre 1406. — *Raymond de Bar, évêque de Montauban. — Sa famille.*

Raymond de Bar succéda le 4 novembre 1405 à Bertrand Dupuy et fit son entrée dans sa ville épiscopale le 4 septembre 1406,

Le Bret (*Histoire de Montauban*, t. I, p., 198), tandis qu'il y serait entré « presque dès sa nomination, d'après Perrin (*Histoire manuscrite de Montauban*, ch. 20), qui ajoute : « Le nouveau prélat fut hommagé au préalable, selon la coutume, devant le cimetière de l'église Saint-Orens, en présence de neuf des consuls, accompagnés d'un grand nombre d'habitants, et après les avoir assurés avec serment de combattre avec eux pour leurs priviléges et libertés. De quoi contents, ils le reçurent avec grande joie, quoyque d'ailleurs dans la misère, car les uns estoient toujours sous les armes pour résister à l'ennemi (les Anglais), les autres occupés à tendre les chaînes des rues et carrefours, en nombre de 150, la moindre de 5 à 6 quintaux ou de 3 à 4, pour s'opposer à la cavalerie en cas de surprise, et la pluspart malades. »

Le Bret dit que l'acte d'entrée est authentique; il fut passé en présence de plusieurs témoins, entre lesquels se trouvent *Robert de Bar*, damoiseau, et Othon Séguier. L'évêque de Bar fit une transaction en 1410 avec le grand prieur et le Chapitre, touchant l'usage du bâton pastoral, de la crosse, de la mître et des ornements pontificaux légués au Chapitre par Pierre de Chalais, l'un de ses prédécesseurs. Sous son administration les religieuses de Sainte-Claire, qui étaient hors la ville, appréhendant les Anglais qui tenaient la campagne aux environs de Montauban, obtinrent de lui la permission de se loger dans l'intérieur ; mais ces religieuses étaient tenues de se transporter, une fois par an, en l'église cathédrale, au commencement de la messe, et de payer au Chapitre deux petites livres tournois (1).

Raymond de Bar mourut le 26 mars 1424.

Dans la liste des consuls de la ville de Montauban on trouve : Robert de Bar, damoiseau, en 1392 ; Arnaud de Bar, en 1442 ; Hélie de Bar, damoiseau, en 1459, et Robert de Bar, en 1470 ; il est donc probable que l'évêque de Montauban appartenait à la famille de Bar, une des plus anciennes de notre cité et qui posséda la baronnie de Meauzac, Villemade et Camparnaud. Jérémie de Bar, baron de Camparnaud, mourut à Montauban le 24 mars 1653.

---

(1) Voir les *Etudes historiques sur le Tarn-et-Garonne*, par Fr. Moulenq. t. I, p. 24.

4 septembre 1759. — *Entrée à Montauban du maréchal duc de Richelieu, lieutenant-général, gouverneur de la Guyenne.*

Né le 13 mars 1696 et nommé pair de France le 6 mars 1721, le duc de Richelieu et de Fronsac fut appelé en 1755 au gouvernement de la Guyenne, et partagea son temps entre ses fonctions de premier gentilhomme de la Chambre, l'administration de sa province, ou les nombreuses missions qui lui furent confiées.

En 1759 il vint visiter Montauban, et y passa plusieurs jours. Voici, d'après un écrit du temps (1), le récit de son entrée et de son séjour dans notre cité :

« Le 4 septembre 1759, MM. Forestier et Darassus, consuls, revêtus de leurs robes consulaires, partirent à cheval de l'hôtel-de-ville, à une heure après midi, précédés d'un détachement du guet, et suivis de la nombreuse cavalcade qui avoit été convoquée depuis quelques jours pour cette solennité : elle étoit de cinq cens cavaliers, formant trois compagnies ; l'une en uniforme rouge, paremens et colet blancs, avec son étendard des mêmes couleurs, aux armes en broderie de Mgr le Maréchal ; une autre en uniforme bleu, paremens et colet blancs, et son étendard des mêmes couleurs, avec les mêmes armes ; la troisième en habit bourgeois, et toutes montées sur de beaux chevaux richement enharnachés.

« Cette troupe se trouva à l'entrée du territoire de Montauban quand Mgr le Maréchal y arriva. Aussitôt MM. les consuls mirent pied à terre ; M. Forestier, consul du premier rang, le complimenta à la portière de son carrosse, et Mgr le Gouverneur lui répondit dans les termes les plus obligeans.

« Les deux consuls étant remontés à cheval, prirent les deux portières du carrosse ; les trois compagnies les précédoient, et celle de la maréchaussée de la généralité marchoit devant, ayant le prévôt général à la tête.

« On entra par la grand'rue du fauxbourg de Villebourbon, qui est aussi belle par sa largeur que par la décoration des façades

---

(1) *Relation de l'entrée et du séjour, à Montauban, de Monseigneur le maréchal duc de Richelieu et de Fronsac*, pair de France, chevalier des ordres du Roi, premier gentilhomme de la Chambre de Sa Majesté, son lieutenant général et gouverneur de la Haute et Basse Guyenne. — Montauban, imp. de la veuve Teulières, 8 pages in 4.

des maisons : elle étoit généralement tapissée, et embellie par un nombre prodigieux de dames, qui occupoient les balcons et les fenêtres.

« La noblesse et les officiers, ayant à leur tête M. de La Valette, maréchal de camp, employé dans la généralité, et M. de Parasols, lieutenant de nosseigneurs les maréchaux de France, se trouvèrent dans cette même rue à l'attente de Mgr le Maréchal, qui descendit de son carrosse à leur rencontre, et reçut les compliments de ces Messieurs.

« Ensuite il marcha entre les deux consuls, et à l'entrée de la place de Villebourbon, qui étoit aussi tapissée, M. Carrère, maire, à la tête du corps de ville, eut l'honneur de complimenter Mgr le Gouverneur, en lui offrant les clefs de la ville, qu'un des secrétaires portoit dans un bassin d'argent. Après une réponse aussi noble que gracieuse, Mgr le Maréchal rendit les clefs.

« Les maire et consuls lui présentèrent de suite le dais d'une étoffe d'argent à fleurs d'or, garni de franges et de galon d'or, orné de panaches blancs, et des écussons de Mgr le Maréchal, et dont les bâtons étoient revêtus de ruban blanc.

« Les maire et consuls portèrent le dais devant Mgr le Maréchal à six pas de distance, suivant ses ordres, jusques à une tribune élevée dans la place de Villebourbon, pour les harangues, en face et près de la porte du pont.

« Cette tribune représentoit une galerie à arcades, ayant deux frontispices ; elle étoit de forme de carré long, dont les pans étoient coupés. Sa hauteur, depuis le socle jusques au toit, étoit de 14 pieds 9 pouces; et sa hauteur, de l'entablement au poinçon, de 10 pieds. Le tout étoit construit en marbre et bronze ; les massifs étoient de brege violette ; les colonnes, panneaux et balustres, en lapis azuli veiné d'or, et tous les ornements en bronze rehaussés d'or. La façade exposée à l'avenue de Mgr le Maréchal avoit 36 pieds de large et se composoit d'un grand arceau d'entrée au milieu, avec des arcades inférieures de chaque côté. Sur chaque colonne placée entre les arceaux étoit un vase jettant des flammes. Dans les deux faces on voyoit les armes du Maréchal, et, au-dessus des pans coupés, des trophées d'armes. Il y avait trois figures en marbre blanc : la Valeur, la Prudence et la Justice. Au sommet de l'édifice, une Renommée sonnoit de la trompette. La face qui regardoit le pont n'avoit que 24 pieds de largeur et se composoit d'une grande arcade d'entrée avec une arcade à balustre de chaque côté. Au fond de la tribune étoit le trône sur une grande estrade élevée de deux marches, et orné des armes du Maréchal.

« Le dais fut laissé à l'entrée de cette tribune, où Mgr le Maréchal, précédé de ses gardes, monta, suivi des maire et consuls, qui le menèrent au fauteuil qui lui étoit préparé sur l'estrade ; après quoi, le maire, à la tête des officiers de ville et de plusieurs notables habitans, harangua de nouveau Mgr le Maréchal, qui répondit avec autant de délicatesse que de bonté.

« MM. les maire, consuls et officiers de ville s'étant rangés en haie, restèrent debout pendant que MM. les juges-consuls, MM. les officiers de l'Election, MM. du Présidial, et MM. les députés des Trésoriers de France vinrent successivement prononcer leurs harangues.

« Immédiatement après, Mgr le Maréchal descendit de la tribune, toujours accompagné des maire et consuls, et se rendit sous la porte du pont, où il reçut le compliment de MM. les députés de la cour des aides, dont les présidents étoient en robe rouge.

« Cette porte étoit ornée de guirlandes, de trophées, et d'un médaillon, où étoit représenté le buste du héros dont on célébroit l'arrivée, surmonté d'une couronne soutenue par Pallas, guerrière, et par Minerve, déesse des beaux-arts.

« L'entrée dans la ville se fit ensuite, en partant de cette porte, dans l'ordre suivant :

« M. le prévôt général, à la tête de sa compagnie, ouvroit la marche.

« MM. les volontaires, les divers ordres religieux, le commandant et la compagnie du guet, avec ses tambours et fifres, les gardes, la livrée, les pages et les écuyers de Mgr le Maréchal ; enfin, les officiers de ville marchoient successivement sur deux files.

« Le dais venoit ensuite, porté par les maire et consuls devant Mgr le Gouverneur, qui avoit autour de lui ses aides de camp, le capitaine de ses gardes, le secrétaire du Gouvernement, et étoit accompagné de M. de La Valette, de M. de Parasols, de la noblesse et des officiers.

« Un détachement de maréchaussée fermoit la marche.

« Du pont, sur lequel il y avoit une double haie de fusiliers de la garde-bourgeoisie, avec leur drapeau, on entra dans la ville par la rue du Palais ; après quoi on suivit celles du Sénéchal, du Rendez-vous, du Vieux-Palais, et une partie de la Grand'Rue, jusques à la place Notre-Dame, sur laquelle est l'église Cathédrale.

« Les maire et consuls quittèrent le dais au perron pour accompagner Mgr le Gouverneur dans l'église, où il fut reçu par Mgr de Verthamon, évêque de Montauban, en habits pontificaux, à la tête du chapitre. Notre prélat le conduisit ensuite à la chapelle Notre-Dame et au chœur, où fut chanté un *Te Deum*. Après la bénédiction, le Maréchal fut reconduit jusqu'à la porte avec le même cérémonial.

« Les maire et consuls reprirent alors le dais au bas du degré, et la marche fut continuée dans l'ordre précédent, par les rues des Bains et de l'Evêché jusques au palais épiscopal, où Mgr le Maréchal alloit loger. Il y entra précédé du dais, qui fut déposé dans la grand'salle.

« Mgr le Maréchal reçut aussitôt dans le salon de compagnie les complimens des religieux, ceux des porte-guidons des volontaires, qui lui offrirent aussi leurs étendards, et la visite de M. le premier président de la Cour des aides, avec celles de toutes les personnes de considération.

« On lui apporta encore dans ce moment les présens de la ville.

« Toutes les rues et places par où se fit la marche étoient tapissées, et elle fut aussi faite au son des cloches. Le concours prodigieux de tous les habitants, et d'une foule d'étrangers, offroit un spectacle d'autant plus ravissant, que la majesté de cette pompe étoit encore embellie par l'air de bonté de Mgr le Maréchal, qui avoit l'attention de prévenir par ses politesses tous ceux qui remplissoient les balcons et les fenêtres.

« Le soir il y eut partout des feux de joie, avec une illumination générale : celles du pont, de l'hôtel de ville et du logement de Mgr le Maréchal faisoient surtout honneur à la fête et à la ville par le goût de leur arrangement. Après le souper il y eut un feu d'artifice.

« Le lendemain Mgr le Gouverneur fut complimenté par MM. les députés du chapitre, et par M. le curé de Saint-Jacques, suivi de son clergé : le surlendemain par MM. les députés de l'Académie des Belles-lettres.

« Le 7, Mgr le Maréchal partit pour Rodez, où il arriva le 8. Il revint dans un jour, le 10, et resta depuis à Montauban jusques au 16.

« Tous les jours de son séjour ont été marqués par l'affluence d'une cour nombreuse, composée, outre les habitants, de la principale noblesse du Quercy et du Rouergue, par des repas à plusieurs tables, par la comédie tous les soirs, avant ou après souper, le concert extraordinaire ou ordinaire, et un bal public masqué et paré.

« M. le duc fit l'honneur à M. Gaterau, l'un des syndics de la ville, de tenir sur les fonts le 12, avec madame la marquise de Rochechouart, un fils (1) dont la femme de ce syndic accoucha le 10. Le baptême fut fait dans la chapelle de l'évêché par Mgr l'Evêque ; et MM. les maire et consuls qui avoient été invités à la cérémonie, y assistèrent avec leurs robes et leur cortége. »

6 septembre 1828. — Les droits d'octroi à Montauban.

La perception des droits d'octroi de la ville de Montauban fut longtemps mise en adjudication. Un avis du Maire, daté du 6 septembre 1828, annonça que cette adjudication aurait lieu le 6 octobre, pour trois années, sur la mise à prix de 160,000 francs. Il n'y eut pas d'adjudicataire, et l'on dut recommencer les opérations le 1er décembre sur la même mise.

Depuis 1830, les produits de l'octroi sont perçus en régie. Voici les sommes prévues aux budgets :

1838, prévisions, 190,600 francs ; frais, 19,600 francs.
1848   —   210,000   —   20,000 —

---

(1) Louis-Roger Gaterau, fils à M. Me Gaterau, conseiller du Roi, greffier en chef de l'élection de Montauban et syndic de ladite ville, et de demoiselle Anne de Lagarde, mariés. Parmi les témoins on remarque les noms du comte d'Estillac, du baron de Tellier, de l'abbé Cazalès, chanoine ; la marraine, Marie-Anne de Comminges, était veuve de Jean-Louis de Rochechouart, marquis de Faudoas, et signait : Comminges-Rochechouart. — *Reg. de l'église Saint-Jacques.*

1858, prévisions, 250,000 francs; frais, 24,000 francs.
1868 — 270,000 — 31,650 —
1878 — 355,000 — 42,800 —

Nous ne portons que les sommes inscrites aux recettes et dépenses ordinaires pour 1878; mais il faut y ajouter les taxes additionnelles s'élevant à 53,000 fr., ce qui porte le total des produits de l'octroi à plus de 400,000 fr.

La progression croissante des taxes payées par les Montalbanais, a permis aux municipalités d'entreprendre des travaux considérables, tels que : théâtre, halle, fontaines, lycée, églises, trottoirs, ouverture ou élargissement de nouvelles rues, etc., etc., et en même temps de consacrer des sommes de plus en plus élevées aux divers services ordinaires, notamment à l'instruction, aux chemins communaux, à la police, etc.

9 septembre 1321. — Le Consulat de Montauban supprimé par arrêt du Parlement de Paris. — Son rétablissement sur la demande du pape Jean XXII.

Le viguier du comte de Toulouse avait été dépouillé, par la révolution municipale de 1195, du droit exclusif qu'il exerçait à Montauban en matière criminelle; il ne remplissait plus que les fonctions de juge d'instruction et de membre du tribunal consulaire. Et lorsque Philippe-le-Bel eut confirmé, le 9 octobre 1307, la juridiction des consuls, ceux-ci essayèrent de se soustraire à l'influence que la coopération du viguier royal, magistrat nécessairement plus versé qu'eux dans la connaissance des lois, devait exercer sur leurs jugements. Insensiblement ils réussirent à l'exclure des débats et à ne l'appeler qu'à l'interrogatoire des accusés et au prononcé des sentences, non plus comme collègue, mais seulement comme partie (1).

Les Montalbanais étaient d'ailleurs enhardis dans leurs empiètements par les désordres qui désolaient la province et par l'esprit d'indépendance que favorisaient les Anglais. Pour se débarrasser des observations faites à ce sujet par Mathieu Courionel ou Courjemel, juge ordinaire du Quercy, ils accusèrent ce magistrat de malversations; mais le Parlement de Paris, saisi de cette affaire,

(1) Devals, *Etudes historiques*, p. 139.

reconnut, par arrêt du 9 septembre 1321, que les vrais coupables étaient les consuls et plusieurs citoyens notables. Aussi le Consulat fut supprimé avec tous ses priviléges, et la ville condamnée à 20,000 livres d'amende pour le Roi et 1,000 pour le juge faussement inculpé.

Pour acquitter ces amendes, les Montalbanais furent forcés de vendre deux moulins, « l'un desquels étoit du costé de Tolose sur le Tarn, non loin du pont et tout prez de l'église Saint-Orens, et l'autre du costé du Quercy, joignant presque le chasteau du Comte, qui pour servir divers bains à s'estuver ou à laver, estoit probablement appelé de la Pissote (1). »

Le pape Jean XXII, qui avait naguère décoré notre ville du titre de cité (25 juin 1317), pressa le Roi de France, « par des lettres si humbles, dit Perrin, qu'il le porta, par icelles, à user de clémence à leur endroit. » Charles IX se laissa fléchir et rétablit le consulat en janvier 1322, mais il diminua les antiques priviléges qui donnaient quelque indépendance à la commune.

Pour recouvrer leurs anciennes libertés, nos consuls profitèrent des difficultés survenues entre le roi d'Angleterre et le roi de France, et obtinrent de nouvelles concessions, qu'ils durent toutefois payer par un subside de 10,000 livres tournois offertes à Philippe VI.

9 septembre 1335. — Transaction entre l'Evêque et les Consuls de Montauban.

Oubliant le service que leur avait rendu le pape Jean XXII, les Montalbanais contestèrent bientôt le droit de justice au viguier de l'Evêque, et prétendirent nommer directement l'administrateur

---

(1) D'après les *Matériaux pour l'histoire de Montauban*, t. II, p. 674, conservés en manuscrit à la Bibliothèque communale, le ruisseau de la Pissote venait de la porte des Cordeliers, passait au nord, joignait l'église cathédrale, suivait la rue de la Pissote (rue Notre-Dame), se rendait dans la rue des Bains (rue de la Mairie), et se déchargeait dans le Tarn, à l'embouchure du Tescou, devant le palais épiscopal (l'hôtel de ville).

Perrin dit que la Pissote, avant l'agrandissement de la ville, avait son canal dans le terrain occupé plus tard par la rue des Bains, et que ses eaux ont disparu dans les puits profonds de ce quartier. Dans le jardin de la Mairie, il y a un bassin alimenté constamment par une source venant du côté de la rue et que l'on croit être formée par les eaux de la Pissote qui ne sont pas retenues par les puits.

de l'hôpital Saint-Etienne du Tescou. Malgré ses droits incontestables, Guillaume de Cardaillac préféra agir en père et éviter une procédure ruineuse. Par transaction du 9 septembre 1335, il fut réglé que : « en cas de vacance dans cet hôpital, l'Evêque ou ses députés le gouverneraient ; toutefois les Consuls, comme patrons, présenteraient à l'Evêque, ou à son vicaire général ou official, lui absent, une personne pour y gouverner, et qui serait destituable à la volonté de tous et installée qu'après serment prêté tant à l'Evêque, son grand vicaire ou official, qu'aux Consuls, et à la charge de rendre compte de son administration aux uns et aux autres. »

La question de justice ne fut terminée que le 29 février 1341, par décision royale: « Les baillis et les juges furent tenus de rendre compte à l'Evêque des droits et profits annuels des hautes et basses justices de Montauban et de Villemade. » — Voir l'*Histoire de l'Eglise de Montauban*, par M. l'abbé C. Daux, t. 1er, n 4.

10 septembre 1828. — Décès du comte Andreossi à Montauban.

Descendant de François Andreossi, qui partagea avec Riquet la gloire d'avoir exécuté le canal du Languedoc, et né le 6 mars 1761, à Castelnaudary, comme son aïeul, Antoine-François comte Andreossi fit toutes les campagnes de la Révolution comme officier d'artillerie, et suivit Bonaparte en Egypte et en Syrie; il fut l'un des membres les plus actifs de l'institut du Caire, et les mémoires qu'il publia sur le lac Menzaleh font partie des travaux de la commission d'Egypte.

Le 18 brumaire il seconda puissamment son chef, qui le nomma général et chef de division au ministère de la guerre. Il remplit plusieurs missions délicates à Londres après le traité d'Amiens, puis à Vienne, dont il fut gouverneur après Wagram, et enfin à Constantinople. Rentré à Paris, il présenta à l'Institut plusieurs mémoires d'hydrostatique, accepta la pairie après le 20 mars 1815, fut député aux armées étrangères victorieuses à Waterloo, et se prononça pour le rappel immédiat des Bourbons. Toutefois, il vécut dès lors loin des affaires, dans sa campagne de Ris, près de Paris, et publia quelques ouvrages importants, notamment l'*Histoire du*

Canal du Midi, le Voyage à l'embouchure de la mer Noire, etc.

Elu député de l'Aude en 1827, il accepta la direction des subsistances militaires et fut nommé à l'Académie des sciences en 1828.

Le comte Andreossi, grand officier de la Légion d'honneur, commandeur de l'ordre royal et militaire de Saint-Louis, mourut le 10 septembre 1828 à Montauban, à l'hôtel de France, où le mauvais état de sa santé l'avait forcé de s'arrêter en rentrant à Castelnandary. La famille Andreossy est aujourd'hui éteinte.

12 septembre 1809. — Arrêté du Maire de Montauban sur la police rurale et la vente des raisins.

Les 3 premiers articles de cet arrêté étant encore à peu près en vigueur aujourd'hui, nous nous contenterons de les analyser :

Le 1er défend d'entrer sous prétexte de chasse dans les vignes, jardins, vergers, ou tout autre champ non dépouillé de sa récolte ; le 2e concerne le vol des fruits ou des raisins, et le 3e défend de mettre en vente des fruits non mûrs.

Le 4e article mérite d'être cité textuellement :

« Ceux qui porteront ou feront porter des raisins au marché seront tenus, savoir : les propriétaires, d'être munis d'une attestation du commissaire du quartier constatant qu'ils possèdent des vignes ou vignettes ; et les bordiers, brassiers, jardiniers, valets et autres personnes employées à la culture des terres, devront être munies d'une attestation du propriétaire du bien qu'ils cultivent, portant son consentement à la vente des raisins. Ces certificats et attestations devront être visés au bureau de police. Les contrevenants seront traités comme maraudeurs, et les dispositions des articles 34 et 35 de la loi du 19 septembre 1791 leur seront rigoureusement appliquées. »

Sans doute les prescriptions qui précèdent sont trop rigoureuses pour avoir été maintenues, mais du moins elles témoignent de la sollicitude de l'autorité municipale pour le droit de propriété ; il est certain que les maraudeurs de toute espèce qui ravagent en ce moment les vignes ou les vergers, et qui portent au marché le produit de leur pillage, seraient fort gênés si l'arrêté de 1809 était remis en vigueur. Peut-être l'article 4 n'a jamais été abrogé.

14 septembre 1780. — *Acte de baptême de Jean-Auguste-Dominique Ingres.*

Nous avons déjà publié divers actes relatifs à la famille Ingres, et notamment celui qui fixe au 29 août 1780 la naissance du grand peintre dont notre ville est justement fière. Cependant, plusieurs dictionnaires biographiques, imprimés récemment, n'indiquent pas exactement cette date : aussi croyons-nous utile de reproduire aujourd'hui l'extrait du registre des baptêmes de l'église paroissiale Saint-Jacques de Montauban, dans lequel le jour de la naissance de Dominique Ingres est rappelé de la manière la plus précise :

« L'an 1780 et le 14ᵉ jour du mois de septembre, par nous prêtre vicaire de cette paroisse, soussigné, ont été *supliées* les cérémonies de baptême à Jean-Auguste-Dominique *Ingre*, fils de Jean-Marie *Ingre*, sculpteur, et Anne Moulet, mariés, né le vingt-neuvième aoust dernier, ondoyé à la maison le lendemain trentième du dit mois d'aoust, par permission de Messieurs les vicaires généraux. Parrain, Mʳᵉ. Auguste-Pierre-Jean-François-Marie de Roure, bachelier; Marraine, damoiselle Jeanne-Marie de *Puylignieux*, fille de Messire Dominique-Antoine de *Puylignieux*, chevalier conseiller du Roy en tous ses conseils, premier président en la souveraine Cour des aydes et finances de Montauban ; le père présent, témoins soussignés avec nous.

Signé : Jeanne-Marie-Louise de Pullignieu, Du Roure fils, Charles Pullignieu, Ingres père, Moulet, Valette du Roure, C. du Roure, Gabrielle Lartigue, Anne Amat, Sol, Bruguières jeune ; Poncet, vicaire.

Nous ferons remarquer que dans ce document, comme dans plusieurs autres actes du dernier siècle intéressant la famille Ingres, ce nom patronymique n'est pas terminé par un *S*, tandis que cette lettre se trouve toujours dans la signature de notre illustre compatriote; son père a également signé ainsi dans l'acte de baptême que nous venons de reproduire.

D'après la tradition, Dominique Ingres serait né au faubourg du Moustier, dans l'ancienne maison Dejean, que l'on reconstruit en ce moment. Si son propriétaire, M. le docteur Larramet faisait placer sur la façade une inscription rappelant que le 29 août 1780 le grand artiste naquit dans notre cité, tous nos concitoyens lui seraient reconnaissants de cette bonne pensée.

15 septembre 1567. — Une pêche miraculeuse.

Le chanoine Perrin de Grandpré, dans son *Histoire manuscrite de Montauban*, raconte une « chose de remarque et qui mérite d'estre connue. » Nous la reproduisons sans la garantir :

« C'est que le Tarn, ayant grossi, le 15 septembre 1567, de 7 à 8 pieds, les eaux furent si fort terreuses et troubles, que les hommes, femmes et petits enfants prenoient avec leurs mains, sans autre instrument, quantité de poissons de diverses espèces, mesmement des carpes du poids de 30, 40 et 50 livres, et les rangeoient sur la rive. C'estoit une merveille, remarque Julia, notaire des Barthes, de voir tant de poissons dans une telle abondance, qu'on n'eût pu, dit-il, en voir d'avantage quand le Tarn eût tari. »

15 septembre 1724. — Réception de l'intendant Pajot.

Les consuls ayant été informés de la prochaine venue de l'intendant Pajot, qui était à Cahors, y envoyèrent un de leurs gardes pour s'informer du jour fixé pour son arrivée à Montauban. Ce jour-là, les consuls Carrère et Causse, accompagnés de plusieurs bourgeois et marchands, se rendirent au pont de Loubéjac, qui était aux limites de la juridiction de la ville ; et comme la course avait été assez longue, ils requirent l'aubergiste Jacques Moussel de leur servir du pain, du vin et de la viande, ainsi que du fourrage pour leurs montures. La dépense s'éleva à 66 livres 15 sous ; le messager qui était allé à Cahors, dépensa pour 4 jours, y compris le louage du cheval, 19 livres 10 sous.

Pierre Pajot favorisa le commerce et l'agriculture, traça de nouveaux chemins, agrandit et répara les anciens. En peu de temps, Montauban jouit de la plus grande tranquillité et vit grandir sa prospérité. L'établissement de la promenade des Carmes en 1732 et l'achèvement de la Cathédrale en 1739 eurent lieu sous l'administration de cet intendant, dont le départ fut vivement regretté ; il fut remplacé en 1740 par Briconet.

15 septembre 1563. — Le Sénéchal de Montauban transféré à Moissac. — Composition du Sénéchal en 1625.

Le Sénéchal de Montauban, dont nous avons rappelé l'ancienneté au mois de juillet, fut transféré à Moissac le 18 septembre 1563, par arrêté du Parlement de Toulouse, à cause des troubles qui agitaient notre ville, et avaient forcé l'évêque Jacques Des Prez à envoyer son chapitre cathédral à Villemur et le collégial à Montech.

Pendant le séjour du Sénéchal à Moissac, de 1563 à 1569, la justice fut exercée par les sieurs d'Espania, juge ordinaire de Castelsarrasin, en qualité de lieutenant principal ; de Redon, juge ordinaire de Moissac, en qualité de lieutenant particulier, et Dumas, juge ordinaire de Montauban, qui avait été banni de notre cité, et dont les protestants avaient confisqué les biens à cause de son attachement à la foi catholique.

En 1625 le Sénéchal était composé d'un juge mage, un lieutenant civil ou criminel, deux lieutenants particuliers, huit conseillers, un avocat du Roi et un procureur du Roi. La juridiction de ce tribunal comprenait toutes les affaires civiles et criminelles par appel des sentences des juges ordinaires, sauf les condamnations à mort ou à des peines infamantes qui allaient à la Cour du Parlement. Le Sénéchal connaissait encore en première instance des affaires entre privilégiés, gentilhommes et officiers du Roi, ainsi que des crimes de fausse monnaie, sacriléges, duels et tous autres de lèze majesté divine et humaine, etc., etc.

Le Sénéchal réuni au Présidial siégeait à Montauban au château-royal, — aujourd'hui la maison d'arrêt, — lorsqu'il fut supprimé en 1790.

25 septembre 1762. — Mort de Michel de Verthamon, évêque de Montauban.
Translation de ses restes mortels dans la chapelle de l'hospice.

Michel de Verthamon de Chavagnac (1), né à Limoges le 7 novembre 1687, fut d'abord vicaire-général de son oncle l'évêque de Couserans, puis chanoine de sa ville natale. Le 3 juillet 1729 le Roi le nomma à l'évêché de Montauban.

« Ce prélat, dit l'*Histoire du Querci*, fut plus respectable encore

(1) Il était fils de Michel de Verthamond, conseiller du Roi et trésorier-payeur général des finances à Limoges, et de dame de Peiyot. Son nom est écrit souvent avec un *t* ou un *d* ; mais dans les actes imprimés il n'y a aucune de ces lettres.

par ses vertus et sa grande piété, que par sa place. On voit dans tout son diocèse des monuments durables de son amour pour son peuple et de sa magnificence. Nombre d'églises réparées ou bâties à ses frais, une aîle entière de l'hôpital général que son prédécesseur Colbert avoit laissé imparfait, et les casernes de Montauban lui ont assuré l'admiration et la reconnoissance de la postérité, par le grand bien qui en a résulté et pour la religion et pour la société, les seuls objets qu'il envisagea toujours dans ses grandes dépenses. Il appela aussi à Montauban les Frères des écoles chrétiennes pour l'instruction des enfants du peuple, qui, sans cet établissement, en eussent manqué pour l'ordinaire (1).

« Avec l'extérieur le plus simple, la sérénité sur le front, l'enjouement même dans le propos, un accès facile qui bannissait au loin le sérieux et la contrainte du cérémonial, il sut être grand par ses qualités personnelles ; et, sans recourir au faste, aliment nécessaire d'une fausse grandeur, il inspira la vénération et le respect. »

Mgr de Verthamon vit avec plaisir l'établissement d'une Société littéraire dans sa ville épiscopale, et lui offrit plus d'une fois l'hospitalité dans son palais, ainsi que nous avons eu l'occasion de le dire (2) ; aussi fut-il satisfait en voyant que le Roi avait compris son nom, par une clause spéciale, sur la liste des membres de l'Académie de Montauban créée par lettres patentes du 19 juillet 1744. Il prit même l'engagement d'établir un prix d'éloquence destiné au meilleur discours qui serait envoyé au concours ouvert annuellement, et jusqu'à sa mort il en fit seul les frais. L'Académie, reconnaissante, décida que les jetons de présence en argent porteraient d'un côté les armes qu'elle avait adoptées et de l'autre celles du prélat.

La mort de son frère, évêque de Luçon, aggrava rapidement les douleurs dont souffrait Mgr de Verthamon ; cependant on ne put le décider à prendre un peu de repos, parce qu'il voulait tout voir par lui-même. Le dernier accès de la maladie qui devait terminer ses jours, le prit pendant une des visites qu'il faisait régulièrement de son diocèse tous les ans ; et il mourut le 25 septembre 1762,

(1-2) Voir les éphémérides du 10 mai et du 25 août.

comme il l'avait désiré, dans l'exercice des fonctions épiscopales(1).

Après avoir donné tous ses biens aux pauvres, dans un premier testament, l'Evêque de Montauban avait légué, par un codicille, les fonds nécessaires pour l'entretien des Frères des Ecoles chrériennes et pour la distribution d'un prix par l'Académie. Malheuteusement il oublia, dans un second testament, de rappeler les dispositions de ce codicille; M. l'abbé de la Tour, doyen du chapitre, se hâta d'y suppléer, ainsi que nous le dirons plus tard, en fondant à perpétuité un prix d'éloquence et en dotant les modestes instituteurs des enfants du peuple.

Le digne Prélat révéla encore tout son cœur d'ami des pauvres par le choix de sa sépulture dans leur cimetière. La pauvreté était pour lui un trésor, et, afin qu'on ne pût la lui enlever après sa mort, il voulut dormir éternellement à son côté dans la tombe.

22 ans après, en 1784, ses précieux restes furent recueillis et déposés solennellement dans un modeste mausolée que la reconnaissance de l'administration de l'hospice avait fait élever. Ils reposèrent là jusqu'aux jours mauvais de 1793, et en furent tirés secrètement par des mains pieuses, pour être mis à l'abri des profanations qui souillèrent ailleurs tant de tombeaux. Remis en terre après la tourmente révolutionnaire, ils furent recouverts de leur pierre sépulcrale, sur laquelle les indigents vinrent longtemps s'agenouiller.

Des constructions ayant dû être faites sur le lieu où reposait Mgr de Verthamon, les administrateurs de l'hospice, d'accord avec Mgr Doney, décidèrent de transférer le corps du saint prélat dans l'église de l'établissement, au pied de l'autel de saint Vincent de Paul. Cette pieuse cérémonie, présidée par l'évêque de Montauban, eut lieu le 15 février 1854, en présence d'un nombreux concours de fidèles, du chapitre de la cathédrale, du clergé de la ville et du séminaire, de l'administration de l'hôtel-Dieu, ainsi que des filles de charité et des pauvres confiés à leurs soins.

—

On attribue à Mgr de Verthamon un petit traité qui a pour titre :

---

(1) Nous possédons une copie de son éloge, lu le 25 août 1763, à l'Académie de Montauban, par l'abbé Bellet, et qui est resté inédit. — Son portrait est conservé dans la salle du conseil de l'hospice.

Conduite pour la Bienséance civile et chrétienne, recueillie de plusieurs auteurs. — Montauban, imp. de Fr. Descaussat, petit in-12, de 63 pages (1).

Plusieurs *Mandements* de Mgr de Verthamond sont transcrits sur le *Livre Gris* de l'hôtel de ville de Montauban. Quelques-uns ont été imprimés et sont conservés dans diverses collections. En voici le titre :

Mandement de M. l'Evêque de Montauban, à l'occasion du départ du Roy pour l'armée de Flandres. — Montauban, 22 mai 1744, imp. de Fr. Descaussat.

Mandement pour remercier Dieu du succès de l'armée française. — Montauban, 17 juillet 1744, imp. de Fr. Descaussat.

Mandement portant condamnation d'une thèse soutenue en Sorbonne, le 18 novembre 1751, par Jean-Martin de Prades, prêtre de ce diocèse. — Montauban, imp., de J. Légier, 1752, in-4º.

Mandement au sujet de la rétractation de l'abbé de Prades. — Montauban, 1754, in-4º.

Mandement pour faire chanter le *Te Deum* en actions de grâces de la naissance de M. le duc d'Aquitaine. — Montauban, imp. de Teulières, 1753, in-4º. — Ce mandement fut supprimé par arrêt du conseil d'Etat du 26 octobre 1753.

25 septembre 1825. — Mort du lieutenant général Bessières, ancien maire de Montauban.

Né à Montauban le 22 avril 1755, François Bessières fut nommé en 1786 lieutenant de la garde nationale de sa ville natale, et il avait le grade de chef de bataillon en 1790 lorsqu'il fut blessé pendant la malheureuse affaire du 10 mai. Elu maire par ses concitoyens en 1792, il donna sa démission pour prendre du service actif.

Lieutenant-colonel du 1er bataillon du Lot le 1er juillet 1792,

---

(1) Nous en avons une autre édition, in-12 ordinaire, même nombre de pages imprimée aussi sans date et par Fr. Descaussat, qui exerça son industrie de 1693 à 1747.

Cet opuscule fut réimprimé au dernier siècle, avec des caractères d'écriture française, dits de *civilité*, et sous ce titre : *La Civilité et les principes de l'Arithmétique* pour l'instruction de la Jeunesse. — Montauban, chez Fontanel, imprimeur libraire, sans date, 92 pages in-12.

général de brigade le 7 septembre 1793, et général de division le 17 du même mois, il fit toutes les campagnes de 1792 à 1796 aux armées de la Moselle et de Sambre-et-Meuse sous les généraux Schawembourg, de Launay, Moreau, Pichegru et Hoche. Les services qu'il rendit dans le cours de ces campagnes sont consacrés par les attestations honorables des généraux Ambert, Grigny, Ernouf et Hoche, des 4 avril 1795, 13 mai 1796 et 4 mars 1797.

Blessé à l'affaire de Saint-Jean, près de Saarbruck, le général Bessières alla prendre le commandement des 3e et 4e divisions militaires, sous les ordres de Hoche et Jourdan, successivement chefs de l'armée de Sambre-et-Meuse.

Au mois de janvier 1795, lors de l'explosion qui fit sauter la salle d'artifices de l'arsenal de Metz, cette ville dut son salut au sang-froid et à l'intrépidité du général Bessières, qui, le 3 février suivant, reçut du Gouvernement un arrêté portant que lui et sa brave garnison avaient bien mérité de l'humanité et de la patrie.

Atteint, à Tiercelet, par un éclat d'obus à la jambe, qui le mit hors d'état de pouvoir désormais faire usage du cheval, le général Bessières demanda sa retraite, qui lui fut accordée le 28 avril 1797 avec une pension de 5,000 fr. réduite provisoirement à 3,000, « en récompense, porte le brevet, de 11 années de service, y compris 5 campagnes dans le grade de général. »

Après la révolution du 18 fructidor an V (4 septembre 1797), le général Bessières fut cependant employé dans les 1re et 16e divisions militaires, comprenant les départements du Nord, de l'Aisne et du Pas-de-Calais, et fut chargé en chef de la défense des côtes de la Manche. Il repoussa plusieurs tentatives faites par les Anglais sur divers postes qui défendaient la plage, et, dans une descente qu'ils effectuèrent, les força à se rembarquer avec perte d'environ 1,200 hommes tués ou noyés.

Lors de l'insurrection de la Belgique, notre brave compatriote marcha au secours du général Bonnard qui commandait à Gand, et arriva à temps pour déjouer les projets des insurgés, et préserver la ville du pillage.

Le 5 février 1799, Bessières prit le commandement de la 19e division militaire, comprenant les départements du Rhône, de la Loire, du Cantal, du Puy-de-Dôme et de la Haute-Loire ; Lyon, le Puy et Issangeaux étaient alors en état de siége. Dans ce commandement, il faisait partie de l'armée d'Italie, sous les ordres du général Championnet, et il parvint, par sa vigilance et sa fermeté, à réprimer tous les genres de déprédations qui se commettaient dans le département du Rhône.

Au retour de l'Ile d'Elbe, en 1815, Napoléon nomma maire de la ville de Montauban le général Bessières, qui fut élu par l'assemblée électorale député du département de Tarn-et-Garonne à la Chambre des représentants. Il occupa ces deux places jusqu'à la seconde Restauration. Le gouvernement des Bourbons lui accorda, à cette époque, une pension de retraite plus analogue à son rang que le traitement de réforme, et, mis ainsi à l'abri du besoin, il vécut honorablement dans sa ville natale.

Le 22 septembre 1825, le général Bessières succombait en peu de temps, à l'âge de 71 ans, emportant les regrets de tous ceux qui avaient eu l'occasion de le connaître et pour lesquels sa société était pleine d'attraits. Un nombreux détachement de troupes assista à ses obsèques, qui eurent lieu en présence de tous les officiers de la garnison, des militaires en retraite ou en non activité, et d'un grand nombre de ses concitoyens appartenant à toutes les classes. Le premier deuil était conduit par M. le général duc de Laforce, commandant le département ; le second par le colonel du 6e de ligne, et le troisième par le lieutenant-colonel du même régiment.

On croit généralement que la rue Bessières porte le nom de notre compatriote ; mais nous avons la preuve que c'est là une erreur : cette nouvelle rue reçut en 1808 son nom du maréchal Bessières, duc d'Istrie, avec son autorisation, qui lui fut demandée pendant qu'il était en Espagne (1). C'est aussi le portrait du maréchal qui est conservé à la mairie, tandis que notre Musée devrait avoir celui de notre ancien Maire. Nous pensons qu'il serait encore possible de le faire copier d'après l'original qui est ou qui était conservé dans la famille de sa sœur. Le général Bessières n'était pas marié.

---

(1) Dans sa lettre, datée de Burgos, 4 avril 1808, le maréchal Bessières acceptait avec reconnaissance l'honneur que lui faisait le conseil municipal en donnant son nom à la rue nouvelle. « Il regardera, dit-il, comme un des plus beaux jours de sa vie celui où il pourra témoigner, de vive voix, ce qu'il a éprouvé à la lecture de la délibération qui lui a été transmise. » — Archives municipales, *Livre jaune*, n. 3, fol. 163.

28 septembre 1329. — *Règlement fait par les consuls de Montauban pour la fabrication et la marque des poids et mesures.*

Nous avons dit, au mois de juin, qu'un poids public existant déjà à Montauban en 1255, avait été autorisé de nouveau en 1552 et 1609 ; en même temps nous avons indiqué les droits payés par les marchands, en vertu des arrêtés de 1618 et 1620.

Aujourd'hui nous analyserons le règlement fait par les consuls le 28 septembre 1329 pour régler la fabrication et le contrôle des poids et mesures.

D'après M. Devals (1), on pourrait peut-être invoquer, en faveur de l'antiquité de la fabrication des poids municipaux, l'article 64 de la constitution de 1195, qui prescrit aux meuniers de peser le blé qu'on leur apporte, et l'établissement d'un poids public en septembre 1255 près de la porte du Tescou. Toujours est-il que l'article 35 de la charte de Bioule, du 21 juin 1273, porte que les mesures du vin, de l'huile et du sel, les poids et les aunes, seront conformes aux poids et mesures de Montauban ; et il en était de même pour un grand nombre de localités du Quercy et du Toulousain qui avoisinaient notre ville.

Aucun des poids de Montauban dont l'existence est attestée par la charte de Bioule n'a encore été retrouvé, et nos Archives n'ont que deux exemplaires de 1 et 2 livres portant la date de 1307. C'est probablement la diversité des poids qui décida, en juillet 1329, nos consuls à règlementer leur usage : ils firent fabriquer un étalon de 4 livres et autres poids inférieurs jusqu'à un huitième d'once, en prenant pour base le marc de Troyes, dont 14 onces formèrent notre livre, correspondant à 27 sous 9 deniers ; la demi livre, le quart et le demi-quart pesaient proportionnellement ; l'once égalait 1 sou 8 deniers 19 grains 1/2, et était subdivisée en demi, quart, huitième et demi-huitième ; quant au denier, appelé aussi sterling, il valait 24 grains.

Le 28 septembre 1329 une nouvelle ordonnance règlementa la fabrication et la vérification annuelle des poids : ils devaient être

(1) Nous empruntons les éléments de cette éphéméride à l'étude de M. Devals *sur les anciens Poids et Mesures en usage dans la ville de Montauban*, publiée en 1866 dans les *Études historiques et archéologiques*, p. 115.

tous marqués aux armes du Roi et de la ville, et leur série commençait au quintal pour finir au seizième d'once. Tous ces poids étaient en bronze à partir de celui de 4 livres, qui était payé 10 sous tournois au fabricant ; la livre coûtait 3 sous et les autres subdivisions en proportion ; 1/16e d'once, en étain, était fixé à 1 denier tournois. L'estampillage annuel avec une fleur de lys était taxé 1 denier tournois. Enfin, cette ordonnance édictait diverses peines contre les contrevenants.

Les étalons de 1329, dont il ne reste aucun exemplaire, furent en usage jusqu'à la fin du XVIe siècle. Alors on en fondit de nouveaux d'après le même système, en supprimant seulement le poids de 13 livres. Cette série, marquée d'une fleur de lys et du saule, comprend : le quintal de 104 livres; le demi et le quart de quintal ; trois poids de 10 l., 6 l. 1/2 et 4 l. Elle est complète aux Archives municipales.

Les poids en forme de disque eurent plusieurs émissions, depuis les étalons mentionnés dans la charte de Bioule de 1273, et ceux de 1329 qu'on n'a pas retrouvés ; puis viennent les séries de 1347 et 1365, portant les armes d'Angleterre écartelées de France, et dont la collection Barry, de Toulouse, possédait deux exemplaires : l'émission de 1380 a complètement disparu. Au XVIe siècle nous avons les poids de 1569, 1572, 1574 et 1579, dont la forme est très-élégante ; l'étalon de 10 livres a toujours le même poids et correspond à 4 kil. 385 grammes.

On sait que Louis XI « désiroit fort qu'en son royaume on usast d'une coustume, d'ung poids, d'une mesure. » Louis XV, qui le désirait aussi, ordonna, le 16 mai 1766, qu'il serait envoyé dans les principales villes du royaume des étalons matrices de la livre poids de marc, de la toise de 6 pieds du roi et de l'aune de Paris, avec leurs divisions. Le 15 mai 1779, le sr Chemin, balancier-expert, vérifia et étalonna, à Montauban, cinq poids ronds, de 5, 10, 25, 50 et 100 livres, le tout de cuivre, sur le poids original de France. Cette série est complète aux Archives et chaque étalon porte les armes de la ville, sa valeur, ainsi que la date de l'étalonnement. Le poids de 10 livres correspond à 4 k. 895 grammes.

Sur trois des étalons en bronze des mesures pour grains on voit les armes de la ville, à la date de 1590, et les indications suivantes :

coup, *demi-coup*, *cart de coup*; le 4°, qui est *1/4 de coup*, n'a pas d'inscription. La première de ces mesures donne 3 litres 38 centilitres ; par conséquent, comme l'ancien setier de Montauban contenait 2 sacs, le sac 2 rases, la rase 8 coups, le sac répondait à 108 litres 16 centilitres, et la rase à 27 litres 64 centilitres.

Enfin, les mesures pour le vin, également en bronze, ont la forme d'un cône tronqué ; on en compte trois : le *quart*, le *demi quart* et le *pouchon*, ayant tous les armes de la ville au centre d'un médaillon, où est gravée en creux l'inscription *vy*, qui signifie *vin*. Le *quart* contient 1 litre 85 litres ; le *pouchon*, 0 litre 4,625.

Les anciens règlements exigeaient que les mesures pour le vin fussent en étain ; cependant les marchands en détail étaient autorisés à avoir des bouteilles de verre à grosse panse et à col évasé ; mais ces bouteilles devaient être étalonnées et marquées avec un cercle en fer blanc aux armes de la ville, sous peine d'amende de 100 livres. Un anneau de fer blanc soudé autour du cou indiquait la hauteur du liquide afin que la mesure fût exacte.

Septembre 1621. — *Siège de Montauban* (suite).

VI. — *1er septembre.* — *Les assiégeants ouvrent le feu de toutes les batteries.*

Lorsque les assiégeants eurent tout disposé, le canon commença à foudroyer la ville de toutes les batteries à la fois. Le feu fut partout très-vif. On remarqua que deux boulets partis à la fois, l'un du côté du Moustier, l'autre de celui de Montmirat, poussés par des forces égales, se choquèrent en l'air au-dessus de la ville, et tombèrent en éclats dans une rue sans blesser personne. La batterie du quartier de Montmirat semblait promettre le plus grand effet, lorsque sur les 9 heures du matin l'activité en fut suspendue ; un canon creva et mit le feu à douze milliers de poudres qui étouffèrent tous ceux qui se trouvèrent auprès. Le vent ayant porté les étincelles sur les canons même, ils éclatent et détruisent la plus grande partie des gabions. Les assiégés profitent de ce désordre ; ils font une sortie sur le régiment de Chappes, qui gardait la tranchée. Mais à la vue de deux compagnies de Gardes Françaises d'un côté, et de deux compagnies de Suisses de l'autre, ils craignent d'être enveloppés, et rentrent dans la ville.

Vers 3 heures, le feu prit aux poudres de la batterie de Mayenne, et brûla le marquis de Villars, le comte de Ribérac et tous ceux qui faisaient le service.

VII — 4 septembre. — Le marquis de Thémines et le comte de Bourfranc sont tués à la corne de Montmirat.

Le marquis de Thémines à la tête de 30 mousquetaires, de 12 soldats portant des échelles, et de 4 gendarmes de la compagnie du duc de Mayenne, suivis d'environ 120 gentilhommes volontaires débouche sur la tranchée avec impétuosité. Cette troupe est suivie d'une seconde, et toutes les deux sont soutenues par les régiments de Francou, de Suzes, de Lauzun et de Toulouse. Les deux troupes se séparent aux approches du fossé. Celle que commandait le marquis de Thémines est à peine au bord, qu'elle essuie une décharge violente de ceux qui gardaient la contrescarpe. Thémines est tué, et les mousquetaires sont tellement consternés de ce fatal accident, qu'ils s'arrêtent et refusent d'avancer. Les gendarmes et les volontaires prennent aussitôt leur place, sautent avec courage dans le fossé, chassent les soldats postés dans la casemate, et placent les échelles contre l'épaule du bastion : elles se trouvèrent courtes de 4 pieds. Le capitaine Pierre accourt aussitôt, se précipite avec fureur sur le petit nombre de ceux qui étaient déjà montés, et, après une action opiniâtre, il les culbute dans le fossé. Mais le comte de Bourfranc est tué d'un coup de pistolet en défendant la brêche. Cette perte fut très sensible aux Montalbanais.

VIII. — 16 septembre. — Le duc de Mayenne est tué devant le bastion de Villebourbon.

Le duc de Mayenne, ignorant les négociations engagées secrètement entre le connétable de Luynes et le duc de Rohan, poussait ses travaux avec toute la vivacité que pouvait permettre le peu de troupes qu'il avait à ses ordres, déjà bien diminuées par les pertes faites aux attaques, les défections que facilitait le voisinage de Toulouse, et les maladies qui commençaient à régner dans son camp. Sa grande batterie tonnait toujours contre la demi-lune et le grand bastion de Villebourbon, et la petite battait le demi-bastion du côté de la rivière, sans pourtant interrompre le travail de la mine qu'il pressait sans relâche.

Le duc de Guise, son cousin, le comte de Schomberg et quelques autres voulurent voir de près l'état de son attaque ; Mayenne les mena à la grande et à la petite batterie. Il leur fit même part de l'assaut qu'il avait résolu de donner le lendemain. Les assiégés apercevant, en effet, à cet endroit plus de mouvement qu'à l'ordinaire, redoublent leur feu : le duc en devient la triste et malheureuse victime. Comme il regardait entre les deux piquets d'une palissade, il est atteint à l'œil, par une balle qui le renverse. Ainsi périt ce Prince brave, mais dont la prudence n'égalait pas le courage. Le Roi nomma pour le remplacer le duc de Guise, qui refusa de se charger du commandement ; il fut donné au maréchal de Thémines, aussi courageux que Mayenne, mais non plus circonspect. On disait de lui, qu'il *n'avait jamais compté les ennemis, et qu'il lui suffisait de savoir où ils étaient.*

IX. — 20 *septembre*. — *Les femmes se distinguent à la défense du bastion du Moustier.*

Les Montalbanais font une sortie du côté de Montmirat et pénètrent jusqu'à une batterie où ils mettent le feu. Après une assez vive canonnade, les assiégeants font jouer, sous la demi-lune du Moustier, une mine qui enlève deux sentinelles et emporte le réduit. Ils montent à l'assaut avec tant de fureur, qu'ils chassent les assiégés de la barricade et du retranchement, et parviennent dans le bastion. Des soldats frais prennent la place de ceux qui avaient été repoussés, font reculer les royalistes à leur tour. Ceux-ci reviennent cependant à la charge, et regagnent le bastion jusqu'à trois fois. Les assiégés, ranimant toutes leurs forces, et suivis par une multitude de femmes qui, aguerries par les assauts précédents, lançaient les feux d'artifice et les pierres avec la plus grande intrépidité, la pique à la main disputaient de valeur avec les soldats, les en chassent encore, et en restent les maîtres. L'histoire a conservé le nom de Jeanne Pauliac, fille d'un orfèvre et Guillaumette Gasc, qui, après avoir combattu avec courage, y finirent leurs jours. La dernière, toujours aux premiers rangs, tua à coup de piques deux officiers ennemis, et fut tuée à son tour d'un coup de mousquet en poursuivant les fuyards. Le public fit les frais des funérailles de ces deux héroïnes montalbanaises. Cet assaut, violent et meurtrier, dura six heures, et coûta 400 hommes aux royalistes ; les Montalbanais y perdirent environ 30 hommes. Reyniès et la Rivière y furent blessés.

X. — 25 septembre. — Explosion d'une mine à la corne de Montmirat.

Le connétable de Luynes fit jouer une grande mine à trois branches à la corne de Montmirat. L'explosion en fut si terrible, que toutes les maisons de Villenouvelle s'ébranlèrent. La terreur se répandit dans la ville, et tout ce qu'il y avait de brave se rendit promptement sur les lieux. On croyait le mal bien plus grand : la grande masse de terre qui formait la pointe de la corne, ayant été enlevée, retombe sur la tranchée, et écrase deux compagnies du régiment de Chappes et les volontaires qui devaient donner les premiers ; ceux qui montent à l'assaut, trouvent la brèche si escarpée qu'elle est impraticable. Le maréchal de Chaulnes, qui commande l'attaque, ne veut pas reculer, et laisse ses gens exposés aux feux d'artifice qu'on leur jete à plomb, et à la mousqueterie qui les prend en flanc ; il y périt une grande quantité d'hommes.

Las cependant de la longueur de ce combat, le capitaine Bardon-Lalane fait une sortie, tandis que France et Trabuc franchissent les barricades, pénètrent aux batteries, et engagent trois actions en même temps. Bassompierre, à la tête de deux compagnies des gardes, joint Bardon et, après une mêlée assez vive, le force à rentrer dans la ville. Il court ensuite à la batterie dont France et Trabuc avaient chassé la garde, et qu'ils avaient embrasée. Il les repousse à son tour, aidé par deux nouvelles compagnies que lui avait envoyées le maréchal de Praslin; mais, malgré ses vigoureux efforts, les Montalbanais emportent plusieurs sacs de laine et de poudre.

XI: — 27 septembre. — Secours envoyé par le duc de Rohan.

Un millier d'hommes, conduits par Beaufort, passèrent le Tarn à Gaillac et arrivèrent à Saint-Antonin, où ils furent divisés en trois corps, et suivirent la grande route qui leur parut devoir être moins gardée que les chemins de traverse. En effet le premier corps entra à Villenouvelle sans avoir été aperçu, mais le second tomba dans une embuscade et le troisième fut forcé de se disperser dans les bois. Grâce à la lueur des feux allumés sur les remparts, un grand nombre gagnèrent la ville isolément. Au total, environ 500 hommes avec sept drapeaux vinrent au secours des assiégés ; 300 furent faits prisonniers et le restant périt ou fut dispersé.

De leur côté, les assiégeants reçurent un renfort de 3,000 hommes dont ils avaient grand besoin. (*A suivre.*)

Octobre.

1 octobre 1341. — *Guasbert-Duval, de Donzac, archevêque de Narbonne.*

Guasbert-Duval, originaire de Donzac, paroisse du diocèse de Montauban, était évêque de Marseille et camérier du pape lorsqu'il fut nommé, le 18 juin 1322, vicaire général avec autorité spirituelle et temporelle sur le diocèse d'Avignon, par Jean XXII, qui se réserva de l'administrer lui-même.

Notre compatriote quitta Avignon en septembre 1323 pour monter sur le siége archiépiscopal d'Arles, d'où il passa à celui de Narbonne le 1er octobre 1341.

Dans un grand concile qui eut lieu au monastère de Saint-Ruf, et auquel assistaient trois archevêques et onze évêques, la présidence fut donnée à Guasbert-Duval, qui présida aussi, le 25 avril 1337, un nouveau concile tenu dans le même monastère, et où l'on comptait dix-sept prélats parmi les assistants.

Il mourut en décembre 1346.

D'après l'*Armorial du diocèse d'Avignon*, publié par la Société française de numismatique et d'archéologie, l'archevêque Guasbert-Duval avait pour armes : des gueules à trois fasces d'argent.

3 octobre 1760. — *Le colonel Jacques Boudet, né à Caussade.*

Jacques Boudet, né le 3 octobre 1760, à Caussade, s'engagea d'abord comme soldat dans le régiment de Bourgogne-cavalerie le 22 novembre 1777, mais après quelque mois acheta son congé. Rentré dans ses foyers, son goût pour la carrière des armes se réveilla bientôt, et le 24 juin 1778 il entra simple dragon dans le régiment de Belzunce. Le 26 août 1781 il acheta de nouveau son congé. Lorsque la Révolution éclata, Boudet reprit les armes. Il fut placé avec le grade de lieutenant de cavalerie dans la légion des Alpes, dite de Montesquiou, le 3 mai 1792, et fit la campagne de cette année à l'armée des Alpes.

Capitaine le 14 mai 1793, dans le même corps, devenu 14e régiment de chasseurs à cheval, il prit part aux guerres de 1793 à l'armée des Pyrénées-Orientales, et se distingua particulièrement à l'affaire qui eut lieu contre les Espagnols, le 18 août 1793. Nommé chef d'escadron le 14 ventôse an II, il reçut l'ordre, le 4 floréal suivant, de marcher à l'ennemi à la tête de l'avant-garde avec deux pièces d'artillerie légère. Il pénétra dans le quartier général espagnol, s'empara d'un grand nombre de prisonniers, de 200 pièces de canon et de tous les équipages de l'armée ennemie. Le général en chef Dugommier le porta à l'ordre de l'armée, après lui avoir adressé des félicitations publiques sur le champ de bataille témoin de ses exploits.

De l'an III à l'an V, Boudet servit aux armées des côtes de Brest et de Cherbourg, au camp de Grenelle sous Paris, et sur les côtes d'Angleterre (département du Pas-de-Calais).

Passé à l'armée d'Italie, il y fit la guerre pendant les années 1798 à 1804, et fut nommé chef de brigade du régiment dans lequel il servait, le 5 fructidor an VI (22 août 1798). Il faisait partie de la division Victor lorsque le 14 brumaire an VIII (5 novembre 1799), séparé du reste de l'armée et ayant tenté plusieurs fois de traverser la ligne ennemie pour rejoindre sa division, il se vit sur le point d'être fait prisonnier. N'écoutant que son courage, et sans faire attention à la supériorité numérique de l'ennemi, il ordonna à sa troupe de franchir le torrent de la Stura à peu de distance de Coni et sous le feu de l'artillerie, tomba sur les Autrichiens, en fit un carnage épouvantable, et parvint à se dégager sans avoir éprouvé de grandes pertes.

Membre de la Légion d'honneur le 19 frimaire an XII (11 novembre 1803) et officier de l'ordre le 25 prairial suivant (14 juin 1804), il fut désigné par l'Empereur pour faire partie du collége électoral du département de Tarn-et-Garonne.

Atteint d'infirmités précoces, le colonel Boudet prit sa retraite le 15 décembre 1805, et se retira à Caussade, son pays natal, où il mourut le 25 mai 1840.

3 octobre 1818. — Donation à la ville de Montauban, par Pierre Espieute, pour l'établissement des Frères.

Le 27 juillet 1742, Germain Espieute, maître plâtrier à Montauban, originaire de Ricaud, diocèse de Saint-Papoul, présentait au baptême, dans l'église Saint-Jacques, son fils Pierre, dont Marque Massip, sa femme, avait accouché le 25. Cet honnête travailleur envoya son enfant à l'école de Frères, établie à Montauban depuis quelques années (1), et lui inspira ses habitudes d'économie, auxquelles il devait d'avoir pu se faire une modeste position.

Après avoir travaillé avec son père, Pierre Espieute s'adonna à la vente des meubles, alors plus lucrative qu'aujourd'hui, parce que les concurrents n'étaient pas aussi nombreux. Plus tard il y ajouta, dit-on, encore le commerce des cuirs et des fournitures nécessaires aux cordonniers.

N'étant pas marié et vivant sagement, Espieute augmenta son patrimoine assez rapidement, et à l'âge de cinquante ans il possédait une soixantaine de mille francs, somme importante à cette époque, surtout pour un industriel aussi économe. On le croyait même beaucoup plus riche, ce qui, d'après la tradition, excita la convoitise des malfaiteurs. Une nuit de Noël, pendant qu'il assistait aux offices, on s'introduisit dans sa maison, où l'on enleva une somme assez forte ; au lieu de se décourager, il travailla avec une nouvelle ardeur, et s'imposa une plus grande économie afin de ne pas être forcé de renoncer à quelqu'une des bonnes œuvres auxquelles il était associé.

En 1791, personne ne vit chasser les Frères avec plus de regret que Pierre Espieute, qui n'avait pas oublié ses bons maîtres : aussi, lorsque la liberté fut rendue au culte catholique, il prit la résolution de consacrer au rétablissement de ces modestes instituteurs, une partie de sa fortune, dès que les circonstances seraient favorables.

Le 3 octobre 1818, pardevant Me Franceries, notaire à Montauban, Pierre Espieute, propriétaire, fit donation pure et simple et irrévocable à la ville de Montauban, pour elle acceptant M. du Moulinet de Granès, maire, d'une maison avec jardin et dépendances, située rue de la Fantaisie, faubourg du Moustier, la même que le donateur avait achetée le 2 juillet de la même année. Il s'engagea en même temps à faire à ses frais, jusqu'à concurrence de 5,000 francs, les réparations nécessaires pour approprier cette maison et ses dépendances à l'établissement chef-lieu des Frères des écoles chrétiennes de la ville pour l'instruction gratuite des

---

(1) Mgr de Verthamon établit les Frères à Montauban en 1742, — Voir l'éphéméride du 10 mai 1744. — A cette date nous avions annoncé pour le mois de juillet la notice que nous publions aujourd'hui.

enfants des habitants pauvres. Cet immeuble devait être exclusivement et à pérpétuité affecté à ces écoles, et entretenu en bon état par la ville, qui s'engageait à faire à Pierre Espieute une pension viagère de 600 francs.

Par le même acte, ce généreux citoyen donna à la ville quatre rases de parson sur les trois moulins de Montauban, dont il était possesseur, lesdites rases ne pouvant être vendues ni aliénées, et devant être jouies par les Frères après la mort du donateur.

Un de ses amis, M Frézières, désirant concourir aussi au rétablissement de ces instituteurs si populaires, céda gratuitement à la ville 11 ares 18 centiares de terre contiguë au jardin de la maison donnée par Espieute, pour être affectés au même usage.

Le conseil municipal approuva, le 5 octobre 1818, l'acte que nous venons d'analyser, et le Gouvernement lui donna également son approbation par ordonnance royale du 17 décembre suivant.

Après avoir ainsi généreusement concouru à l'instruction de la classe ouvrière dont il connaissait mieux que personne les besoins, Pierre Espieute donna 12,000 francs au grand Séminaire le 31 août 1824, pour la création d'un certain nombre de bourses gratuites destinées aux jeunes gens appartenant à des familles qui n'avaient pas les ressources nécessaires pour les entretenir pendant leurs études.

Quelques mois après, le 11 janvier 1825, Pierre Espieute terminait, à l'âge de 82 ans (1), sa longue existence, si bien remplie par les bonnes œuvres ; il n'avait cessé d'habiter sa maison de la rue du Temple ou de l'Horloge.

Dans la salle des délibérations, à l'hospice de Montauban, on voit le portrait des principaux bienfaiteurs de cet établissement. Nous regrettons que le portrait de Pierre Espieute, ou du moins une inscription placée dans la maison des Frères, rue de la Fantaisie, ne rappelle pas aux pères de famille le souvenir de ce généreux Montalbanais.

L'établissement des Frères fut rouvert le 27 mars 1820 ; il n'y

(1) Dans une notice biographique, M. Rey avait dit que Pierre Espieute était né le 14 juillet 1744 et mort le 14 mai 1825. Ces dates sont inexactes ; celles que nous indiquons ont été prises dans les registres de l'Etat civil, où Germain Espieute est désigné comme Mᵉ plâtrier, et non comme menuisier, ainsi que l'a écrit M. Rey.

eut d'abord que deux classes dans la maison de la rue de la Fantaisie, mais en 1821 deux autres classes furent ouvertes dans une partie du collége ; en 1825 le personnel fut augmenté de trois Frères pour établir une école à Villebourbon, dans la maison Bergis. En 1830 le local affecté à l'école chrétienne dans le collège reçut une autre destination, et en échange on installa les Frères dans une maison située sur le Fort ; leur classe est aujourd'hui dans la rue Mondésir.

En 1845 une école d'adultes fut annexée aux classes de la rue de la Fantaisie.

Depuis cette époque, une chapelle a été établie dans la maison des Frères, dont les constructions et le jardin ont été considérablement agrandis, notamment en 1844 et 1869.

Pour compléter cette éphéméride nous croyons devoir ajouter quelques lignes sur l'origine des écoles des Frères et sur les services éminents qu'elles rendent aux classes ouvrières.

L'institut des Frères des Ecoles chrétiennes, fondé en 1682, par le vénérable Jean-Baptiste de La Salle, chanoine de Reims, eut bientôt des établissements à Paris, à Laon et à Rethel. En 1694, Vaugirard devint le siége d'un noviciat, qui fut transféré en 1704 à Saint-Yon, près Rouen, où le vénérable fondateur de cette institution mourut le 7 avril 1719 en odeur de sainteté. Cinq ans après, le 7 février 1724, Benoît XIII approuvait l'institut déjà établi à Rome, et, en septembre de la même année, Louis XV accordait des lettres-patentes autorisant les pensionnats primaires et les écoles gratuites tenues par les Frères.

Obligés de se séparer, et proscrits en 1791, comme tous les prêtres et les religieux, ils allèrent en Italie, où le premier consul leur permit en 1800 de rouvrir deux de leurs maisons à Rome.

Après le concordat de 1802, ils rentrèrent en France et ouvrirent leur première école à Lyon : le 8 septembre 1805, un décret leur permit de reprendre l'ancien costume ; par décret du 17 mars 1808, l'institut des Frères, jusqu'alors seulement toléré, fut reconnu; en 1810 ses statuts furent légalement visés.

En 1817, le ministre de l'intérieur, dans son rapport à Louis XVIII, disait que la plupart des conseils généraux avaient rivalisé de zèle pour le rétablissement des Ecoles chrétiennes ; le 27 avril 1819 le conseil municipal de Paris plaçait le chef-lieu et le noviciat dans la capitale, où il est encore.

Un journal a fait remarquer, avec raison, qu'à Paris on a toujours vu les Frères, au plus fort des émeutes, traverser paisiblement et sans obstacles, pour se rendre à leurs écoles, les quartiers les plus tumultueux. « C'est que le peuple connaît les siens, et il a compris que parmi ceux qui travaillent sincèrement à son amélioration physique et morale, les Frères occupent incontestablement la première place.

« Si jamais institution a été conçue dans un véritable esprit d'égalité et au profit des classes populaires, c'est assurément celle des Frères. Là, des hommes simples, modestes, vertueux, ont renoncé à tout espoir d'avancement dans le monde pour se vouer tout entiers à l'éducation du prolétaire, polir la rudesse de ses mœurs, l'amener à la vie intellectuelle et morale, et l'affranchir des maux qui découlent de l'ignorance et du vice. »

4 octobre 1858 — Le docteur J. M. Combes-Brassard.

Né à Saint-Etienne de Tulmont, le 17 janvier 1780, J.-M. Combes-Brassard fit ses études à Montauban et suivit ensuite les cours de médecine à la faculté de Montpellier, où il passa avec distinction les examens pour le doctorat en 1802.

Au sortir de l'école, le jeune docteur obtint au concours la place de médecin des travaux du Simplon. Plus tard, il fut nommé médecin en second des hôpitaux de la marine militaire en Italie, fonctions importantes, qu'il remplit jusqu'en 1815.

Pendant son séjour à Milan, en 1811, le docteur Combes-Brassard avait fait paraître en italien, avec la traduction française en regard, un *Mémoire sur la fracture de l'Apophyse coronoïde du Cubitus.* — Milan, imp. Destefanis, 1811, in-8.

A la Restauration il rentra à Montauban, où il exerça la médecine, et publia un ouvrage spécial, fruit de ses recherches scientifiques et de sa longue expérience : *L'Ami des mères, ou Essai sur les Maladies des enfants.* — Paris, imp. Méquignon aîné, 1819, in-8.

Il publia aussi un petit Traité sur les Calculs salivaires (Marseille, 1824, in-8), et une Etude sur le Croup (Montauban, imp. Lapie-Fontanel, 1828, in-8°); cette dernière étude indique un traitement souvent employé avec succès contre cette maladie.

Octobre 1777. — Lettres de noblesse accordées à Dominique Lesseps.

La famille de Lesseps, originaire de Bayonne, a longtemps possédé et habité, au faubourg du Moustier, la maison Château, occupée aujourd'hui par M. le général commandant la 33ᵉ division militaire ; mais la plupart de ses membres ayant rempli d'importantes fonctions diplomatiques, sont nés à l'étranger.

En octobre 1777, Louis XVI accorda des lettres de noblesse « à Dominique Lesseps, ancien ministre de France auprès des Pays-Bas Autrichiens, issu d'ancêtres qui, tant du côté paternel que du côté maternel, ont tenu depuis longtemps des états honorables et ont occupé des charges distinguées. »

Né en 1715, Dominique Lesseps dressa en 1733, avec le gouverneur de Pampelune, le traité qui fixa à Ronceveaux la remise de la fille de Louis XIV, lors de son mariage avec l'infant don Pedro, duc de Parme. Il fut employé au règlement des limites de la France avec la République de Genève, chargé d'affaires auprès des États généraux à la Haye, et nommé en 1752 ministre près la cour de Bruxelles, poste très-important, qu'il occupa dignement pendant 13 années consécutives. Aussi le Roi, « par grâce spéciale, le décora des titres de noble et d'écuyer, pour lui, ses enfants, postérité et descendants mâles et femelles, nés et à naître en légitime mariage ; afin que, comme tels, ils puissent parvenir à tous degrés de chevalerie et autres dignités..., tenir et posséder fiefs, terres et seigneuries nobles ; porter des armoiries : d'argent à un cep de vigne de sinople, chargé de deux grappes de sable et surmonté d'une étoile d'azur. » Ces lettres furent enregistrées le 11 février 1778 à la cour des Aides de Montauban.

De son mariage avec Thérèse-Charlotte-Claire Duc, noble Dominique de Lesseps, seigneur de Colombier (près Caussade), naquirent plusieurs enfants, entre autres : le 6 août 1779, Anne-Charles, qui, après avoir été maire d'Oran, revint à Montauban et y mourut en 1864; et en 1774, Jean-Baptiste, sous-préfet de notre ville en 1814 et de Lombez en 1823, mort à Nogent après 1830. Mathieu de Lesseps, commissaire général des affaires extérieures en Egypte, né en 1774 à Hambourg, où son père était consul général, mourut à Tunis en 1832. Son fils Ferdinand de Lesseps, le promoteur du canal de Suez, est né à Versailles en 1805.

7 octobre 1793. — *Arrêté du Directoire du district de Montauban relatif au MAXIMUM.*

L'arrêté pris par l'Administration du district de Montauban pour fixer le maximum au plus haut prix des denrées et marchandises, conformément au décret du 27 septembre 1793 et à l'arrêté du Directoire du 7 octobre suivant, nous renseigne sur la manière dont la Convention entendait la liberté commerciale.

Voici le texte de cet arrêté, daté du 14 octobre 1793, et imprimé par Ch. Crosilhes, le 2ᵉ jour de la 1ʳᵉ décade du 2ᵉ mois de l'an II (23 octobre 1793) :

« Vu le décret du 29 septembre dernier ; l'arrêté pris le 7 octobre courant par le Directoire du district, pour inviter la Municipalité, le Comité de surveillance et la Société populaire de Montauban, à députer des membres pour aider l'Administration du district dans les recherches nécessaires à cette fixation ; vu la lettre d'invitation écrite en conséquence aux communes des chefs-lieux de canton pour nommer deux commissaires, afin de se concerter et de concourir à cette opération importante ;

« Vu le rapport des commissaires des différentes sections, chargés de prendre des renseignements sur les objets de première nécessité confiés à leur surveillance, et les observations des commissaires des Municipalités sur le prix des denrées et marchandises de leurs cantons respectifs :

« Le procureur-syndic entendu :

I. L'Administration du district, considérant que pour les objets provenans et consommés également dans tous les cantons, il a dû en être formé un prix commun, et que pour ceux qui n'ont de consommation que dans quelques-uns, ces derniers seuls ont pu émettre un vœu pour en régler le maximum ; qu'à quelque prix qu'il ait été fixé, ni le vendeur ni l'acheteur ne sont obligés d'aller jusqu'à ce prix, mais seulement qu'ils ne peuvent pas le dépasser ;

II. Considérant que les objets de première nécessité se divisent en une infinité de branches, qu'il eût été difficile de suivre dans toutes leurs ramifications ; qu'on a été convaincu qu'en fixant le plus haut prix des premières qualités, la proportion des prix avec les qualités inférieures s'établirait d'elle-même et naturellement ;

III. Considérant qu'il est des objets importans par eux-mêmes, qui n'ont pu être compris en détail dans le Tableau, au prix desquels il faut pourvoir par une mesure générale, mais qu'aucun des objets de détail, même minutieux, n'ont dû échapper à une taxe particulière parce que leur consommation se répète journellement;

IV. Considérant d'ailleurs que l'agiotage ne manquerait pas de s'emparer des denrées et des marchandises non comprises dans le Tableau, et que la Loi n'a voulu en soustraire aucune espèce au bénéfice dont elle entend que le peuple jouisse ;

V. Considérant que le prix étant réglé pour tout le District, il convient d'établir dans toute son étendue un poids et une mesure uniformes, et qu'en déterminant les prix on a eu égard à la plus grande quantité que donnerait la nouvelle mesure,

Iº. Arrête que toutes les denrées ou marchandises qui se vendront à la livre ou au quintal seront vendues au poids de marc ; que toutes celles qui se mesurent seront vendues et mesurées à l'aune de Paris, contenant trois pieds huit pouces ; que les vins, vinaigres, eaux-de-vie seront vendus à tant la velte que contiennent les vaisseaux où ces liquides seront renfermés, et que jusqu'à nouvel ordre le bois continuera d'être vendu à la canne, contenant en longueur et hauteur cinq pieds huit pouces, en profondeur trois pieds huit pouces, dans les lieux où cette mesure était en usage.

IIº. Arrête que pour les objets non compris spécialement dans le Tableau, soit qu'ils servent de matière aux fabriques ou autrement, le prix en sera réglé entre l'acheteur et le vendeur d'après celui de 1790, en y ajoutant le tiers en sus, déduction faite des droits auxquels ils étaient sujets ; et que tant ceux qui vendraient que ceux qui achèteraient au-delà de ce prix, encourent les peines portées par l'article VII dudit Décret.

IIIº Arrête que le prix des denrées et marchandises est et demeure fixé ainsi qu'il suit.

IV° Les Municipalités, en ce qui les concerne, veilleront à l'exécution du présent Arrêté ; invite les Comités de surveillance, les Sociétés populaires, tous les Sans-culottes et Montagnards de faire exécuter cette loi salutaire et d'en dénoncer les contrevenans. »

La place nous manque pour publier le tableau qui suit cet Arrêté et qui occupe 11 pages, dans lesquelles sont indiquées les marchandises et denrées, avec le prix de 1790, déduction faite des droits, e le *maximum* du prix de 1790, augmenté d'un tiers. Après avoir baisser les prix, le *maximum* causa le renchérissement de toutes choses, parce que les détenteurs préféraient le plus souvent les cacher plutôt que de les vendre, surtout quand on leur présentait des assignats, des billets de confiance ou des bons patriotiques, et malgré le décret du 11 avril 1793, qui prononçait la peine de 6 ans de prison contre quiconque acheterait ou vendrait des assignats au-dessous de leur valeur en argent, ou ferait une différence dans le prix des marchandises, selon qu'elles seraient payées en papier ou en espèces.

Dès le 15 novembre 1793, l'administration fut forcée de publier un tableau du *nouveau maximum* ; et après avoir taxé les marchandises, elle se vit dans la nécessité de tarifer la main-d'œuvre. Le prix du pain qui était de 2 sous 9 deniers la livre avant le *maximum*, atteignit aussitôt 5 sous 6 deniers, et le blé se vendait 52 fr. le sac. En août 1793, un franc en argent valait 6 livres en papier ; en août 1795, un louis représentait 1020 livres en assignats, et en février 1796 il atteignit jusqu'à 8,600 livres.

La Convention reconnut bientôt que les mesures restrictives avaient en dix mois tué le commerce, et un nouveau décret abolit le *maximum*. Le 16 juillet 1796 tous les décrets relatifs aux assignats furent également rapportés, et la loi du 21 mai 1797 les abolit définitivement.

7 octobre 1793. — *Les maisons de réclusion à Montauban.*

Trois couvents, dont les religieux ou les religieuses avaient été renvoyés le 1er octobre 1792, furent transformés en réclusion : le couvent de Sainte-Claire (aujourd'hui la Faculté), la maison des Dames-Noires et le couvent des Capucins (le Grand-Séminaire).

Le lundi 7 octobre 1793, la gendarmerie nationale conduisit

dans ces maisons sept charretées de citoyens ou de citoyennes.

Dans celle des Clairistes il entra 147 prisonniers du 23 septembre 1793 au 27 septembre 1794. La liste dressée par Quinquiry aîné, fabricant de faïence, un des reclus, indique la date de l'entrée et de la sortie. Nous y remarquons les noms des citoyens: Selves, Favenc et Lafon, hommes de loi ; Locrate, procureur ; Brun et Bagel, négociants ; Roques, arpenteur, et Guillaume Roques, de Monclar ; Bedué, docteur médecin à Molières ; Maffre-Capin, de Puylaroque : Aboulenc, de Montalzat ; Belvèze, Delbreil Meillan, Garrisson-Rigail, Teulières, d'Escorbiac, Mialaret, de Cruzy et Gatereau, de Montauban. Mais ce qui nous surprend, c'est d'y voir Garat, ex-constituant de Bayonne, un des hommes les plus violents de la Révolution, et dont l'incarcération eut lieu à Montauban le 14 octobre 1793: il avait été ministre de l'intérieur le 27 mai 1793, et, après avoir abandonné les Girondins le 31 mai, il se vit obligé, à cause de son incapacité, de se démettre de ses fonctions; plus tard il fut professeur à l'Ecole normale et à l'Institut. Il y avait en même temps parmi les reclus, Armand, ex-constituant d'Aurillac; Agel, administrateur de Narbonne, et six citoyens de Perpignan.

Le 25 janvier 1795 on fit sortir de prison les citoyens et les citoyennes qui étaient encore dans le couvent Sainte-Claire.

13 octobre 1793. — Destruction des Tableaux et Portraits de l'hôtel-de-ville

Le dimanche 13 octobre 1793, vers 10 heures du matin, on brûla sur la place tous les tableaux, portraits de rois et de princes, d'intendants et de consuls de Montauban, qu'on avait transportés, le 18 octobre précédent, dans la Maison commune de la rue de la Comédie, ainsi que tous les drapeaux de l'ancienne milice, qui avaient été déposés dans la ci-devant cathédrale.

Avant de brûler ces objets si précieux pour l'histoire, on les traîna dans les rues, et ils étaient couverts de boue ou déchirés, lorsqu'on les livra aux flammes.

14 octobre 1879.— Mort de Louis Belmontet (1).

En inscrivant dans nos éphémérides le nom de M. Louis Bel-

(1) Louis Belmontet naquit le 5 germinal an VI (26 mars 1799), à Montauban, où son père habitait le faubourg civique (Villebourbon), section des droits de

montet, nous n'avons pas l'intention d'écrire la biographie de notre regretté concitoyen. Les journaux de toutes opinions ont rendu justice, comme l'a déjà fait le *Courrier*, à son dévouement aux idées Napoléonniennes, à son désintéressement, et surtout à l'empressement qu'il mettait à rendre service à tous ceux qui s'adressaient à lui, sans se préoccuper de leurs idées politiques.

Nous bornant donc au rôle de bibliographe, nous signalerons toutes les productions littéraires de l'ancien député du Tarn-et-Garonne dont nous avons recueilli les titres. Mieux que toutes nos appréciations, cette longue liste, qui n'est peut-être pas complète, pourra donner une idée exacte des sentiments qui ont inspiré le barde Montalbanais pendant près de soixante ans, jusqu'au moment où sa vue, usée par le travail, ne lui a plus permis d'écrire.

Voici, classées par ordre chromologique, les œuvres poétiques de M. Louis Belmontet :

Epître à M. Joanny (Brisbard), acteur tragique. — Toulouse, imp. Benichet, 1819, 4 pages in-8.

La Mission, épître en vers. — Toulouse, imp. Benichet, 1819, 4 pages in-8. — Autre édition, imp. Vieusseux, 8 pages in-8.

Mon Apologie, satire. — Toulouse, imp. Bénichet, 1819, 7 pages in-8.

Talma, dithyrambe présenté à lui-même, le 26 mai 1819. — Toulouse, imp. Vieusseux, 1819, 8 pages in-8.

Malesherbes, dithyrambe, suivi des *Amours de Gallus*, églogue traduite de Virgile ; des *Malheurs de Parga*, poème, et de *Talma*, dithyrambe. — Paris, Ladvocat, 1821, 44 pages in 8.

Les Funérailles de Napoléon, ode, précédée de son éloge. — Paris, imp. Dupont, 1821, 16 pages in-8. — Cette ode parut sans nom d'auteur et eut trois éditions de suite.

Aux mânes du comte de Valence, ode lue dans la Loge écos-

---

l'homme. Les biographes disent que sa famille était originaire du Piémont et portait le nom de *Belmonte*. Nous croyons au contraire qu'elle habitait nos contrées : il y a eu, en effet, à Villemade, près Montauban, de 1627 à 1769, trois notaires de ce nom, dont les minutes sont aujourd'hui dans les archives du département de Tarn-et-Garonne. On sait aussi qu'il y a dans le canton de Monclar la commune de Belmontet.

saise de la grande commanderie, le 28 mars 1822. — Paris, imp. Guiraudet, 4 pages in-8.

Pierre l'Hermite, ode. — *Les petits Orphelins*; — *Le Chien de l'Aveugle*; — *Le Pélerin*. — Toulouse, imp. Dalles, 1823, 12 pages in-8. — Ces pièces sont aussi imprimées dans le Recueil de l'Académie des Jeux-Floraux, année 1823.

Les Tristes, poésies. — Paris, imp. Firmin Didot, 1824, in-12.

Les Funérailles du général Foy, député, ode. — Paris, Ponthieu, 1825, 16 pages in-8.

Le Souper d'Auguste, poème. — Imprimé dans le Recueil de l'Académie des Jeux-Floraux, année 1828. Toulouse, in-8.

Une fête de Néron, tragédie en cinq actes, en collaboration avec Alexandre Soumet. — Paris, 1829-1830, in-8, avec une lithographie. — Trois éditions. — Nouvelle édition, Paris, Barba, 1835, in-8 ; dernière édit. dans la *France dramatique* du XIXe siècle.

Le duc de Reischstad à Schœmbrun, poème épique. — Paris, imp. Selinger, 1830, 8 pages in-8.

Observations d'un patriote sur la brochure de M. de Châteaubriand au sujet du bannissement des Bourbons. — Paris, Levasseur, 1831, 176 pages in 8.

Le Batelier du Tage, poésie, imprimée dans la « Revue de Paris, » 1831, tome XXXI.

Le Buste, napoléonnienne. — Constance, 1832, in-8.

De la proscription, adresse à la Chambre des député. — Paris, Levavasseur, 1832, 76 pages in-8. — Deux éditions et une traduction anglaise.

Biographie de Joseph-Napoléon Bonaparte. Lettre politique à la Chambre des députés de 1830. — Paris, Levavasseur 1832, 86 pages in-8. — Cette lettre est annonyme; — la 2e édition porte ce titre :

Joseph-Napoléon jugé par ses contemporains. — Paris, Levavasseur, 1833, 52 pages in-8.

Hôtel Laffitte à vendre, ode. — Paris, Bousquet, 1833, 8 pages in-8.

Montézuma, tragédie. — La *Revue poétique* a publié en 1835 de longs fragments de cette tragédie, qui a été imprimée en 1869, sous le titre : *Les Enfants du Soleil.*

L'Arc de triomphe, ode. — Paris, Pezez, 1836, 8 pages in-8.

L'Empereur n'est pas mort, poème. — Paris, Bohaire, 1841, 13 pages in-8.

Les deux Règnes, poésies. — 3e édition, Paris, Tresse, 1843, in-8.

La Poésie de l'Histoire. — Paris, Dubochet, 1844, in-8.

L'Apothéose de l'Archevêque de Paris, ode. — Paris, imp. Maulde, 1848, 4 pages in-8.

Les Nombres d'or. — Paris, imp. Malteste, 4e édition en 1848, in-12.

Les Braves de l'Empire, — Paris, Mulet, 1850, in-8. — Autre édition, Paris, imp. impériale, 1853, in-8°.

Le cri de Vive l'Empereur ! ode. — Paris, imp. Chaix, 1850, in-8.

Waterloo, ode. — Paris, imp. Bonaventure, 1851, in-8.

La Saint-Napoléon, le 15 août 1852. ode. — Paris, imp. Santin, 1852, in-8.

Les Impérialistes, ou Une page d'histoire. — Paris, imp. Hennuyer, 1853, in-8.

Monk, ode. — Paris, imp. Santin, 1851, 4 pages in-8.

Poésie de l'Empire français. — Paris, imp. impériale, 1853, in-8.

L'honneur de l'Empire, chant national. — Paris, lithog. Delame, 1854, in-4.

La Campagne de Crimée, ode. — Paris, librairie nouvelle, 1854, 12 pages in-8.

La Constance des soldats français, ode. — Paris, librairie nouvelle, 1855, 11 pages in-8.

Sébastopol, ode dédiée au général Canrobert. — Paris, imp. Hennuyer, 1855, in-8.

Les Ambulances des batailles, ode. — Paris, imp. impériale, 1855, 7 pages in-8.

Le fils de Napoléon III, cantate, musique de la Reine Hortense. — Bordeaux, imp. Duviella, 1856, 6 pages in-8.

Le Luxe des femmes et *La jeunesse de l'époque*, satires. — Paris, Amyot, 1858, 31 pages in-16.

Poésies guerrières. — Paris, imp. impériale, 1858, in-8.

Les Napoléonniennes, poésies nouvelles. — Paris, Amyot, 1859, 39 pages in-8.

Odes nationales sur la campagne d'Italie. — Paris, Amyot, 1859, 39 pages in-8.

Les Funérailles du prince Jérôme Bonaparte, ode. — Paris, imp. Dupont, 1860, 4 pages in-8.

Les Lumières de la vie, maximes en vers. — Paris, 1861.

Iambes à Garibaldi. — Paris, imp. Hennuyer, 1862, 4 pages in-8.

Waterloo, fragment historique sur les Cent-jours — Extrait d'une brochure publiée en 1831. — Paris, imp. Hennuyer, 1862, 32 pages in-8.

Dieu le veut ! Croisade pour la Pologne, ode. — Paris, imp. Hennuyer, 1863, 8 pages in-8.

Les quarante mortels de l'Académie française dans cent ans. Première juvénalide, par Alceste. — L'auteur, M. Belmontet, annonce que 15 satires seront publiées. — Paris, imp. Hennuyer, 8 pages in-8.

Juvénalides : les femmes sont folles. — Paris, imp. Kugelmann, 1863, pages in-8.

Les Revenants, juvénalide. — Paris, 1864, imp. Hennuyer, 8 pages in-8.

Chants de guerre. — Paris, imp. Dupont, 1864, 8 pages in-8.

Poésie des larmes. — Paris, librairie internationale, 1865, in-8,

Les Nobles. — Paris, imp. Schiller, 1866; 8 pages in-8.

La Tragédie mexicaine. Maximilien, ode élégiaque. — Paris, 1869, imp. Kugelmann, 4 pages in-8.

Les Enfants du Soleil, tragédie en 5 actes. — Paris, Amyot ; Montauban, imp. Forestié, 1869, in-8.

Choix de Pensées et Maximes extraites de l'*Imitation* de Jésus-Christ, traduites en vers, suivies de *Mes Pensées*. — Paris, librairie Périsse, 1874, in-12.

M. Belmontet avait eu l'intention de publier dans sa ville natale ses œuvres dramatiques ; mais une seule, *Les Enfants du Soleil*, tragédie en 5 actes, a été imprimée à Montauban; deux autres sont restées inédites : *La Tragédie chez le Peuple*; drame en 1 acte, et *Les amitiés d'un Roi, ou le Ministre et le Favori*, comédie-drame historique en 5 actes.

Pendant qu'il représentait les arrondissements de Castelsarrasin et de Moissac au Corps législatif (1852 à 1870), M. Belmontet se préoccupa plus particulièrement de deux questions, sur lesquelles il fit des rapports ou prit la parole à la tribune: la demande de secours pour les anciens militaires, et la réclamation à l'Angleterre d'une créance de 62 millions qui auraient dû être remboursés à la France depuis 1816. Notre ancien député obtint justice pour les vieux soldats de la République et de l'Empire, mais la Grande-Bretagne fit la sourde oreille et le Gouvernement français ne put pas faire reconnaître cette dette. M. Belmontet présida plusieurs fois le banquet du 20 mars et y prononça des discours que nous avons recueillis, mais nous n'indiquons ici que ses écrits poétiques.

16 octobre 1730. — Antoine de Lamothe-Cadillac, fondateur de la ville de Détroit (Etats-Unis) (1).

Le 16 octobre 1730 mourait, à Castelsarrasin, Antoine de Lamothe-Cadillac, ancien gouverneur de cette ville. Voici son mortuaire, extrait des registres des actes de naissance, mariage et décès de la paroisse Saint-Sauveur, déposés aux archives de la mairie : « L'an mil sept cent trente et le seizième octobre, a été enseveli dans l'église des réverends Pères Carmes, Messire Antoine Lamothe-Cadillac, chevalier de l'ordre militaire de Saint-Louis, ci-devant gouverneur pour le roy dans la province de Louisiane, chef du Conseil supérieur de ladite province et ancien gouverneur de ladite ville de Castelsarrasin, décédé vers la minuit, âgé d'environ soixante-seize ans ; ont assisté au convoi Messieurs François Lamothe-Cadillac, son fils,

(1) Un de nos amis, M. L. T., de Castelsarrasin, nous a adressé, pour les Ephémérides du Tarn-et-Garonne, l'intéressante notice que nous publions. F. N.

et Jean-Pierre Descombels, soussignés avec moi. — Signés.
Albepar, prêtre-vicaire, François Lamothe Cadillac, Descombels. »

On ne peut affirmer qu'Antoine de Lamothe Cadillac appartienne par son origine, encore inconnue, au département de Tarn-et-Garonne, mais il avait fait de Castelsarrasin sa patrie d'adoption. C'est dans cette ville qu'il vécut et termina sa carrière. Ses cendres y reposent encore. Plusieurs des siens s'y marièrent et y naquirent. Il est juste d'en parler comme d'un des nôtres.

Des faits récents viennent de donner à ce personnage mystérieux une assez grande notoriété. Les Etats-Unis d'Amérique le réclament presque avec enthousiasme comme fondateur d'une de leurs villes importantes, et lui ont sans doute, à l'heure qu'il est, accordé des honneurs commémoratifs. Le *Sémaphore*, de Marseille, nous instruisait de ces dispositions par un article publié en février 1875, émanant du consulat américain, et dont nous donnerons un extrait : « La ville de *Détroit* (1), dans les Etats-Unis d'Amérique, a été fondée, il y a à peu près deux siècles, par un émigré français, Antoine seigneur de Lamothe-Cadillac, natif de Castelsarrasin (Tarn-et-Garonne). Le président de la

---

(1) Détroit est aujourd'hui la ville chef-lieu du Michigan, dans les Etats-Unis Elle est située entre le lac Saint-Clair et le lac Erié, sur le détroit River, par 85 18 de longitude et 42° 30 de latitude. Les Anglais la prirent en 1759 et la conservèrent jusqu'en 1795, époque où elle fut cédée aux Etats-Unis.

D'après le *Dictionnaire universel* de Larousse, la rivière Détroit fut visitée par les Français dès 1610; mais le premier établissement sur l'emplacement où s'élève actuellement la ville de Détroit, ne fut fondé qu'en 1701, par des émigrants français, sous la conduite de Lamothe-Cadillac.

Cette ville, qui s'étend sur près de 6 kilomètres sur la rivière de Détroit, compte 46,834 habitants. En 1805 elle fut presque complètement détruite par un incendie, et reconstruite sur un nouveau plan, conformément à un acte du congrès de 1806. Toutes les rues se coupent à angle droit, et leur largeur est de 15 à 16 mètres. On y compte 30 églises, plusieurs établissements hospitaliers, 32 écoles publiques et 22 écoles particulières ; il y a des maisons somptueuses et des hôtels considérables. On y publie 3 journaux quotidiens et 5 journaux hebdomadaires. Le sciage du bois, la construction des navires, des wagons, des locomotives, le travail du fer et du cuivre ont lieu sur une grande échelle dans cette ville, qui est le centre de toutes les transactions commerciales et le point de concentration de tous les produits agricoles du Michigan.

L'hiver est rigoureux dans cet Etat, et la glace est assez forte sur les rivières et les lacs pour supporter des traîneaux. En été, le thermomètre s'élève jusqu'à 22 degrés, mais il descend à 8° le matin et le soir.

société historique de Détroit, M. Bishop, s'est adressé à notre consulat dans le but d'obtenir la généalogie de la famille de ce fondateur, avec quelques renseignements sur les descendants qui pourraient encore habiter la France et qui peut-être auraient à lui fournir un portrait de leur illustre ancêtre. Le consul, heureux de seconder une initiative aussi généreuse, et voulant s'associer à la reconnaissance de ses compatriotes envers un Français, s'est adressé au maire de Castelsarrasin... Tous les renseignements peuvent être adressés au consulat des Etats-Unis d'Amérique à Marseille. »

Toutes les recherches faites à Castelsarrasin sur Antoine de Lamothe-Cadillac n'ont abouti qu'aux faits suivants : Sa première apparition dans cette ville est de 1722. Il y arriva comme gouverneur de la place. Ses lettres de provisions, données par le roi Louis XV, sont enregistrées dans les délibérations de la communauté à la date du 31 décembre 1722. Avant cette époque, on ne trouve trace dans le pays ni d'Antoine de Lamothe-Cadillac, ni d'aucune famille de ce nom.

Qu'était-il antérieurement ? Son acte de décès nous l'apprend en partie. Antoine de Lamothe-Cadillac avait gouverné la Louisiane pour la France et s'était signalé dans son gouvernement par des œuvres et des services qu'attestent les lettres de Louis XV. Mais comment de la Louisiane passa-t-il au pays des lacs voisins du Canada, et traversa-t-il, de l'ouest à l'est, à peu près toutes les possessions anglaises, aujourd'hui les Etats Unis, pour aller fonder dans le Michigan la ville de Détroit. Il y a là certainement pour les origines de Détroit et pour la biographie du fondateur un double intérêt très-puissant.

Quoi qu'il en soit, le président de la Société des pionniers de Détroit, M. Bishop, fixe en 1701 la fondation attribuée à Lomothe-Cadillac. Les nouveaux habitants, composés probablement en grande partie de Français, se groupèrent autour d'un château d'abord élevé par le fondateur, et baptisé du nom de Pont-Châtrain, lequel existe encore, dit M. Bishop, et se voit au bas de la rue Shelby de de la cité américaine.

Il est probable que de 1701, date de la fondation de Détroit, à 1722, époque de son arrivée à Castelsarrasin, l'existence laborieuse de Lamothe-Cadillac s'écoula en Amérique, si ce n'est à Détroit même.

Les services qu'il y rendit sont attestés, et peuvent en quelque sorte être mesurés par la reconnaissance des Américains, si énergiquement exprimée par leurs efforts et qui se traduit si honorablement dans la réponse du consul des Etats-Unis au président de la Société de Détroit, réponse où nous relèverons les notes suivantes qui la terminent : « Si je trouvais une copie du portrait, je ne manquerais pas de l'acheter et de vous l'envoyer. C'est certainement une légère peine, quand j'admire les sentiments qui vous portent à faire ces recherches dans l'intérêt de l'histoire ainsi que dans le but de récompenser le mérite, même au-delà de la tombe. »

A partir de décembre 1722 jusqu'à octobre 1730, Antoine de Lamothe-Cadilhac paraît avoir séjourné à Castelsarrasin, comme gouverneur du château et de la place. Quoique le château fût démoli, le titre était conservé. L'impopularité des fonctions représentant le pouvoir central, toujours en antagonisme avec l'autorité locale, était peut-être plus forte à Castelsárrasin qu'ailleurs. Antoine de Lamothe-Cadillac s'acquitta de ses fonctions difficiles avec une modération qui lui valut les sympathies des habitants et qui permit à ses enfants de contracter, avec les familles de la ville et du pays, les alliances les plus honorables.

C'est-à-tort que le président de la Société de Détroit ne lui attribue que deux enfants. Il en eut trois de son mariage avec dame Thérèse de Guyon : Joseph, François et Marie-Thérèse.

Joseph de Lamothe-Cadillac fut marié le 5 juin 1732 (voir l'acte, à la mairie de Castelsarrasin), à Marguerite de Grégoire, fille de messire noble Claude de Grégoire, chevalier de Saint-Louis, commandeur de l'ordre de Saint-Lazare, ancien gouverneur de Castelsarrasin, et de dame Marguerite de Buisson d'Aussonne. De ce mariage naquirent deux filles: Marie-Thérèse, deuxième du nom, et Marguerite-Anne.

François de Lamothe-Cadillac, le second fils d'Antoine, se maria, le 10 septembre 1744, avec Angélique Furgole, veuve de Pierre Salvignac, de Castelsarrasin, et fille de feu Jean Furgole, notaire à Castelferrus, et de Marie Dané. Angélique Furgole était la sœur du célèbre Furgole, ce grand jurisconsulte du XVIIIe siècle qui naquit aussi parmi nous (1). François de Lamothe-Cadillac ne laissa point de postérité.

Marie-Thérèse, sœur de Joseph et de François, fut mariée, par acte du 16 février 1729, avec noble François-Hercule de Pousargues, d'une ancienne et très noble famille de Castelsarrasin. Il était fils de noble Claude de Pousargues et de dame Jeanne-Marie de Calvet. Il n'y eut point d'enfant de ce mariage.

La descendance d'Antoine de Lamothe-Cadillac paraît s'être concentrée dans Marie-Thérèse, deuxième du nom, fille de Joseph de Lamothe et de Marguerite de Grégoire. On ne retrouve aucune trace de sa sœur Marguerite-Anne.

Marie Thérèse, deuxième du nom, s'était mariée et avait vécu à Castelsarrasin jusqu'en 1784. Elle avait alors cinquante-un ans. Elle comparaît, le 3 février 1784, devant Me Fontanié, notaire à cette résidence, et y dicte son testament public. Cet acte constate qu'elle avait fait alliance avec un membre de cette famille de Grégoire à laquelle appartenait déjà sa mère, veuve de Joseph de Lamothe-Cadillac, et qui vivait encore alors, car elle est gratifiée d'un legs par sa fille. Le testament prouve que celle-ci n'avait point d'enfants et laisse en outre supposer qu'il n'existait plus de parents de la testatrice du nom de Lamothe-Cadillac. En effet, après avoir nommé sa mère, elle institue pour son héritier universel Barthélemy de Grégoire, son mari, et en cas de prédécès de ce dernier, elle lui substitue M. Garry, son filleul et neveu, fils de M. Garry et de dame Marguerite de Grégoire, sœur dudit Barthélemy.

Marie-Thérèse de Lamothe-Cadillac, épouse de Grégoire, survécut longtemps à cette date de 1784. Mais elle fut forcée d'abandonner sa patrie. Veuve et accablée d'années, en butte aux coups de la fortune dont ses concitoyens ne purent sans doute lui adoucir les rigueurs, on croit qu'elle alla demander asile au sol hospitalier qui cent ans plus tard devait se souvenir encore de son nom et des services rendus par son aïeul. M. Bishop a découvert une lettre

(1) Furgole (Jean-Baptiste) naquit le 14 octobre 1690 à Castelferrus, de Jean Furgole et de Marie Dané. Ses biographes disent qu'il fit ses premières études à Castelsarrasin. — Voir sa notice dans la *Biographie de Tarn-et-Garonne*, t. Ier.

d'elle, signée de Grégoire, née de Lamothe-Cadillac, datée à Boston (Etats-Unis), du 29 août 1798.

Il reste à retrouver, pour donner satisfaction à la ville de Détroit, le portrait d'Antoine de Lamothe-Cadillac.

19 octobre 1592. — Le duc de Joyeuse noyé dans le Tarn. Cantique à Dieu sur la délivrance de Villemur.

A la nouvelle de la mort de Henri III, Thémines, sénéchal du Quercy, leva des troupes pour soutenir le nouveau roi Henri IV, et, réuni avec les Montalbanais qui avaient déjà pris l'écharpe blanche, il força les Ligueurs à abandonner toutes les villes de la contrée, excepté Cahors et Moissac. Notre cité devint alors une espèce de place d'armes, couvrant tout le pays, et permettant de lever des contributions jusqu'aux portes de Toulouse, au moyen de Villemur, qui était aussi royaliste.

Le duc de Joyeuse, qui commandait à Toulouse pour la Ligue, s'étant décidé à faire le siège de Villemur, se mit en campagne avec environ 5,000 hommes, Français et Espagnols, bien pourvus d'artillerie et de munitions, dont les magasins étaient à Castelsarrasin et Rabastens. Après avoir pris les châteaux de Montbartier, Montbéqui, Montbeton, et fait quelques dégâts dans la campagne autour de Montauban au mois de juillet 1592, ainsi que nous l'avons déjà dit (1), il alla camper devant Villemur.

A peine installé, il reçut la nouvelle que Moissac venait d'être pris par le duc d'Epernon, et il dut abandonner le siège de Villemur pour marcher à la rencontre des Ligueurs, dont il joignit l'arrière-garde à La Cour-Saint-Pierre, où il fut sur le point d'enlever deux canons aux Montalbanais.

Après ce succès, les Ligueurs ramenèrent leur artillerie devant Villemur, et en 5 jours ouvrirent une brèche assez considérable dans ses murailles pour en permettre l'assaut.

Mais, la nuit précédente, Thémines s'était introduit dans la ville avec 300 cuirassiers de Montauban. Aussi Joyeuse donna inutilement l'assaut, fut forcé de se retirer après avoir perdu beaucoup de monde, et se vit poursuivi par Thémines jusques dans ses retranchements.

(1) Voir l'éphéméride du 4 juillet.

Pendant la nuit du 18 au 19 octobre, le sénéchal du Quercy, averti que le camp des Ligueurs était attaqué par plusieurs capitaines venus de Montauban, sortit de Villemur et tomba sur l'artillerie ennemie. Joyeuse, voyant le danger, accourut pour la défendre; mais déjà ses soldats se débandaient, gagnant au pas de course la rive du Tarn pour se sauver par le pont de bateaux qu'on y avait construit. Malgré tous les efforts des chefs, les fuyards entraînèrent leur général vers la rivière et s'engagèrent sur le pont, qui se rompit sous leur poids. Presque tous se noyèrent avec Joyeuse ; le reste fut pris ou taillé en pièces. Les vainqueurs revinrent à Montauban avec toute l'artillerie et 22 drapeaux (1).

A l'occasion de cette victoire, on imprima à Montauban un *Cantique à Dieu sur la délivrance de Villemur, assiégée pour la seconde fois par le duc de Joyeuse, lequel y finit malheureusement ses jours le 19 octobre 1592.*

Cette pièce de vers n'a pas moins de 32 strophes, dont nous citerons quelques-unes pour donner une idée des compositions de ce genre vers la fin du XVIe siècle.

De tout mon cœur t'exalteray,
Seigneur, et si raconteray
Toutes tes œuvres nompareilles
Qui sont dignes de grand's merveilles.

Nos ennemis avaient rasé,
Maint fort et maint bourg embrasé,
Faisant la guerre en vrais Tartares,
Comme gens brutaux et barbares.

Deux fois à Villemur plantez,
Deux fois ils se sont mescontez ;
Mais surtout au dernier mesconte,
Ils doublent leur perte et leur honte.

Thémines, l'effroy d'un marquis,
Y ha sur un grand Duc acquis
Un laurier de longue durée
Pour avoir la place asseurée.

Mais nonobstant ce bon secours,
Il faut (disoit ce Duc rebours)
Que Ioyeuse meure, ou Themines,
Avant que ce jeu se termine.

Il voit Melsillak et Gourdon
Chambaut, Lecques et Montoison
Descendre tous à la poursuite
Des Ligueurs qu'ils ont mis en fuite.

Ioyeuse adonc tout estonné
De voir son camp abandonné,
Craignant une totale perte,
S'escrie (ferme) à gorge ouverte.

Mais il a beau se tourmenter,
Et sa fortune lamenter,
Chacun s'enfuit à vau de route,
Et n'y a pas un qui l'escoute.

Ains, comme cannetons espars
Tout saute en l'eau de toutes pars,
Qui à cheval, et qui à nage
Pour se garantir du carnage.

Ioyeuse s'enfuit avec eux,
Prenant un parti honteux,
Voire son espée il délaisse
Contre l'honneur de sa noblesse.

(1) Voir l'*Histoire de Montauban* et l'*Histoire de Querci*.

On ne voit adonc sur les eaux	O Dieu, merveilleux sont tes faits,
Que bras, que testes, que chapeaux,	Et les jugements que tu fais
Faisants tant de peuple dans l'onde	En toute sagesse et droiture,
Comm' un cahos du premier monde.	Sont admirables en nature.

Ce cantique est suivi d'un *sonnet sur l'endurcissement des Ligueurs* et d'un autre *sur la mort de Joyeuse* ; le tout est imprimé sur une seule page, grand format, avec encadrement. C'est une de ces feuilles qu'on désigne aujourd'hui sous le nom de complaintes, mais l'impression est très-soignée et l'on voit qu'elle a dû sortir des presses de Denis Haultin, quoiqu'elle ne porte pas le nom de cet habile imprimeur montalbanais.

20 octobre 1843. — *Louis Pernon, bienfaiteur de la commune de Lafrançaise.*

On ne saurait trop rappeler le souvenir des citoyens généreux qui disposent de leur fortune en faveur de leur ville natale ou d'adoption, pour y faciliter la création d'établissements charitables ou le développement de l'instruction publique. Aussi reproduisons-nous avec plaisir la note suivante, communiquée officiellement à l'*Echo de Tarn-et-Garonne*, qui la publia dans son numéro du 20 octobre 1843 :

« M. Louis Pernon oncle, propriétaire au Saula, vient de décéder, laissant 200,000 fr. de fortune. Il lègue l'usufruit de l'universalité de ses biens immeubles à son cousin Louis Pernon, et la nue-propriété de tous ses biens à l'hôpital et à la commune de Lafrançaise. Il lègue, en outre, 100 fr. au curé de Saint-Maurice, 100 fr. à celui de Lafrançaise, 100 au pasteur protestant de Meauzac et autant à celui de Lagarde.

« Les biens donnés à la commune de Lafrançaise doivent être spécialement affectés à un établissement public, ou vendus, de l'avis du Conseil, et les revenus appliqués aux pauvres de la commune.

« Ceux donnés à l'hôpital demeureront grevés d'une rente annuelle de 10 hectolitres de blé froment, qui seront donnés annuellement en dot ou supplément de dot à une jeune et jolie fille de Lafrançaise ou de Saint-Maurice, alternativement. Cette rosière sera au choix du maire et des administrateurs de Lafrançaise. Elle choisira le futur, mais ce choix sera soumis à l'agrément de l'administration, qui pourra le refuser, s'il n'est de bonnes vie et mœurs.

« De plus, il sera prélevé sur les revenus des biens donnés à l'hospice, et à perpétuité, les fonds nécessaires à l'éducation d'un garçon et d'une jeune fille au choix du conseil municipal ; et lorsque leur éducation primaire sera accomplie, ils seront remplacés par d'autres élèves. »

23 octobre 1679. — Le Cours Foucault. — Délibérations pour l'achat du terrain et le paiement des honoraires de l'arpenteur — Nécessité de conserver le tracé primitif de cette promenade, et de donner son entretien à l'adjudication.

Une des préoccupations de l'intendant Foucault, à Montauban et à Mont-de-Marsan, fut de planter des lieux de promenade dans toutes les villes où s'étendait son autorité.

Le 12 août 1679, M. l'Intendant se rendit à la séance du Conseil général de la ville pour lui faire une communication qui est consignée en ces termes dans le procès-verbal :

« Monseigneur Foucault a proposé qu'il serait nécessaire d'acheter la terre qui est au-dessus du pont Pelot pour faire un chemin commode pour la communauté, attendu que ce chemin, qui est aboutissant à la rivière du Tarn, est tout à fait pourry et gâté, dans laquelle terre il sera planté des ormeaux ; par ce moyen, ce sera un établissement pour la ville : auquel effet, le dit seigneur, par sa bonté continuelle, a offert de donner cent pistoles pour la décharge de la Communauté, et que pour le reste il sera pris et imposé par la Communauté pendant 3 ans ; et à ces fins il sera nécessaire de nommer des personnes à ce connaissant pour l'achat des terres nécessaires pour ledit embellissement.

« A été unanimement délibéré que le dit seigneur est très-humblement remercié par la Communauté de la continuation de ses bienfaits, et à cet effet qu'il sera imposé la somme de 1,000 livres en trois années consécutives, à commencer l'année 1680; la dite somme de 3,000 livres avec celle de 1,000 livres qui sera donnée par mon dit seigneur Intendant, être employée à l'acquisition des héritages qu'il conviendra d'acheter et autres dépenses qu'il faudra faire pour réparer le chemin, planter des ormeaux et transporter les terres nécessaires ; et pour cet effet la Communauté a nommé Mrs Delpéré, Marqueyret et Compaing pour convenir avec les propriétaires des terres du prix d'icelles; et en cas qu'ils n'en voulussent convenir à l'amiable, de nommer des experts tels qu'ils le trouveront à propos avec lesdits sieurs consuls et syndics de la dite Communauté ; comme aussi a délibéré que les proclamations pour faire le bail et adjudication des dites réparations seront faites audit Conseil de police, qui les fera adjuger au dernier moins disant sur le devis qui en sera fait par les entrepreneurs qui seront choisis par lesdits sieurs commissaires.

« Signés : Foucault ; de Latour, consul; Delpéré, Sr de Sainte-Livrade, consul; Barthe, consul; d'Espagne, vicaire général; Descuris, syndic; Choquette, syndic; d'Ouvrier, prêtre; Méric, de Molières, de Cathalla, Peironenc, Arnaud-Beauté, Borderies, Marqueyret, Compaing, Pécharman, Palis, Clairac, Birosse, Despart, Vignères, Lafon, Teysseire. »

Le 23 octobre 1679, M. de Latour, premier consul, annonça au Conseil que pour répondre aux intentions de M. l'Intendant, le sieur Rey, agrimenteur, avait arpenté 6 séterées (5 hectares 36 ares) de terre que la Communauté voulait acheter afin d'y établir une promenade. Pour faire ce travail cet arpenteur avait employé deux journées, dont il réclamait le paiement. Le Conseil décida qu'il lui serait délivré un mandement de 4 livres 10 sous.

La nouvelle promenade, créée il y a deux siècles, reçut le nom de Cours Foucault, en reconnaissance des nombreux encouragements que cet Intendant avait donnés à la ville de Montauban pour en faciliter l'embellissement.

En 1758-59, les ormeaux du Cour furent remplacés, et l'entretien des nouveaux fut donné pour 9 années aux conditions suivantes : Sur les 925 arbres de cette promenade ou de son avenue, on pensait que tous les ans il faudrait en remplacer une quarantaine, estimés 1 livre 10 sous chaque, y compris tous les frais de plantation, de tuteurs, etc. L'entretien consistait en *deux labours* par an pour les vieux arbres et *quatre* pour ceux qui avaient moins de 5 ans de plantation ; ces labours étaient faits sur quatre pieds en tous sens et sur la profondeur nécessaire afin de ne pas entamer les racines ; il fallait aussi tailler, élaguer et épuler les arbres, autant que de besoin pour former la tête ; ces frais d'entretien étaient portés à 1 sou 6 deniers par arbre. Pour ratisser quatre fois par an les promenades des Cordeliers et des Carmes, enlever les herbes et les immondices, le prix était de 50 francs. Philippe Guyot fut déclaré adjudicataire au prix annuel de 153 livres.

Nous croyons que l'entretien des promenades, donné par adjudication à nos horticulteurs, serait très-avantageux pour la ville. Et cependant nos consuls ne trouvaient pas que ce fût suffisant, puisqu'ils firent construire, sur le Cours, une maison d'habitation pour y loger un garde spécial.

Aujourd'hui il reste encore une centaine des ormeaux plantés en 1759, dont plusieurs très-beaux ; il serait fort regrettable qu'on les sacrifiât pour exécuter quelque projet plus ou moins grandiose et surtout très-coûteux. Avec quelques milliers de francs on pourrait et on devrait remplacer sans retard par des sujets, soit de la même essence, soit d'essences diverses, tous les arbres qui manquent. Dans tous les cas, il est important de ne pas dénaturer le plan primitif de cette promenade, plantée à la française, ce qui depuis deux siècles a permis d'y réunir, sans encombrement, la population montalbanaise toute entière, pour les fêtes politiques, les réjouissances publiques ou les grandes revues.

L'hiver va commencer, et malheureusement il sera pénible pour la classe laborieuse. Pourrait-on trouver une occasion plus favorable pour occuper, pendant la mauvaise saison, les ouvriers sans travail.

28 octobre 1842. — Une lettre d'Ingres.

Le Conseil municipal de Montauban ayant décidé d'acheter le buste d'Ingres, fait par Ottin, M. le Maire en informa le grand artiste, qui le 28 octobre 1842 lui adressa la lettre suivante :

« Monsieur le Maire,

« Je vous prie de vouloir bien agréer mes excuses sur le retard que j'ai mis à répondre à votre honorable lettre ; un travail et aussi la fièvre en ont été la cause. Permettez-moi donc de vous offrir ici, ainsi qu'au Conseil municipal, auprès duquel je vous prie de vouloir bien être mon interprète, l'expression des sentiments de profonde gratitude que m'inspirent les témoignages de bienveillance dont me comblent les magistrats de la ville où je me fais gloire d'avoir reçu le jour. Je suis vivement touché de la nouvelle preuve, si honorable pour moi, que vient de m'en donner le Conseil municipal de Montauban, en vous autorisant, Monsieur le Maire, à acquérir, pour le placer dans un des établissements publics de la ville, le buste que M. Ottin a fait de moi.

« Je ne sais vraiment, Monsieur le Maire, comment reconnaître tant et de si constantes bontés ; je ne vois qu'un moyen qui soit digne de mes honorables compatriotes : c'est de m'efforcer de les mériter chaque jour davantage.

« Veuillez agréer, Monsieur le Maire, la nouvelle assurance de mon profond respect et de ma considération la plus distinguée.

« Votre très-humble et très-obéissant serviteur.

INGRES. »

La lettre d'Ingres fut communiquée le 14 novembre au Conseil municipal, qui décida qu'elle serait transcrite dans le procès-verbal de la séance, comme témoignage de sa sympathie pour cet illustre compatriote.

Le buste en bronze d'Ingres, œuvre très-remarquable de l'un de nos meilleurs sculpteurs, est aujourd'hui conservé dans le Musée.

24 octobre 1796. — *Tableaux rendus à l'église Saint-Jean de Villenouvelle.*

Dans une pétition adressée aux citoyens administrateurs du département du Lot, les habitants de la paroisse Saint-Jean de Villenouvelle réclamèrent les tableaux qui décoraient leur église avant qu'on y établît un atelier de salpêtre ; sans cela, disaient-ils, leur église jouirait des avantages des églises de la ville et de Sapiac, retrouvées dans l'état où elles avaient été laissées au moment de leur fermeture.

Voici la liste des tableaux réclamés :

1. Saint Charles Borromée.   2. Un grand Christ.

3. Saint Dominique.
4. Saint Pie.
5. La Naissance du Sauveur.
6. L'Adoration des Mages.
7. Saint Martin.
8. Soint Michel.
9. L'Annonciation.
10. Saint Jean-Baptiste.
11. Sainte Barbe.
12. L'Adoration du très-saint-Sacrement.
13. La Sainte Vierge.
14. Saint Jérôme.
15. Saint Thomas d'Aquin.
16. Notre-Dame du Rosaire.
17. Saint Pierre, martyr.

Un arrêté du 3 brumaire an V (24 octobre 1796), pris à Cahors par les administrateurs du département du Lot, autorisa la remise de ces tableaux, et l'administration municipale décida, après vérification de la liste, le 28 frimaire an V (18 novembre 1796), qu'il n'y avait aucun inconvénient à les rendre, attendu qu'ils étaient déposés dans l'église Cathédrale depuis l'époque de leur enlèvement à Villenouvelle.

Il serait intéressant d'étudier ces tableaux pour en apprécier la valeur artistique.

Octobre 1661. — Translation de la Cour des Aides de Cahors à Montauban.

En établissant, au mois de janvier 1635, un bureau de finances à Montauban pour la commodité des habitants des onze élections des pays du Rouergue, du Quercy et de la Haute-Guyenne qui dépendaient de Montpellier, le Roi jugea qu'il était nécessaire de créer en même temps une Cour des aides et impositions, « afin de soulager ses sujets desdits pays, des incommodités qu'ils souffrent, et périls qu'il encourent, allant et venant de ladite ville de Montpellier, distante de 75 lieues, pour chercher l'expédition de leurs affaires. » Cependant diverses considérations retardèrent l'exécution de ce projet jusqu'au mois de juillet 1642. A cette date, un édit royal établit la nouvelle Cour à Cahors « pour connaître et juger souverainement et en dernier ressort en l'étendue des élections de Villefranche, Millau, Rodez, Cahors, Montauban, Figeac, Comminges, Rivière-Verdun, Armagnac, Lomagne et Astarac, qui composaient la généralité de Montauban.

Les Cours des aides connaissaient de toutes les matières civiles et criminelles concernant les aides, tailles, ponts et chaussées, crues, levées, impositions, gabelles, toutes denrées et marchandises, douanes, traite foraine et domaniale, octroi, subsides, contributions pour logements de gens de guerre, vérifications de chartes, privilèges et ennoblissements, exécution des baux, etc., etc.

L'édit de création porte que la Cour des aides de Cahors sera composée de : un premier président, trois autres présidents, vingt conseillers, deux avocats généraux, un procureur général, deux substituts, un greffier civil et un greffier des présentations, un greffier garde-sacs, un contrôleur des greffes, deux conseillers secrétaires, trois maîtres clercs, huit huissiers, trois conseillers receveurs, trois contrôleurs des consignations, trois conseillers payeurs des gages, trois commissaires receveurs de saisies, trente procureurs postulants, un buvetier garde des meubles et un concierge des prisons. Les présidents, conseillers, procureurs, avocats généraux, greffiers et secrétaires portaient la robe rouge ; leurs gages annuels étaient de 3,000 livres pour les premiers et descendaient à 300 pour les derniers ; les huissiers ne recevaient que 80 livres, le buvetier et le concierge, 50.

La Cour des aides fut installée à Cahors, le 10 novembre 1642, par l'intendant Jacques Charreton, en présence de Bossuet, Lo Franc, d'Hauteserre, Chomier, Lafage, Baudus, Guarric, Jaunon, conseillers, et Dominicy, procureur-général.

Un édit du mois d'octobre 1658 transféra la cour des aides de Cahors à Montauban ; mais aussitôt les membres de cette compagnie envoyèrent des députés au Roi pour lui exposer que cette décision causerait la ruine de la plupart d'entre eux, parce « qu'étant natifs et établis dans la ville de Cahors, ils ne pouvaient abandonner leurs maisons pour aller à Montauban, où les vivres sont fort chers, le louage des maisons de grand prix, la ville beaucoup plus petite et si pleine, qu'elle ne saurait loger une compagnie souveraine et toute la suite qu'elle attire après elle. » De son côté, la ville de Montauban fit représenter « le préjudice que cette nouveauté porterait à son commerce et le trouble qu'elle causerait aux ordres établis. » Aussi l'édit de 1658 fut révoqué au mois de juin 1659.

Deux ans étaient à peine écoulés, lorsque, informé des « entreprises et rebellions excitées depuis quelque temps à Montauban par ceux de la religion réformée, ce qui avait obligé d'en retirer l'Académie pour la mettre à Puylaurens ; et considérant qu'entre tous les moyens d'augmenter le nombre des catholiques de ladite ville, il n'y en a point de plus assuré que d'y transférer la Cour des aides de Cahors, » le Roi décida l'établissement de cette compagnie dans la ville de Montauban, qui « est d'un grand abord, de beaucoup de commerce, et située en lieu très-avantageux et abondant, et au milieu des onze élections qui composent la généralité. »

Cette fois l'édit royal fut exécuté malgré les réclamations, et la Cour des aides tint sa première audience à Montauban le 3 février 1662, dans une salle du Collége, en attendant l'appropriation de la maison Guichard Constans, louée 700 fr. par la ville. Ce vaste hôtel était situé sur la place des Nonnes (1) et la rue du Temple neuf ; aujourd'hui il forme la maison Philippe Delbreil, à l'angle de la place d'Armes ou de la Cathédrale, et la maison Saintgeniès, rue du Vieux-Palais : cette dernière rue porte ce nom depuis que la Cour des aides fut transférée dans l'hôtel bâti sur le quai et dont il ne reste que la partie appropriée pour le tribunal de commerce et le muséum d'histoire naturelle. Pendant la Révolution, le palais devenu libre par la suppression de la Cour des aides, fut transformé en club, et longtemps nos sociétés populaires tinrent leurs réunions dans les salles où la justice avait été rendue pendant plus d'un siècle. On établit même dans la grande salle une tribune pour les femmes : leur présence, il est vrai, causa bientôt des abus, qui forcèrent d'en interdire l'accès au sexe faible.

Octobre 1621. — Siége de Montauban (SUITE).

XII. — 1er *octobre. — Les négociations échouent de nouveau.*

Les conférences entre les assiégés et les représentants du connétable de Luynes n'eurent pas plus de succès que celle que le maréchal de Thémines eut à Villebourbon avec Constans et Leclerc, conseillers au Sénéchal, et Lavergne, consul.

Les Montalbanais répondirent toujours qu'ils ne pouvaient ni ne

(1) Voir l'achat de cette place en juin 1659, p. 83.

devaient traiter que pour toutes les Eglises réformées. Aussi, les négociations furent rompues par une sortie opérée à la Corne de Montmirat, et par de nouvelles mines que Thémines fit conduire sous le bastion déjà écorné. Les assiégés répondirent par une contre-mine, dans laquelle les mineurs des deux camps se battîrent à coups de piques. L'avantage resta aux assiégés.

XIII. — 4 octobre. — L'artillerie du quartier du Roi est portée au quartier du maréchal Saint-Géran.

Le Roi commençait déjà à avoir de l'humeur contre le Connétable qui l'avait engagé au siége, et témoignait une vive impatience de le voir finir. Il assembla ses généraux pour fixer avec eux le temps auquel on pouvait espérer de réduire la ville. Les officiers du quartier du Roi ne voulurent rien déterminer ; ceux du Moustier, plus hardis, à la tête desquels était le maréchal Saint-Géran, en garantirent la prise dans 12 jours si on augmentait leurs canons. On fit passer de suite à leur quartier toute l'artillerie de celui du Roi, où il ne resta que deux bâtardes. Dès lors vingt canons au Moustier battirent le bastion de Paillas et la vieille muraille que les assiégés terrassèrent avec soin. Entièrement occupés de cette grande batterie, en laquelle ils mettent toutes leurs espérances, les assiégeants abandonnent le grand fossé du Moustier, ouvrent une tranchée dans la plaine au-delà du Tescou, sous les ordres du marquis de Villeroi, et forment le dessein de la pousser jusqu'à un petit tertre un peu élevé pour y placer une nouvelle batterie.

XVI = 7 octobre. — Le Connétable et le duc de Rohan, dans leur entrevue à Reyniès, font un traité de paix qui n'est pas approuvé par le Roi.

L'activité de ces travaux n'empêche pas le connétable de tenir la voie des négociations toujours ouverte ; il propose une nouvelle conférence au duc de Rohan. Ils se rendent l'un et l'autre au château de Reyniès, et il ne tient pas à eux de terminer cette cruelle guerre civile.

Le duc de Rohan exigeait que tout le Languedoc fût compris dans le traité, et qu'on donnât une paix générale à tous ceux du Royaume qui étaient de la religion réformée. Le Connétable, après quelques difficultés, y acquiesça, mais ne voulut point signer le traité sans en avoir préalablement conféré avec le Roi. Il revient à Piquecos, assemble le Conseil, et, d'un air chagrin et embarrassé, reconnaît que des contre-temps fâcheux forcent de souscrire aux conditions posées par le duc de Rohan ; mais avec l'espoir que des circonstances plus heureuses permettront un jour de soumettre entièrement ces sujets rebelles et d'abattre leur fierté.

Cet avis était déjà adopté, et la paix allait être cimentée entre les deux partis, lorsque quelques membres du conseil s'y opposèrent. Le maréchal de Schomberg reprocha au Connétable d'avoir été le principal mobile de cette guerre, d'avoir accéléré le siége de Montauban, que la prudence peut-être demandait encore de différer. C'est au moment où cette ville va ployer, qu'on propose de conclure un traité honteux avec des sujets révoltés ! Si on attend quinze jours, Montauban sera rentré dans l'obéissance. « J'en jure sur ma tête, ajoutait le Maréchal, et je consens volontiers à perdre la vie, si l'événement ne justifie point ma parole. »

Cette promesse entraîna l'opinion du conseil, et le Roi ordonna de continuer le siége.

XV. — 10 octobre. — Les hostilités sont reprises.

Le duc de Rohan, instruit de ces dispositions, mande aussitôt à ses co-réligionnaires qu'il n'y a plus d'espoir que dans une vigoureuse défense. Les assiégés, à cette nouvelle, annoncent la rupture de la négociation par une de leurs mines qui joue à la corne de Montmirat et enlève un corps de garde des assiégeants trop avancé. Le soir même des grenades parties de la ville mettent le feu aux poudres près d'un corps de garde du Moustier, et le font sauter aussi avec plusieurs soldats. Les Montalbanais se défendaient avec d'autant plus d'opiniâtreté et de confiance, qu'ils étaient parfaitement instruits de l'état de l'armée du Roi. Elle dépérissait tous les jours, moins encore par les hasards de la guerre que par les maladies. Les assiégés regardaient comme une marque visible de la protection divine, d'en être exempts, et que la contagion n'eût pas pénétré jusqu'à eux. Jamais, en effet, il n'y eut moins de malades dans la ville que pendant le siége. C'était le fruit du bon ordre établi par le consul Dupuy, et de son attention pour la propreté des hôpitaux, la netteté des rues, et la surveillance des approvisionnements.

*XVI. — 11 octobre. — Les assiégés enlèvent une couleuvrine. — Le maréchal
de Thémines abandonne son commandement.*

Le travail souterrain des assiégeants n'échappait pas à la pénétration de Vignaux, qui en fut alarmé, et proposa d'éloigner l'ennemi, en faisant de fréquentes sorties et en ruinant ses travaux.

Le marquis de La Force et le conseil adoptèrent cet avis, aussi sage qu'éclairé. Aussitôt 300 hommes choisis, sous la conduite des capitaines Savignac, Durfort, Peyrebosc, Pascalet, Marmonié et Dupuy, forcent les corps-de-garde, comblent une partie de la tranchée, poussent les royalistes bien au-delà de la batterie, en brûlent les embrasures et partie des affuts, et se retirent enfin au jour, qui leur fit voir tout le camp sous les armes venant à eux. Néanmoins, pour trophée incontestable de cet avantage, ils emmènent leurs prisonniers, et emportent une couleuvrine, qui fut pointée de suite contre ses anciens maîtres. Cette action coûta beaucoup de monde aux assiégeants. Les Montalbanais y perdirent Peyrebosc.

La rude secousse que le maréchal de Thémines venait d'essuyer, lui fit craindre de succomber à une seconde ; les désertions et les maladies avaient presque entièrement ruiné son quartier. Il demande, mais inutilement, au Connétable un renfort de 7 ou 800 hommes. Le chagrin le consume ; il tombe dangereusement malade bientôt après, et laisse le commandement de son quartier aux comtes de Grammont et de Carmaing, ses maréchaux de camp.

*XVII. — 17 octobre. — Grand assaut en présence du Roi. —
Le ministre Daniel Chamier est tué.*

Les assiégeants cessèrent leurs tentatives contre la place, et les assiégés, occupés à se retrancher et à réparer les dommages causés par le canon, restèrent fort tranquilles aussi dans leurs murs. Mais avertis qu'on avait résolu de donner un assaut général le lendemain, et ne doutant pas que le plus grand effort ne fût dirigé contre le Moustier, où la brèche paraissait la plus grande, et contre le bastion du Paillas, dont les ennemis s'étaient fort approchés, au moyen d'une galerie couverte, ils placent 11 compagnies pour défendre deux de ces bastions, et en distribuent 4 autres dans les fossés et les casemates. Tous les postes sont également renforcés.

Le dimanche 17 octobre, tout se mit en mouvement dans les

différents quartiers de l'armée du Roi. On agit alors de concert pour la première fois ; et comme c'était au Moustier que devait se faire la principale attaque, le Connétable, qui en croyait le succès infaillible, y fit porter le dîner du Roi pour le rendre témoin du triomphe de ses troupes. Le feu redoublé de toutes les batteries annonça dès le matin ce grand jour aux assiégés.

Pour exciter l'ardeur des Montalbanais, les ministres se rendaient à tour de rôle sur les remparts. Vers 3 heures, l'un d'eux, le célèbre Chamier se trouvait à l'entrée du bastion du Paillas, lorsqu'un boulet de canon vint le frapper mortellement (1).

Dès que la mine a fait une grande brèche, les assiégeants montent valeureusement à l'assaut, et sont reçus de même. On s'y bat avec acharnement, et la nuit seule sépare les combattants. Les assaillants se retirent sans avoir pu empêcher les assiégés de barricader la brèche. Une femme surtout y étale une fermeté extraordinaire, digne des siècles héroïques. Un boulet brise dans ses bras une barrique qu'elle portait pour servir à former le retranchement. Sans s'étonner, et enflammée par le danger même, elle court avec précipitation en chercher une autre, qu'elle place elle-même.

Vers les quatre heures l'attaque fut auсssi dirigée contre Villebourbon. Une mine joue à l'épaule du bastion ; mais une partie de la terre enlevée retombe sur les royalistes, et en écrase plusieurs. Ceux qui montent à l'assaut, le soutiennent plus de 3 heures

---

(1) Nos historiens ne sont pas d'accord sur le jour et le lieu où Chamier fut tué. D'après l'*Histoire du Querci*, ce ministre périt au Moustier le 20 octobre.

H. Joly, dans l'*Histoire particulière* du siège, dit que Chamier fut tué d'un coup de canon à l'entrée du bastion du Paillas.

Dans son *Mémoire sur le siège*, Natalis écrit :

« Le 17 octobre, M. Chamier, ministre de ceste église, estant armé de cuirasse et d'une pique, s'estant levé sur un terrain près le bastion du Moustier, fut frappé du canon à l'endroit du ventre, duquel luy sortirent les boyaux. »

Dans le registre des sépultures des protestants, année 1621, on lit : « Le dix-septième octobre 1621 a esté enseveli le corps mort d'honorable homme M⁰ Daniel Chamier, ministre du Saint-Evangile, tué ce mesme jour au siége de la présente ville. » — Les noms des combattants qui périrent pendant ce siège ne sont pas inscrits dans le registre des sépultures ; une exception fut faite pour Daniel Chamier, ainsi que pour Gardesis, son collègue, pasteur de Villelongue, tué quelque temps après.

Né en Danphiné en 1564, Daniel Chamier fut nommé en 1612 professeur à l'Académie de Montauban et resta dans notre ville jusqu'à sa mort.

avec la même vivacité, et ne se retirent qu'après avoir vu périr plus de la moitié de leurs soldats.

Le Connétable avait aussi fait les meilleures dispositions au quartier du Moustier. 4,000 hommes choisis, et les chevaux-légers du Roi qui avaient mis pied à terre, devaient attaquer les bastions du Paillas et du Moustier par divisions de 200 hommes. Ils étaient déjà en mouvement, lorsque les généraux voulurent faire encore reconnaître la brèche. Lareyneville, lieutenant du maréchal de Saint-Géran, fut chargé de cet emploi important et délicat. Il vit d'abord avec surprise qu'on lui permît d'approcher tranquillement de la contrescarpe. Les assiégés n'étaient pas fâchés qu'il pût reconnaître le bon état de la place. D'après son rapport, le Connétable se contenta de faire marcher un détachement de 300 hommes pour attirer par là l'attention des assiégés, et favoriser les autres attaques. Le reste des troupes rentra dans le camp, et le Roi retourna à Piquecos, très-irrité de l'affront qu'il venait d'essuyer.

Ainsi finit ce grand assaut qui devait assurer la reddition ou la prise de la place. Le Roi y perdit plus de 800 hommes, et les Montalbanais n'en eurent à pleurer que 9 ou 10.

XVIII. — 21 octobre. — *Nouvelle sortie des assiégés.* — *Marthe Carnus encloue un canon des ennemis.*

Les généraux royalistes ne virent alors que trop quelle serait l'issue du siège. Néanmoins le travail redouble ; on s'efforce d'aplanir le tertre de la plaine du Tescou pour y placer une batterie de quinze canons, afin d'achever de détruire la vieille muraille. De leur côté les assiégés conduisent jusques sous le tertre une mine à laquelle ils mettent le feu, et qui rend inutiles les opérations des assiégeants ; en même temps, Damet, fils du marquis de La Force, à la tête de 500 hommes, sort à 2 heures du matin du bastion de Rohan, et fond sur le régiment de Picardie. Dès que l'action fut engagée, les capitaines Moncaud, Boutaric et Reyniès sortent aussi du bastion du Moustier avec 120 hommes, prennent les ennemis en queue et les dissipent. Les deux troupes réunies marchèrent à l'artillerie, que défendait une redoute gardée par les Suisses. Ceux-ci, forcés d'abandonner leur poste, sont poursuivis, jusques dans les tranchées par une partie des vainqueurs, tandis que les autres, avec un grand nombre de femmes chargées de paille et de diverses matières combustibles, se jetent sur la batterie, brûlent les affuts, et enclouent 3 canons. La fille d'un forgeron, Marthe Carnus, armée d'un marteau et de clous, saute courageusement sur un quatrième canon, le serre avec effort entre ses genoux, et l'encloue seule à la vue même de l'ennemi. Une action aussi éclatante ne fut point vue avec indifférence par les Montalbanais. Cette nouvelle amazone rentra dans la ville aux acclamations de tout le peuple, et reçut sur les deniers publics la récompense due à sa bravoure et à sa fermeté. Le conseil lui alloua 15 livres.

Une telle épouvante saisit alors les assiégeants, qu'avant de s'être reconnus, la première troupe des Montalbanais, qui avait entièrement renversé la batterie des ennemis, se retira emportant en triomphe un mortier du poids de cinq quintaux. La seconde troupe resta maîtresse de la tranchée jusques à 9 heures du matin. Cette action coûta aux royalistes 400 hommes tués ou mis hors de combat.

XIX. — *27 octobre.* — *Le connétable de Luynes essaie de renouer des négociations qui échouent encore.*

Les généraux se flattèrent en vain de ramener la fortune de leur côté par des mines multipliées, la plupart éventées, d'autres jouant sans effet, quelques-unes même plus nuisibles qu'utiles. Aussi tout ramenait le Connétable à la voie de la négociation. Il se servit, pour y parvenir, de Landresse, gentilhomme volontaire, attaché au marquis de La Force, et qui avait conservé des relations avec Marillac, et le baron de Montaut. Par son entremise, le marquis et son fils consentent à une entrevue avec le duc de Chaulnes, frère du Connétable. Ils se rendent, en effet, à la Maladrerie avec Viguery, consul ; Gardési, ministre ; Benoît et Lalane, syndics. Le duc de Chaulnes s'y rend aussi ; et après une courte conférence avec le marquis de La Force, auquel il adresse des reproches assez vifs, il parle d'un ton fier et colère aux députés de la ville, qui lui répondent avec énergie ; et l'on se sépare sans avoir pu s'entendre.

XX. — *28 octobre.* — *Les Montalbanais lancent sur les assiégeants une lourde machine remplie de feux d'artifice.*

Marillac, qui s'était toujours défié du succès des négociations, hasarde de placer la nuit trois nouveaux canons sur les débris du tertre renversé par la mine qui avait précédé la dernière sortie. Les assiégés, divisés en deux corps, font une nouvelle irruption. Le premier de ces corps se précipite sur le régiment de Champagne ; le second se jete sur celui de Villeroi s'avance jusques aux canons qu'il démonte, encloue une pièce, brûle les gabions, et se retire après avoir comblé une partie de la tranchée. Ces fréquentes sorties faisaient perdre bien du monde aux assiégeants, et retardaient leurs travaux; cependant les assiégés ne les voyaient pas sans inquiétude logés si près de leurs remparts, et presque attachés au corps de la place. Ils avaient souvent tenté de détruire leurs corps-de-garde au moyen de cercles à feu ; mais ces cercles étaient d'abord enlevés et jetés dans la rivière. Les Montalbanais alors imaginent une lourde machine à roues bien goudronnée et remplie de feux d'artifice. Ils y mettent le feu et la roulent sur ces corps-de-garde, qu'elle embrase en les écrasant par sa chute rapide et violente.

XXI. — 31 octobre. — La levée du siége est résolue.

Le chagrin du Roi et son impatience donnaient beaucoup d'inquiétude au Connétable sur le dénouement de ce long siége. Dans cette pénible perplexité, il assemble un conseil au quartier du Moustier, où tous les généraux sont appelés. Les avis furent d'abord bien partagés. Les uns pensaient qu'il fallait construire un fort au Moustier et deux autres à Montbeton et à Falguières, dans lesquels on mettrait tous les canons qui restaient, avec de bonnes garnisons pour serrer de près la ville, et lui intercepter tout commerce. Les autres trouvaient que ces précautions, nécessaires avant de former le siége, n'étaient pas praticables dans les circonstances actuelles. Ils représentèrent qu'il faudrait tenir une armée dans ces forts, que la saison avancée empêchait de bâtir avec solidité, et que les troupes fatiguées avaient besoin de repos. Le maréchal de Saint-Géran proposa de réunir tous les quartiers à celui du Moustier, et de continuer vivement l'attaque de ce côté. Le comte de Schomberg demande, alors d'un ton ironique, où l'on placerait la batterie. Le Connétable recueillit les avis, et tous s'accordèrent pour la levée du siége. Le Roi y adhéra, mais en témoignant beaucoup d'inquiétude. La résolution de lever le siége resta tellement secrète, que les assiégés l'ignorèrent absolument. (*A suivre*).

Mois de Novembre.

1er novembre 1632. — Louis XIII à Montauban.

Délivrés, par la paix, des fatigues, des troubles et des dangers dont ils souffraient depuis un demi siècle, les Montalbanais refusèrent de prendre part aux intrigues que le duc de Montmorency paya de sa tête sur l'échafaud de Toulouse, le 30 octobre 1632; ils envoyèrent même des députés à Louis XIII jusqu'à Narbonne, pour le remercier de leur avoir fait remise de tous les arrérages qui lui étaient dus, et en même temps pour le prier de venir visiter leur cité, en l'assurant qu'il y serait reçu avec allégresse.

De son côté, le Roi était désireux de voir par lui-même le changement qui s'était opéré, depuis le siége de 1621, dans l'esprit de ces hommes énergiques qu'il n'avait pu soumettre par les armes : aussi, lorsque le départ de Toulouse et le retour à Paris furent décidés, Sa Majesté se dirigea vers Montauban, tandis que la Reine prenait la route d'Agen, avec Richelieu et toute la cour.

Voici la relation officielle de l'entrée et du séjour de Louis XIII à Montauban, rédigée par les Consuls et transcrite sur le *Livre jaune* de l'hôtel-de-ville :

« L'an mil six cens trente deux et le premier jour du mois de novembre, en la ville de Montauban, environ l'heure de midy, nous Consuls.....(1)

Estant deuement advertis que nostre souverain et très chrestien prince Louys le juste, treitziesme du nom, par la grace de Dieu Roy de France et de Navarre, revenant de son voyage de Languedoc, estant party de sa ville de Toulouze et s'en retournant à Paris, voulant faire son entrée dans sa ville de Montauban, ayant au préalable faict sçevoir à nos depputez en la ville de Narbonne qu'il vouloict soulager son peuple des fraix à cause des calamitéz passées de peste, guerre et famine, et deffandict qu'il ne luy feut faicte aulcune entrée, serions montés à cheval par l'advis, vouloir et consentement de tous les habitans, estant vestus de nos robes et livrées con-

---

(1) Etaient consuls : Pierre de Subreville, procureur du Roi ; David Fournes, docteur et avocat ; Mailhard, marchand ; Jean Lugandi, notaire ; Claude Audemont, apothicaire ; Bernard Laborie, laboureur.

sulaires, suivant l'ordre de monseigneur d'Espernon, duc et pair de France, gouverneur et lieutenant-général pour le roy en Guyenne, et nous serions acheminés à la compaignie du dict seigneur duc, de messire Charles de Latour de Gouvernet, sénéchal du Valentinois et Diogs, marquis de Génébrières, et autres, grand nombre, tant de noblesse, tant de ceste province que des habitans dudit Montauban, jusques près le lieu de Bressols; et à ung petit chemin quy sépare les juridictions de Montauban et de Bressols ; auquel lieu nous estant arrestés avec lesdits habitans, ledict seigneur duc et toute la noblesse ayant passé oultre, environ quelques heures après Sa Majesté qui estoit dans son carrosse, en laquelle il avait faict entrer ledict seigneur duc d'Espernon, seroit arrivée près ledict petit chemin, suivye des régimens de ses gardes tant de cheval que de pied, et d'une grande multitude de noblesse, et nous dicts Consuls estant à la veue du Roy, ledict seigneur duc auroict dict à Sa Majesté. « Sire, voicy les Consuls de Montauban quy vous viennent randre leur debvoirs. »

Et à l'instant nous dicts Consuls assistés des dicts habitans, nous estans approchés de plus près de Sa Majesté, ayant mis les genoux à terre, ledict sieur de Subreville, premier consul, portant la parole auroict dict : « Sire, etc. »

(Ici manque l'arangue dudict sieur de Subreville, premier consul, quy n'a vouleu bailher icelle.)

A quoy le Roy nous auroict gratieuzement respondeu : « Messieurs, je vous remercie, scervez moy comme vous avez faict à ceste dernière action, et je vous témoigneray mon affection. »

Ce faict, avec tous les assistans, nous aurions avec une grande et joyeuse acclamation faict retantir le cry de vive le Roy ! et à l'instant, nous dicts Consuls et partie desdicts habitans, estans veneus en diligence vers la dicte ville, du costé du pont de Tarn, nous nous serions arrestés à la porte basse, faisant l'entrée de la ville, pour luy présenter les clefs de ladicte ville, et le poille que nous avions laissé en garde à ladicte porte à MM. de Brassard. docteur et advocat, Trabuc, Gineste et Comairas, quatre bourgeois d'icelle ville, et sa dicte Majesté estant arrivée près de ladicte porte, environ les quatre heures après midy, nous susdicts Consuls par la main dudict sieur de Subreville, premier consul, avec toute defférance d'honneur et de genoux, luy aurions présantées lesdictes clefs dans une bource de velours rouge-cramoysin, lesquelles furent agréablement reçeues par Sa Majesté, les ayant de sa main bailhées au seigneur de Sainct-Simon, ung de ses plus favoris ; et à mesme temps, nous dicts Consuls luy ayant présanté le poille garny de satin bleu avec clinquant d'argent, Sa Majesté nous auroict commandé de le porter et marcher devant ; ce qu'ayant faict jusques près l'église de Saint-Jacques de ladicte ville, Sa Majesté estant dessandue de carrosse, se seroict mise soubs le poille porté par nous dicts Consuls, jusques à l'huis de la porte de l'église où messire Anne de Murviel, évesque dudict Montauban, luy auroict faicte son arangue ; laquelle finie, Sadicte Majesté seroict entrée dans ladicte esglise suivye de grand nombre de personnes ; et peu de temps après la prière faicte, le Roy estant sorty de l'esglise, Sadicte Majesté se seroict remise soubs ledict poille que nous aurions continué de porter jusques audict carrosse, et de là Sadicte Majesté seroict allée prendre son logement à la maison du sieur d'Aliès près la porte de Montmirat, ayant esté dressés sur le chemin plusieurs arcs triomphaux, avec les armoiries du Roy audessus et celles de la ville audessoubs ; et pendant son chemin le peuple, les rues et fenestres des maisons en estant plaines avec difficulté de pouvoir passer à cause de la multitude, criant avec grande allégresse et d'ung cœur plain de joye et de contentement à quy mieux mieux : Vive le Roy! le devant de toutes les maisons estant tapissé et estant Sa Majesté le Roy descendu de carrosse, il se seroict encore mis soubs ledict poille, jusques au fondz de la basse-cour dudict logis, où il nous auroict dict : « Messieurs, je vous mercie. » Ce faict, ses valets de pied auroient prins ledict poille.

Et le lendemain bon matin, nous dicts Consuls, vestus de nos dictes robes et livrées consulaires, nous estant apostés dans le logis du Roy, nous estant mis à genoux, aurions donné le bonjour à Sa Majesté, laquelle estant sortie à pied, l'aurions accompaignée à l'esglise des Capucins qui est au dehors de la ville, du costé de ladicte porte de Montmirat ; et sa dévotion faicte, l'aurions encore accompaignée dans son logis, et les rues et pont dudict Montmirat estant couvers de habitans tant jeunes que vieux, hommes que femmes et de tous ordres, ils auroient tousjours pendant le chemin crié: Vive le Roy! en priant Dieu pour la santé et prospérité d'iceluy.

Et peu après le disner Sa Majesté seroit partye de ceste ville, ayant au préalable donné grace à plusieurs prisonniers, quy estoient dans les prisons dudict Montauban, lesquelles graces contenoient, entre aultres choses, qu'elles estoient concédées en considération de la joyeuse entrée que Sadicte Majesté avoict faicte audict Montauban; et prins le chemin de Cahours, où nous dicts avec nos dictes livrées et robes consulaires accompaignés de plusieurs habitans, l'aurions suivy peu de temps après son départ; et parce que le chemin estoit tout remply, y ayant grande difficulté de passer, estant rencontré que ledict sieur Lugandy, consul, estoit plus advancé que les autres, comme il feust environ demy chemin de ceste ville à Loubejac, Sa Majesté luy auroict dict: « Où allez-vous? » Icelluy auroict dict: « Sire, nous allons accompaigner votre sacrée Majesté. » Ce qu'enthendu par icelle, auroict dict aux seigneurs quy estoient dans son carrosse: « Ils vont jusques aux limites de la juridiction, n'est-il pas vray? » A quoy ledict sieur Lugandy auroict respondu: » Il est très vray, Sire. » Sadicte Majesté auroict aussy dict audict sieur Consul: « Me servirez vous fidellement? » A quoy fust respondu: « Sire, il n'y a ny mort ny vie, ny aulcune chose créée quy nous puisse distraire de la fidellité, obéissance et service que nous debvons à vostre Majesté. » Le Roy répliqua: « Le ferez vous de bon cœur? » Responce: « Pleust à Dieu, Sire, qu'il vous fist voir nos cœurs, car vous ne verriez en iceux que des caractères inneffassables d'obéissance. »

Ledict seigneur de Sainct-Simon dict: « Sire, voilà de bonnes parolles. » Sur quoy le Roy auroict dict: « Je leur ay pardonné de bon cœur tout le passé. » Et le seigneur de Liancourt luy dict aussy: « Sire, les huguenots et les ministres l'ont bien recogneu, vous ayant fidellement servy à ceste dernière action. » A quoy le Roy dict: « Il est vray, il est vray. »

Et après plusieurs autres propos, Sa Majesté estant arrivée au port dudict Loubejac et entrée dans ung batteau pour passer la rivière d'Avayron, ledict sieur Lugandy, consul, et quelques ungs desdicts habitans estant entrés dans ledict batteau, seroient mis encore de genoux, et ledict sieur Lugandy auroict dict au Roy, en l'absence des autres sieurs Consuls ses collègues, qui n'auroient peu marcher sy promptement à cause de l'embarras des personnes quy estoient dans les chemins : « Sire, vous voicy, par la grace du Dieu, arrivé aux bornes de la juridiction de vostre ville de Montauban, mais non pas à celle de nos cœurs, lesquels n'ont point de limittes pour vostre service. C'est, Sire, ce que nous vous protestons du plus profond de nos cœurs avec toute sorte d'humilité et révérance en qualité de vos très humbles, très fidelles et très obeyssans subjets et serviteurs, quy prierons Dieu tous les jours de nos vies qu'il luy plaise estendre ses plus haultes bénédictions sur vostre personne, sur vos estats, sur vostre couronne ; qu'il vous donne belle et glorieuse postérité, laquelle croisse et s'augmante de père en fils et de génération en génération, et soict de pareille durée que le soleil dans le firmament: Sire, ce sont nos vœux, nos désirs, nos souhaits. »

Le Roy respondit : « Je vous remercie ; continuez à me servir tousjours et je vous aymeray toute ma vie. » Et prins ledict sieur Lugandy par le bras droict et luy dict qu'il se relevast. Ce qu'ayant faict et estant sorti dudict batteau et remonté à cheval, après que le Roy eust passé ladicte rivière, lesdicts sieurs de Subreville, Fornes et Audemont, consuls, avec plusieurs aultres habitans quy seroient alhors arrivés audict lieu tous ensemble, nous en serions retournés en nostre ville. »

1er novembre 1739. — Consécration et dédicace de la Cathédrale de Montauban. — Sa description.

L'ancienne cathédrale de Montauban ayant été détruite en 1565, pendant les guerres de religion, l'Evêque et son chapitre furent forcés, lorsqu'ils purent rentrer, de s'installer dans l'église Saint-Jacques, insuffisante pour la population, et qui avait été fort endommagée pendant le siège. Aussi le clergé réclamait-il avec instance la construction d'une cathédrale qui fût en rapport avec l'importance de notre cité.

Michel de Colbert, nommé évêque de Montauban, le 22 novembre 1674, prit à cœur cette affaire, et M. de la Berchère, intendant de la généralité, fit dresser, sur la demande du Prélat, les devis du nouvel édifice. La dépense totale fut fixée à 144,000 livres, et un arrêt du conseil d'Etat, daté du 7 août 1685, autorisa, pour faire face à ces dépenses, la levée, pendant douze ans consécutifs, « conjointement avec la taille et sans retardation pour icelle, » d'une somme de 12,000 livres, dont 8,000 prises dans les communes du pays d'élection appartenant à la Guyenne et 4,000 livres dans les paroisses situées en Languedoc et formant le diocèse bas Montauban. Sur la requête de Mgr de Colbert, les Etats approuvèrent cette disposition dans la séance du 3 novembre 1685.

L'imposition autorisée en 1685 fut certainement insuffisante, puisqu'un nouvel impôt diocésain fut approuvé par les Etats, le 10 juin 1732.

Après avoir fondé au Moustier le pensionnat des filles de l'Enfant Jésus ou Dames Noires, chargées en même temps des écoles gratuites ; après avoir élevé à grands frais les bâtiments de l'hôpital général qui existe encore, Mgr de Colbert décida l'administration de la ville à reconstruire les églises de Sapiac et de Villenouvelle, complètement ruinées (1), et eut enfin la satisfaction de voir commencer les travaux de la nouvelle cathédrale, avant de quitter Montauban pour aller prendre possession de l'archevêché de Toulouse, auquel il fut nommé le 15 avril 1687.

Nous n'avons pas l'intention de faire ici l'historique de la construction de ce beau monument, qui dura près d'un demi siècle, et que l'architecte Larroque eut la gloire de terminer. — Nous espérons qu'une personne compétente s'occupera un jour de cette intéressante étude. — Nous voulons seulement rappeler la date de la dédicace de notre cathédrale, et reproduire la description qu'en donne l'*Histoire du Querci*.

Par son mandement du 27 octobre 1739, Mgr de Verthamon fixa au 1er novembre suivant, la consécration et la dédicace de la nouvelle cathédrale. « Nous la dédierons, disait ce Prélat, à Dieu sous

(1) Ces églises furent bénites le 27 août 1687, par le vicaire-général (*Rituel du Diocèse*).

le nom, sous la protection et en l'honneur de l'Assomption glorieuse de la très-sainte Vierge, mère de Dieu, que nous donnons comme patronne à notre nouvelle église et à tout notre diocèse, laissant aux deux menses capitulaires leurs patrons ordinaires, mais en les réunissant sous le patronat prédominant de Marie, mère des anges et des saints ; et en conséquence des ordres du Roi, portés par l'arrêt de son conseil du 16 septembre 1738, qui nous enjoint et à notre chapitre de nous transporter au plus tôt dans la nouvelle église, nous ordonnons à toutes les dignités, chanoines, hebdomadiers, prébendiers et autres bénéficiers de notre cathédrale de se transporter tous et pour toujours ledit jour de la Toussaint prochain, dans ladite église pour y chanter l'office divin et canonial et s'y acquitter de leurs autres obligations: »

Voici en quels termes Cathala-Coture ou le continuateur de l'*Histoire du Querci* décrit la cathédrale de Montauban, telle qu'elle était au siècle dernier :

« La cathédrale est construite en forme de croix grecque ; elle a dans œuvre 45 toises de long sur 20 de large (environ 90 mètres sur 40). Vingt piliers de pierre de taille, ornés de pilastres d'ordre dorique et de 45 pieds (15 mètres) d'élévation, y compris les socles et l'entablement, portent une voûte de stuc de 77 pieds (25 mètres) de haut au-dessus du pavé. Seize grandes arcades surmontées de grands vitraux, donnent entrée de la nef dans les bas-côtés, qui sont bordés de chapelles en enfoncement, vis-à-vis de chaque arcade.

« L'autel est isolé et placé entre le chœur et la nef, sous la coupole où aboutissent les quatre branches de la croix, et n'est fermé que par une belle grille de fer qui laisse voir à découvert toutes les cérémonies (1).

« La chapelle de la Vierge, où est la réserve, est dans le rond point, et sur le côté on trouve une belle sacristie, d'une architecture noble, quoique simple, très-bien éclairée, précédée d'un grand vestibule (2).

---

(1) L'autel est aujourd'hui au fond du chœur, sous un riche baldaquin ou *ciborium* construit en 1873 ; la grille en fer disparut pendant la Révolution.

(2) Le *Vœu de Louis XIII*, chef-d'œuvre d'Ingres, est placé dans cette sacristie.

« On entre dans la cathédrale par cinq portes ; deux aux deux bouts des branches de la croix (masquées aujourd'hui à l'intérieur par des chapelles, et trois au frontispice, où on monte par un perron de pierre, de onze marches, qui règnent sur toute la façade. La principale porte est ornée de deux colonnes isolées et accouplées de chaque côté, d'ordre dorique ; les deux autres portes, plus petites, sont accompagnées de deux pilastres du même ordre, avec des niches dans les entre-deux (qui attendent encore leurs statues). Sur ce premier ordre il s'en élève un second qui est ionique et de la largeur seulement de la grande nef, composé de deux pilastres aussi accouplés de chaque côté d'un vitrail qui donne du jour à l'orgue, placé en dedans sur un arc en anse à panier. Au-devant des pilastres et à l'aplomb des colonnes sont placés les quatre Évangélistes (1), statues de 10 pieds de haut (3 mètres 25) sur un socle de 6 pieds (2 mètres). L'entre-deux des piliers est orné dans toute sa longueur de trophées d'église en bas-relief qui méritent l'attention des connaisseurs.

« Au-dessus de l'entablement est un fronton surmonté par une croix placée entre les statues de la Religion et de l'Espérance, assises sur une corniche rampante et couchées sur le côté. Les petits clochers ou campaniles accompagnent ce second ordre, et sont terminés par des flèches bombées couvertes de plomb, et surmontées d'un globe doré qui porte une croix dorée. Sur tout l'édifice règne une magnifique charpente en arête, d'une grande élévation, et couverte d'ardoise, avec quatre grandes croix de fer aux quatre extrémités.

« L'architecte Larroque, pour accélérer l'exécution de la cathédrale, abandonna le plan dangereux d'élever un grand clocher sur la coupole du milieu de l'église, et substitua à la place deux

---

(1) Ces statues sont l'œuvre de Marc Arcis ou d'Arcis, né en 1655 près de Lavaur, et qui fut un des fondateurs de l'Académie des beaux-arts, de Toulouse. Ce sculpteur jouissait d'une certaine réputation ; il fit plusieurs bustes de personnages pour le capitole de cette ville et de nombreuses statues pour les églises du Midi. Il y avait à Versailles quelques beaux vases en marbre chargés de bas reliefs fort remarquables, dus au ciseau de d'Arcis, qui était doyen de l'Académie de sculpture de Paris lorsqu'il mourut en 1739, à l'âge de 84 ans.

plus petits ou campaniles, d'une architecture élégante et agréable, qui accompagnent le frontispice sans l'embarrasser. »

Nous avons déjà dit, à propos d'une souscription ouverte en juillet 1840 pour rétablir ces campaniles, combien il est regrettable de voir notre belle cathédrale dégradée par les masses informes de pierres qui écrasent les deux tours.

2 novembre 1808. — Création du département de Tarn-et-Garonne.

L'accueil fait par les Montalbanais à Napoléon Ier et à l'impératrice Joséphine, pendant la journée du 28 juillet 1808 que leurs Majestés passèrent au milieu de nous, et l'importance reconnue de notre cité, décidèrent l'Empereur à former un nouveau département, dont Montauban serait le chef-lieu ; un sénatus-consulte, du 2 novembre suivant, réalisa ce projet, et répara ainsi en grande partie l'injustice criante commise par l'Assemblée nationale, qui, en 1790, avait réduit au rôle de chef-lieu d'un district une ville fort industrielle, dont la population était d'environ 30,000 âmes, siège d'une Cour souveraine, d'un sénéchal et présidial, d'un bureau des finances et d'un évêché.

« Une remarque à faire, ici, dit un historien, c'est qu'au milieu des préparatifs d'une guerre imprévue, un souverain se soit occupé, avec tant de prévoyance que de sagesse, de l'organisation d'une partie de son Empire, oubliée à une époque où l'on aurait dû en apprécier l'importance et le mérite.

« Montauban, par l'avantage de sa situation, par le caractère actif de ses habitants, par les événements qui l'ont illustré, par le rôle qu'il a joué dans l'histoire de nos guerres et de nos industries, enfin par sa population nombreuse, était appelé à l'honneur de devenir le chef-lieu d'un département, comme il l'avait été, pendant très-longtemps, d'une des plus considérables généralités de la France (1). »

Le sénatus-consulte du 2 novembre 1808 décréta en conséquence :

(1) *Description topographique et statistique de la France*, Paris, 1809, in-4°

1° Qu'il serait formé un nouveau département, dont la ville de Montauban serait le chef-lieu, sous le nom de département de Tarn-et-Garonne (1).

2° Que ce département serait divisé en trois arrondissements, savoir :

1° L'arrondissement de Montauban, lequel serait composé des cantons de Montauban est et ouest, Nègrepelisse, Caussade, Caylus, Monclar, Lafrançaise, Montpezat, Molières, tous pris au département du Lot, et du canton de Saint-Antonin, au département de l'Aveyron.

2° L'arrondissement de Moissac, lequel serait composé des cantons de Moissac, Lauzerte, le Bourg-de-Visa, pris au département du Lot ; des cantons de Montaigu, Auvillar et Valence, au département de Lot-et-Garonne.

3° L'arrondissement de Castelsarrasin, composé des cantons de Castelsarrasin, Beaumont, Grisolles (2), Montech, Saint-Nicolas, Verdun, Villebrumier (3), du département de la Haute-Garonne ; et du canton de Lavit, du département du Gers.

Le département de Tarn-et-Garonne emprunte son nom aux deux rivières qui le traversent ; il fut formé avec des lambeaux de plusieurs provinces. Le nord et le centre appartenaient au Quercy, le nord-est à la Basse-Marche de Rouergue, le nord-ouest à l'Age-

---

(1) Le territoire qui forme aujourd'hui les 24 cantons du département de Tarn-et-Garonne, était divisé, en 1790, en 33 cantons : Montauban (1 seul), Caussade, *Réalville*, *Mirabel*, Caylus, Lafrançaise, Molières, Monclar, *Bruniquel*, Montpezat, *Puylaroque*, Nègrepelisse, Saint-Antonin, *Parizot*, *Varen*, Moissac, Auvillar, *Dunes*, Bourg-de-Visa, Lauzerte, *Cazes-Mondenard*, Montaigu, Valence, *Castelsagrat*, *Lamagistère*, Castelsarrasin, Beaumont, Grisolles, Lavit, Montech, *Saint-Porquier*, Saint-Nicolas et Verdun. Tous les cantons dont le nom est imprimé en *caractère italique* furent supprimés en 1800.

Il y avait environ 300 communes, qui aujourd'hui n'en forment que 194.

(2) Pompignan fit d'abord partie du canton de Castelnau-d'Estretefonds.

(3) Par décret du 8 octobre 1810, le canton de Villebrumier fut distrait de l'arrondissement de Castelsarrasin et réuni à l'arrondissement de Montauban. Mais la partie de la commune de Villebrumier située sur la rive gauche de Tarn fut unie à la commune de Nohic, et la partie de Corbarieu située sur la même rive à la commune de Labastide-Saint-Pierre.

nais, l'ouest et le sud-ouest à la Lomagne et à la Gascogne, le sud et le sud-est au Toulousain.

Avant 1789, les arrondissements actuels de Montauban et de Moissac dépendaient de la généralité de Montauban à l'exception des cantons de Villebrumier, Montaigu et Bourg-de-Visa; ces deux derniers étaient dans la généralité de Bordeaux; les cantons d'Auvillar, Saint-Nicolas, Lavit et Verdun, faisaient partie de la généralité d'Auch; enfin, les cantons de Castelsarrasin, Montech, Grisolles et Villebrumier appartenaient à celle de Toulouse.

La partie du département comprise dans la généralité de Montauban dépendait des élections de Montauban, Cahors et Villefranche. Quant au territoire situé à gauche de la Garonne, dans la généralité d'Auch, il était réparti dans les élections de Lomagne et Rivière-Verdun.

Enfin, toute la région du département qui s'étend entre le Tescounet, le Tescou, le Tarn et la Garonne, sauf les communes de Grisolles, de Pompignan et d'Orgueil, appartenant au diocèse de Toulouse, était administrée par l'assemblée de l'assiette du diocèse Bas-Montauban, composée des Trois Ordres, comme les Etats provinciaux et généraux.

En 1790, l'Assemblée nationale établit des tribunaux de 1re instance à Montauban, Moissac, Valence, Castelsarrasin et Beaumont. Ces tribunaux furent supprimés par la Constitution de l'an VIII, qui réduisit les juridictions à un seul tribunal par département. La loi du 27 ventôse an VIII rétablit les tribunaux de Montauban et de Castelsarrasin. A la création du Tarn-et-Garonne, le tribunal fut rétabli à Moissac, et le nouveau département fut placé dans le ressort de la cour d'appel de Toulouse.

La superficie du département de Tarn-et-Garonne est d'environ 395,750 hectares ; sa population en 1809 était de 228,330 habitants, dont la moitié habitait les chefs-lieux des communes et l'autre moitié des lieux isolés : elle n'est plus aujourd'hui que de 221,364 ; elle a donc diminué de 6,966 âmes en 70 ans. En 1837 la population avait atteint le chiffre de 242,184 habitants.

M. le baron Lepelletier fut chargé d'organiser le nouveau département et l'administra de 1808 à 1813.

3 novembre 1810. — *Installation de la Faculté de Théologie protestante de Montauban.* — *Sa création et son organisation. Noms des doyens et des professeurs, de 1810 à 1879.*

La Faculté de théologie protestante de Montauban, créée par décret impérial du 17 septembre 1808, fut organisée par un arrêté du grand maître de l'Université, en date du 5 septembre 1809.

Voici l'ordre des cours et les noms des professeurs :

1. Belles-lettres latines et langue grecque. — M. Combes-Dounous, ex-législateur, auteur de diverses traductions du grec, et membre de plusieurs sociétés savantes.

2. Philosophie. — M. Daniel Encontre, professeur de mathématiques transcendantes dans la Faculté des sciences et dans le lycée de Montpellier, secrétaire perpétuel de la société des sciences, lettres et arts de Montpellier.

3. Hébreu. — M. Bonnard, pasteur et président de l'Église consistoriale de Marsillargues.

4. Histoire ecclésiastique et critique sacrée. — M. Bourrit, pasteur et président du consistoire de Lyon, et, sur son refus, M. Anspach, pasteur à Genève.

5. Morale évangélique. — M. Frossard, docteur honoraire de l'Université d'Oxford, président du consistoire de Montauban.

6. Théologie naturelle et révélée. — M. Gasc, ci-devant pasteur à Genève.

Doyen, M. Frossard.

Le 28 septembre 1809, M. Frossard, président du consistoire de Montauban, annonça à tous les consistoires la création de la Faculté dont il était le doyen, et fit connaître en même temps les conditions d'admission : les étudiants devaient avoir 18 ans et le diplôme de bachelier ès-lettres ; mais la Faculté avait le droit de conférer ce grade, et d'admettre des élèves d'un âge moins avancé qui voulaient consacrer quelques années à l'étude des belles-lettres latines, du grec et de la philosophie.

En janvier 1810, M. Daniel Encontre se désista ; MM. Combes-Dounous et Anspach refusèrent d'occuper les chaires qui leur étaient données : aussi l'ouverture des cours dut être retardée.

Le samedi 3 novembre 1810, la Faculté fut enfin installée par M. le baron Vialètes de Mortarieu, maire, délégué de M. le Préfet, absent ; étaient présents : MM. les présidents du tribunal civil et du tribunal de commerce, les conseillers de préfecture, les adjoints au maire, les professeurs du collége et généralement tous les fonctionnaires de la cité, ainsi que les membres de la société littéraire et scientifique du département.

Les Eglises protestantes de Montauban et des villes voisines étaient représentées par leurs pasteurs et leurs anciens à cette cérémonie, qui eut lieu dans une des salles de l'ancien couvent Sainte-Claire, acheté et approprié pour la Faculté (1).

M. Armand Gardes, pasteur de Réalville, âgé de 82 ans, était au premier rang des places réservées, comme doyen d'âge ; la nef, les tribunes et la salle étaient occupées par une nombreuse assemblée.

Après un morceau de musique exécuté par un orchestre composé d'amateurs, M. Frossard, président du consistoire et doyen de la Faculté, donna lecture de l'arrêté d'institution et prêta serment avec tous les professeurs. Puis on chanta une hymne pour invoquer la bénédiction divine.

Dans son discours, qui fut très-apprécié, M. le doyen exposa les grands avantages que le nouvel établissement allait procurer à la ville, et exprima les sentiments de reconnaissance dont étaient animés les Montalbanais à l'égard de l'auguste monarque qui les comblait de ses bienfaits. L'orateur fit ensuite rapidement l'historique de l'ancienne Académie protestante de Montauban, donna des détails intéressants sur l'organisation de la nouvelle Faculté, et enfin traça les devoirs imposés aux professeurs et aux élèves.

M. Bonnard démontra que l'étude des langues anciennes était nécessaire pour les jeunes gens destinés au saint-ministère.

M. Gasc exposa les rapports qui lient la philosophie à la théologie.

M. Bénédict Prévost, directeur de la société des sciences du département, nommé à la place de M. Encontre, lut des réflexions sur la stabilité de l'Univers.

(1) La façade de cet établissement a été construite en 1847, et de nombreux changements ont été successivement faits dans cet ancien couvent pour l'approprier à sa nouvelle destination.

Enfin M. Maillard, étudiant en théologie, témoigna aux professeurs et à l'auditoire toute l'émotion que cette imposante cérémonie faisait éprouver à ses condisciples, au nom desquels il prit l'engagement solennel de se livrer avec ardeur à l'étude, afin de rendre la Faculté de Montauban digne de l'empereur qui l'avait créée.

La séance fut terminée par le chant d'une hymne, dont la musique était de la composition de M. Funk.

Le 17 novembre 1810, M. le doyen Frossard publia le programme des cours dans l'ordre suivant :

1. Morale évangélique, M. Frossard.
2. Eloquence de la chaire, le même professeur.
3. Théologie naturelle et revélée, M. Gasc.
4. Histoire ecclésiastique et critique sacrée, M...
5. Hébreu, M. Bonnard.
6. Philosophie rationnelle, M. Gasc.
7. Philosophie mathématique, physique et naturelle, M. Bénédict Prévost.
8. Belles-lettres françaises, latines et grecques, M. Auguste, suppléant.
9. Exercices sur la prédication, tous les professeurs.

Le mercredi 21 novembre 1810, les cours furent ouverts par MM. les professeurs. Pendant l'année 1813-14 il y eut 109 étudiants en théologie ou en philosophie ; mais en 1814-15 les études durent être momentanément suspendues par suite des événements qui agitèrent l'Europe.

Les premières thèses furent soutenues dans le mois d'août 1811, par MM. Audebez, Petzi, Lourde Laplace, Maillard et Tempié ; 1 fut présentée en 1812, 16 en 1813, 2 en 1814 et 3 en 1815.

Dès l'ouverture de la Faculté, un pensionnat fut attaché à cet établissement ; il y avait 14 bourses et 28 demi-bourses en 1821. Depuis 1847, les étudiants boursiers et demi-boursiers sont internés dans le séminaire protestant. M. Frossard a dirigé cet internat de 1847 à 1848 ; M. Sardinoux, de 1849 à 1867 ; M. J. Monod, en 1867-68 ; M. Castel, en 1868-69 ; M. Prat en est le directeur depuis 1870.

Voici les noms des doyens et professeurs de la **Faculté de Montauban** depuis sa création jusqu'à nos jours (1) :

MM.	DOYENS.		MM.	
Frossard, nommé le	5 sept. 1809.	Montet,	nommé le 26 octob.	1838.
Encontre,	— 11 janv. 1816.	De Félice,	— 31 août.	1865.
Pradel,	— 1819.	Sardinoux,	— 5 nov.	1869.
Bonnard,	— 25 janv. 1825.	Bois,	— 16 juil.	1875.

PROFESSEURS.

Nomination.	*Installation.*	*Nom des Professeurs.*	*Date du décès.*
5 sept. 1809.	3 nov. 1810.	Frossard, Benjamin-Sigis.	3 janv. 1830.
5 sept. 1809.	3 nov. 1810.	Bonnard, François.	7 oct. 1838.
5 sept 1809.	21 nov. 1810.	Gasc, Esaïe.	28 oct. 1813.
28 oct. 1810.	21 nov. 1810.	Prévost, Bénédict.	18 juin 1819.
1813.	nov. 1813.	Pradel, Jean-Frédéric.	12 déc. 1823.
1 juil. 1814.	1814.	Encontre, Daniel.	16 sept. 1818.
1818.	1819.	Encontre, Pierre. Dʳ méd.	9 févr. 1849.
1819.	nov. 1819.	Alard.	3 janv. 1821.
1820.	fév. 1820.	Floris, Guillaume.	25 avril 1838.
10 janv. 1825.	18 mars 1825.	Montet, J. retraité en 1865.	23 fév. 1873.
10 janv. 1825.	18 mars 1825.	Nazon, Jacques-Théodore.	2 sept. 1835.
	12 mars 1834.	Jalaguier, Prosper-Frédér.	22 mars 1864.
17 août 1836.	24 oct. 1836.	Monod, A., retraité en 1847.	6 avril 1856.
28 avril 1838.	15 nov. 1838.	Nicolas, Michel.	
26 oct. 1838.	2 mai. 1839.	De Félice, retraité en 1869.	23 oct. 1871.
5 juil. 1847.	18 nov. 1847.	Sardinoux, retraité en 1875.	
12 oct. 1844.	13 nov. 1844.	Bonifas-Guizot.	1855.
1ᵉʳ oct. 1849.	15 nov. 1849.	Pédezert, Jean.	
22 mars 1856.	28 avril 1856.	Bonifas-Lacondamine.	déc. 1859.
30 mai 1860.	24 oct. 1860.	Bois, Charles.	
12 juin 1866.	3 nov. 1866.	Bonifas, Louis-Emilien-Fr.	15 déc. 1878.
30 sept. 1864.	2 févr. 1865.	Monod, Jean.	
21 fév. 1874.	11 juil. 1874.	Bruston, Charles.	
11 août 1879.	19 nov. 1879.	Wabnitz A., déjà chargé de cours en 1874.	

Depuis le 1ᵉʳ avril 1875. M. Leenhart fait un cours complémentaire.

(1) Malgré de longues recherches, il nous a été impossible de donner la date précise de la nomination, de l'installation et de la mort de quelques professeurs ; mais nous croyons qu'aucun d'eux n'a été oublié.

M. Larroque, professeur d'histoire ecclésiastique, n'a pas été remplacé, dit le programme de 1812-13. A-t-il professé ?

M. Auguste est porté suppléant dans le programme de 1810.

M. Marche fut suppléant en 1812-14, et M. Labeaumelle en 1818-20.

M. Friedel fut suppléant en 1857-58. M. Sayous a suppléé M. Pedezert en 1879.

6 novembre 1843. — *L'église de l'hospice de Montauban.*
— *Tombeau des Sœurs et des Bienfaiteurs.*

Les fonds légués par de nombreux bienfaiteurs à l'hospice de Montauban, et sagement conservés par les administrations successives de cet établissement, permirent d'entreprendre les travaux de reconstruction en 1843. On commença d'abord par l'église, destinée à remplacer l'ancienne chapelle.

Le lundi 6 novembre 1843, la première pierre de cet édifice, qui occupe le fond de la grande cour, et dont les plans avaient été dressés par M. Brécy, fut posée solennellement par Mademoiselle Miquel, de Villebourbon. Cet honneur lui avait été décerné comme bienfaitrice de l'hospice, et aussi comme amie de Madame Dumas, qui avait légué 42,000 fr. pour l'érection de cette église.

Le chapitre et le clergé de la ville, les séminaires, les sœurs de Saint-Vincent et les administrateurs de cet asile assistaient à cette solennité, avec les infirmes, les vieillards et les orphelins recueillis dans cette maison. M. Guyard, vicaire-général, remplaçait Mgr de Trélissac, que ses infirmités avaient empêché de se rendre à cette fête de la charité. Après avoir payé un juste tribut à la mémoire de Mgr de Colbert, qui avait réorganisé cet hospice en 1677, et de Mgr de Verthamon, le bienfaiteur de la cité, M. Guyard exprima le vœu que les restes vénérés de ce dernier prélat fussent un jour transportés dans l'église qui allait être construite. Ce vœu fut exaucé le 15 février 1854, ainsi que nous l'avons dit. — *Voir p. 151.*

M. Ménard, préfet de Tarn-et-Garonne, prit aussi la parole, et, s'associant aux pensées inspirées par cette solennité, félicita chaleureusement les sœurs, dont le dévouement sublime mérite tant de respect et de reconnaissance.

En 1842, l'administration de l'hospice réserva un enclos de l'établissement, pour enterrer les sœurs et les bienfaitrices; mais ce lieu de sépulture fut abandonné en 1866, et l'on décida qu'un caveau, destiné au même usage, serait construit dans le cimetière de la ville. Par suite de diverses circonstances, c'est seulement le 29 octobre 1879 qu'a eu lieu l'inauguration de ce monument.

Au jour fixé, l'administration, représentée par M. Jacques Pech, *vice-président* ; M. le curé Boisloug, M. Cambon, notaire, M. Foissac-

Jullia, président du tribunal civil, et M. Soleville, ancien adjoint au maire, *administrateurs*, se rendit à la chapelle, où avaient été provisoirement déposés deux cercueils contenant les restes mortels des sœurs et des bienfaiteurs, qu'on avait exhumés la veille dans le cimetière définitivement abandonné.

Après la messe, célébrée par M. le curé Boislong, assisté de M. de Bellerive, aumônier de l'hospice, de M. Belloc, curé de Villenouvelle, et de plusieurs autres prêtres, le cortége se dirigea processionnellement vers le cimetière catholique. Le drap d'honneur était porté par quatre administrateurs, et un autre drap était tenu par quatre sœurs ; le personnel et toute la population de l'hôtel-Dieu étaient présents.

Dès que les prières furent dites, on descendit les cercueils dans le caveau construit sous le monument, qui porte cette inscription sur une plaque de marbre : *1879 — Tombeau des Sœurs et des anciens Bienfaiteurs de l'Hospice.*

Dans l'intérieur du tombeau sont inscrits, sur une plaque, les noms de : Perboyre, supérieur du petit séminaire, décédé le 8 mars 1848 ; — de Lassarladie, vicaire-général, décédé le 27 octobre 1795 ; — M. et Mlle Miquel, 5-9 juin 1846 ; — sœur Paris, supérieure, 1827 ; — sœur Pujos, supérieure, 1854 ; — sœurs Perboyre, Delavice, Julien, Lafaurie, Lafage, Lieux et Belbèze, mortes de 1842 à 1860.

9 novembre 1829. — Les Osages à Montauban.

Avant d'être nommé évêque de Montauban, le 13 août 1826, Mgr Dubourg, né au Cap Français le 10 janvier 1766, était évêque de la Louisiane, où il avait souvent reçu la visite des chefs des Osages, qui alors campaient sur les bords du Missouri. Ces indiens se construisent des cabanes en bois, couvertes de planches, et sont très-hospitaliers, mais rien n'a pu les arracher à leur vie errante. Pendant les guerres de 1756 à 1763, une troupe de leurs guerriers servit avec dévouement dans les rangs de l'armée française.

En 1829, quelques Osages furent attirés en France par des exploiteurs, qui, ne tardèrent pas à les abandonner. En attendant le moment de se rembarquer au Hâvre, un des chefs, nommé

Kaikechinka, qui avait personnellement connu Mgr Dubourg, vint à Montauban avec sa femme et l'un de ses compagnons, pour demander assistance et conseil à notre Prélat. Un Français les accompagnait et leur servait d'interprète. Mgr. l'Evêque les accueillit avec bonté, leur donna l'hospitalité pendant 8 jours dans son palais et les recommanda à la charité des Montalbanais.

« Les Osages, dit le *Journal de Tarn-et-Garonne* du 17 novembre 1829, se sont rendus partout où on a désiré leur présence, et se sont montrés au spectacle. Les hommes ne diffèrent des européens que par la couleur de leur peau qui est cuivrée ; leurs traits, leur taille, leurs formes musculaires ont la régularité et la proportion qu'on remarque chez les blancs les mieux conformés. En public ils portent, indépendamment d'une ceinture, un pantalon et un manteau, n'ayant que le haut du corps entièrement nu. Leur tête est rasée, excepté vers le milieu, où s'élève une touffe de cheveux en forme de crinière de casque et sous laquelle sont suspendus des ornements en métal... Ils dansent et chantent avec mesure, en s'accompagnant d'un baton garni de grains qu'ils brandissent ou qu'ils frappent sur leur massue de guerre. Mais leur danse est sans grâce et leur chant manque de vigueur et d'harmonie.... La femme ne se livre à aucun exercice ; elle est petite, et diffère peu d'une Andalouse. »

Malgré toutes les attentions dont ils étaient l'objet, les Osages étaient tristes, et soupiraient après le moment où ils seraient rendus à leurs familles et à leurs forêts.

14 novembre 1842. — Rapport au Conseil municipal sur le projet de chemin de fer du Centre.

Depuis bientôt 40 ans, le chemin du Centre est en projet ; il fut même adopté en 1842, et la loi du 26 juillet 1844 décida que la section de Paris à Limoges serait exécutée immédiatement, tandis que celle de Limoges à Toulouse était ajournée.

Longtemps on discuta la possibilité de construire une ligne dans cette contrée, destinée à relier Toulouse à Paris par Cahors. Aussi le conseil municipal de Montauban, justement préoccupé de cette importante question, pria M. de Capella et Martin d'étudier le tracé d'une ligne partant du Lot et aboutissant au Tarn.

Dans la séance du 14 novembre 1842, le rapport de ces ingénieurs fut communiqué au Conseil, qui en autorisa la publication dans l'*Echo de Tarn-et-Garonne*, du 18 novembre.

Ce document n'a aujourd'hui qu'un intérêt historique, car la construction des chemins de fer a été considérablement modifiée depuis cette époque, et est d'ailleurs trop long pour trouver place dans une éphéméride ; il suffira donc d'en indiquer la conclusion :

MM. de Capella et Martin faisaient ressortir la possibilité d'un tracé entre les vallées du Lot et du Tarn, par la vallée de la Valse, le faîte de Rascoussié, les vallées de Couffigne, de la Lère, du Cande et de l'Aveyron. Les difficultés qui toujours accompagnent le tracé d'un chemin de fer en pays de montagne, ne sont pas telles qu'on doive perdre l'espoir de voir notre pays doté de cette communication importante.

En terminant leur rapport, MM. les ingénieurs des ponts et chaussées ajoutaient :

« Nous aurions à parler du tracé qui, après avoir effleuré le pied des contreforts des montagnes centrales de l'Auvergne, suivrait la vallée de l'Aveyron depuis Villefranche jusqu'à Montauban ; cette voie ferrée assurerait à notre ville l'approvisionnement de ces contrées populeuses, en denrées qui lui manquent. »

On voit que MM. de Capella et Martin avaient prévu l'utilité du chemin Grand Central, qui a rendu de grands services pendant la guerre de 1870. — Concédé le 7 avril 1855, il fut ouvert le 30 août 1858, tandis que la ligne qui doit nous conduire directement à Paris par Cahors, comprise dans la loi du 11 mars 1879, est aujourd'hui à peine tracée ; ajoutons, cependant, que le Gouvernement promet de la livrer en deux ans. Les travaux pour le chemin de fer de Montauban à Saint-Sulpice (1) commenceront probablement dans quelques mois, et Montauban sera ainsi placé au point de jonction des lignes venant de Bordeaux (2), de Toulouse, de Villefranche, de Cahors et de Castres.

(1) Ce chemin de fer est compris dans la loi du 14 décembre 1875.

(2) La ligne du Midi, concédée le 24 août 1852, commencée le 15 décembre 1853, fut livrée en partie le 30 août 1856 et en entier le 4 avril 1857.

12 novembre 1614 et 15 juin 1649. — Incendies de la place publique de Montauban.

La place principale de Montauban, plus connue sous le nom de *place des Couvertes*, quoiqu'elle ait été officiellement qualifiée de *royale*, *impériale* et *nationale*, est aussi ancienne que notre ville, car dans une donation faite à l'abbaye de Saint-Théodard, en 1170, il est dit que cet acte est passé à *las cubertas*, devant la maison de Pierre de la Garriga.

Ces couverts étaient primitivement formés de deux rangs de piliers en bois (1), qui furent détruits par les incendies dont nous allons donner le récit.

Le premier de ces sinistres eut lieu le 12 novembre 1614, vers 11 heures de la nuit. Nous ne pouvons mieux faire que de reproduire le procès-verbal si émouvant qui en fut dressé par Samuel d'Escorbiac, lieutenant particulier de la sénéchaussée :

Verbal du brullement des couvertes de Montauban, le 12 novembre 1614

« Estant dans nos maisons, aurions entendu diverses personnes courant par les rues, criant au feu, sur quoy nous estants acheminés suivant le devoir de nos charges en la place publicque de la ville, où l'on nous auroit dict que le feu estoit, pour y apporter les remèdes nécessaires, nous aurions trouvé la maison de Mariet Viguerye, marchand grossier (marchand en gros), et les deux maisons qui joignent à icelle, d'une part et d'autre, desjà pour la plus part embrazées et consommées du feu, lequel sortait avec tel effort et violance des bouticques dudit Viguerye et de Jacques Vaissié, aussy marchand grossier, par le dessoubs des couvertes et jusques dans ladicte place, que nous aurions jugé tout ce quartier des couvertes estre en son estresme péril et danger, veu mesme que dans les bouticques il y avoit diverses drogues et marchandises qui fomentoient et augmentoient le feu, comme de cire, trémentine, soufre et autres propres et disposées au feu.

(1) L'*Histoire de l'affliction de la ville de Montauban*, lors qu'elle fut assaillie par plusieurs fois et long temps assiégée des chevalliers et grans seigneurs de la France, l'an 1562; par Ian Fornier, de Montauban. — Manuscrit original, in-fol., collection Forestié.

« C'est pourquoi nous aurions résolu de faire abattre des maisons d'une part et d'autre, et à ces fins aurions commandé aux charpentiers, maçons et autres artisans qui estoient avec nous, de mettre la main à l'œuvre et commencer de desmolir ; pour cet effet les aurions munis des instruments et engins à ce requis et nécessaires, à laquelle démolition, bien que lesdictes personnes par nous commises vacquassent avec toute diligence, ce néanmoins il ne leur fust possible de sitost abattre les dictes maisons que le feu ne les eust plus tôt gaignées par dessoubs des couvertes, tellement que nous aurions jugé que ce moyen et expédient de desmolir icelles maisons voizines et adjacentes n'estoit pas assez propre ni suffizant pour arrester la violance du feu et empescher qu'il n'embrasast toutes les couvertes, veu la forme des bastiments qui estoient estayés et fondés sur des piliers de bois, et le dessus et planchers desdictes couvertes estoit aussi fabricqué de bois de charpenterie, tellement que si on commençoit à desmolir par le dessus, le feu venoit à gaigner par le dessoubs et brusloit les piliers, et par ce moyen les bastiments venant à crousler, car de commencer la desmolition par le dessoubz, cela estoit presque impossible, veu la violance et impétuosité du feu qui empeschoit les personnes de pouvoir aborder ; et veu aussi qu'il n'y avoit pas moyen de couper et rompre les piliers sur lesquels les dictes maisons estoient fondées, que ceux qui y travailloient ne feussent accravantés de ruynes.

« C'est pourquoy, voyans que le feu alloit toujours augmentant, après avoir meurement consulté et délibéré ce dessus, entre nous avec un bon nombre d'habitans des plus notables et qualifiez qui nous assistoient, nous n'aurions point trouvé de remède plus propre que de faire amener les canons et braquer iceux contre partie des piliers desdictes couvertes, aux fins que les fondemens ostez, les bastiments venans puis aprez à s'abattre et renverser, le feu ne trouvast plus de matière pour brusler et néantmoins qu'il vinst à estre amorty par les ruynes, ce qui auroit esté exécuté, et de faict, chose déplorable à voir, il avoist esté tiré jusques à dix ou doutze coups de canons, tellement que nous aurions esté contraintz d'employer et de faire tirer nos canons contre nous-mesmes et contre nos maisons, bien qu'il ne soient desdiés que pour le service de Sa Majesté et contre les ennemis de son Estat ; ce qui auroit si bien réussy, que deux ou trois maisons ayant esté abbattues par les coups de canons, le feu auroit esté par ce moyen ralenty et arresté.

« Mais, hélas, comme nous y remédions d'une part, le feu alloit s'espandant et consommant diverses maisons de l'aultre, tellement que nous aurions esté contraints de nous séparer les uns d'un costé et les autres d'un autre pour remédier suivant les occurences à ce grand et épouvantable feu qui menaçoit de ruyne et embrazement toute la ville.

« Toutes fois, quelle diligence que nous (ayons faite), ceux qui nous ascistoient d'une part, et Monsieur le lieutenant général d'autre, y aions apportée, nous n'avons pu garantir que le plus beau et le plus riche quartier de nostre ville n'aye esté embrasé et consommé par le feu. Car tout ce quartier et visage des couvertes où estoit posée la maison dudit Viguerye a esté entièrement embrazé par le feu, sans qu'il y soit demeuré une maison ny bouticque ; et si encores le feu estant passé à la rue des Greffes, y auroit embrazé quatre maisons. Mais qui plus est encore, le feu estant prins à un autre quartier et visage des couvertes, auroit presque consommé toutes les maisons d'icelluy et encores auroit pénétré jusques à la maison de ville, la plupart et laquelle auroit esté bruslée ou desmolie pour arrester l'impétuosité du feu.

« Et d'abondant encores le feu se seroit espandu en la rue de la Grand'Boucherie (rue Princesse), où auroient esté bruslées huit maisons et autant d'un autre costé en la rue de la Petite-Boucherie (rue Malcousinat), de sorte qu'il y a en tout quarante maisons ou familles, desquelles non-seulement les bastiments, mais quy plus est, tout leur avoir demeure consommé et ensevely dans le feu. Car tout ce quartier de ville estoit habité et tenu par des marchands de soye ou de draperie, grossiers ou autres, lesquels furent si vivement assaillis du feu, qu'ils eurent assez affaire à garantir leurs personnes, une bonne partie ayant esté contraints de sortir en chemises, tellement qu'avec leurs bastimens et demeures ils ont perdu leurs marchandises de toutes sortes, or, argent, bagues et joyaux, meubles, blez, vin et autres denrées ; enfin tout ce qu'ils avoient en leurs maisons, dans lesquelles consistoit tout l'avoir de la plus part d'yceux, sy que les uns sont réduits à une pauvreté et indigence du tout extresme et digne de commisération, et les aultres en restent tellement incommodés, qu'il leur est impossible se relever sans une assistance extraordinaire.

« Lesquelles pertes sont sy notables, qu'après ouis et examinés les dires particuliers, sur ce que chacun d'eux avoit perdu, nous avons trouvé icelles revenir jusques à quatre ou cinq cens mille livres ou plus ; et non-seulement les pauvres particuliers, aussy toute la communauté demeure grandement intéressée en ses ruines. Car la maison de ville où se rendait la justice au nom du Roy et où se tenoient les assemblées publicques pour le service de Sa Majesté est pour la plus part bruslée et desmolie et par ce 'moyen rendue inutile, et toute la place publicque est aujourd'huy de ruynes causées par ledict feu, qui sont telles et si grandes qu'elles ne peuvent estre réparées ny par le publicq ni par les particuliers, desmunis de moyens ou de tout ruynés et incommodés à outrance. »

D'après le procès-verbal qui précède, le feu envahit d'abord le couvert dit aujourd'hui des *Drapiers*, gagna d'un côté la rue du Greffe et de l'autre le couvert des *Sabots*, en même temps que les rues Princesse et Malcousinat; il s'étendit ainsi sur un espace de terrain représentant environ un hectare. Cependant les Montalbanais ne se laissèrent pas aller au découragement. Après avoir pourvu à la nourriture et au logement des familles qui avaient tout perdu, après avoir rétabli la circulation et enlevé les ruines fumantes, les consuls adressèrent une requête au Roi, qui donna 16,000 livres à prendre en 8 années sur les tailles levées dans la ville et juridiction de Montauban.

Dès le 23 mars 1615, les administrateurs de la cité passèrent un bail avec Pierre Benesville, architecte de Toulouse, pour « rebastir le temple neuf sur le vieux où souloit estre l'hospital Saint-Jacques ou de Lautier, comme aussi pour bastir les maisons bruslées aux couvertes de la place. » Benesville s'engagea, « Dieu aidant, à faire exécuter tous les travaux dans l'espace de *quatorze mois*, commençant le 1er avril an présent. » Les honoraires de l'architecte furent fixés à 1,500 livres, avec promesse « de le défrayer et fère nourrir et entretenir pendant ledit temps pour la dépense de bouche qu'il pourra faire dans la ville. »

En se rappelant que les pertes étaient évaluées de 4 à 500,000 livres, on se demande comment, dans une cité de 15,000 âmes, les incendiés pouvaient espérer de trouver les ressources nécessaires pour rebâtir leurs maisons et rétablir leur commerce ; on n'est pas moins surpris de voir, à cette époque, un architecte reconstruire en 14 mois les bâtiments qui sont encore debout et en très-bon état après 260 ans. Nous avons retrouvé la quittance donnée le 24 mai 1617, par Benesville, pour le solde des 1,500 livres à lui promises pour ses honoraires, « et ne demandant aucune gratification. » Du reste, la plupart des maisons qu'il fit reconstruire portent à la clé de voûte les dates de 1616 ou 1617.

Le 15 juin 1649, à 11 heures de la nuit, un nouvel incendie éclata près de la place publique, dans la maison Dubédat, située rue de la Sabaterie grosse (rue d'Auriol), et les flammes, poussées par le vent, détruisirent 23 maisons sous les couverts du *Fruit* et du *Blé* ou dans la rue d'Auriol, et forcèrent les habitants à en abattre plusieurs pour préserver les autres. Les personnes qui les habitaient se sauvèrent en toute hâte, abandonnant leurs meubles, leurs marchandises et leur argent ; plusieurs même furent ensevelies sous les ruines, entre autres l'avocat Pierre de Noalhan.

Cette fois encore les Montalbanais s'adressèrent à Louis XIII, qui oubliant l'échec de l'armée royale en 1621, et ne se souvenant que de l'accueil sympathique qu'il avait reçu dans notre cité en 1632, accorda, sur la recommandation pressante de l'évêque Bertier, un secours de 40,000 livres à prendre en 4 annuités sur les tailles levées dans la juridiction.

Sous la direction de l'architecte Pacot, les couverts détruits par l'incendie de 1649 furent rapidement reconstruits, d'après les plans déjà adoptés par Benesville; et l'historien Le Bret disait en 1668 : « que la place Royale était à peu près rebâtie. » Cependant, sur les 95 maisons qui forment les quatre couverts, il en restait encore, au commencement du XVIIIe siècle, trois étayées et presque abandonnées, dans lesquelles se réfugiaient les malfaiteurs ou les filles publiques. Aussi, le 15 novembre 1711, le conseil décida d'acheter ces ruines et leur emplacement, afin de redresser la place du côté du couvert du *Fruit*, et de faire « disparaître la saleté de ces lieux, qui était nuisible à la santé des habitants. »

En 1713, Cathala Coture, l'auteur de l'*Histoire du Querci*, écrivait dans son *Mémoire sur la Généralité de Montauban* : « Toutes les maisons de la place sont bâties sur des portiques, et ces arcades sont d'une architecture uniforme et très-belle, surtout depuis que M. l'intendant Legendre en a fait rebâtir une partie, dont les maisons n'étaient que de charpentes appuyées sur des piliers de bois qui défiguraient cette place, à présent une des plus belles que l'on voye dans les provinces. »

Il est regrettable, ainsi que nous l'avons déjà dit dans une étude spéciale sur cette place (1), qu'il y ait encore deux maisons n'ayant pas de troisième étage, et une autre dont les belles voûtes en briques ont été remplacées par une mauvaise charpente en bois. Il serait possible, ce nous semble, de faire disparaître ces irrégularités, qui nuisent à l'ensemble de ce beau monument.

12-22 novembre 1826. — *Ingres à Montauban*. — *Son tableau du Vœu de Louis XIII*.

Ingres, après une absence d'environ 30 ans, arriva le 12 novembre 1826 à Montauban, où l'avait précédé, depuis quelques jours, le *Vœu de Louis XIII*, destiné à notre cathédrale, grâce à la générosité du gouvernement et au désintéressement de son auteur (2).

Dès son arrivée, un grand nombre de nos concitoyens s'empressèrent d'aller féliciter l'artiste sur les distinctions que le Roi et l'Institut venaient de lui décerner comme récompense de ses nobles travaux. — On sait la sensation profonde que cette toile digne de Raphaël produisit au salon de 1824, et qui valut à notre compa-

(1) *La Place publique de Montauban et les Incendies de 1614 et 1649*. — Montauban, 1877, in-8.

(2) M. de Villèle, ministre de l'intérieur, offrit 80,000 fr. pour la cession de cette magnifique toile. L'illustre artiste répondit : « Le souvenir de Montauban, de ma ville natale, m'est trop doux pour manquer à une promesse doublement sacrée. »

triote la croix de la Légion d'honneur et un fauteuil à l'Académie des beaux-arts.

Le 17 novembre ce tableau fut exposé dans une des salles de la Mairie, et l'empressement des Montalbanais à voir ce magnifique ouvrage causa un bien vif plaisir à son auteur. La veille, de nombreux amis lui avaient donné une brillante soirée, dans laquelle on exécuta de la bonne musique, à sa grande satisfaction, car il cultivait cet art avec la même passion que la peinture.

Pendant que les amis d'Ingres se disputaient l'honneur de l'avoir dans leurs réunions privées, les habitants notables formaient le projet de lui donner, au nom de sa ville natale, un hommage public de reconnaissance pour le chef-d'œuvre dont il venait d'enrichir la cité. « Puissamment secondés, dit le *Journal de Tarn-et-Garonne*, par M. le vicomte de Gironde, maire de Montauban, qui au goût le plus éclairé pour les beaux-arts joint le désir de faire tout ce qui peut être utile ou honorable pour ses administrés, il ne leur fut pas difficile de pourvoir, en peu d'instants, par une souscription, aux apprêts de la fête, qui aurait attiré un plus grand concours de souscripteurs, si on n'en avait pas sagement limité le nombre. »

La fête commença par un banquet de 80 couverts, donné dans la grande salle de l'hôtel-de-ville. Au moment où tous les convives se trouvaient réunis dans une salle voisine, dans laquelle le tableau d'Ingres était exposé, M. le Maire présenta l'illustre peintre à ses compatriotes.

Après les félicitations adressées à Ingres par M. de Gironde, au nom de ses administrés, et qui plusieurs fois furent couvertes par des applaudissements, on se rendit dans la salle du banquet, dont le coup d'œil était des plus imposants. On comprend combien le grand artiste fut ému en se voyant acclamé dans une telle réunion, où l'on voyait tous les magistrats consulaires, les hauts fonctionnaires, toutes les notabilités de la cité, et que présidaient le vicomte de Gironde et le général duc de La Force, commandant le département.

Des pièces de vers, composées pour la circonstance par l'abbé Aillaud et par M. Sylvestre de Molières, furent lues par ces poètes au milieu d'un enthousiasme indescriptible.

A 8 heures, la salle du banquet fut transformée en salle de concert, et un grand nombre de dames assistèrent à l'exécution de plusieurs morceaux de musique vocale et instrumentale, qui augmentèrent encore le plaisir qu'éprouvait le héros de la fête. Pour la terminer plus agréablement, la danse succéda à la musique, et le bal dura jusqu'à 3 heures du matin.

« Les annales de la ville, dit le journal déjà cité, offrent peu d'exemples d'un tel empressement à fêter et honorer un concitoyen : cela est d'autant plus remarquable, que cette fête a été donnée par l'élite des habitants, sans distinction de culte ni d'opinion. »

Le lendemain, le *Vœu de Louis XIII* fut placé dans le chœur de la cathédrale, où il resta trop longtemps exposé aux rayons du soleil. Sur les instances de son auteur (1), on le transporta enfin dans la grande sacristie, dont l'architecture sévère et les belles boiseries font parfaitement ressortir ce chef-d'œuvre de la peinture moderne.

Le mardi 22 novembre, après une cérémonie religieuse, pendant laquelle fut chantée la messe du sacre, de Chérubini, en présence d'Ingres, entouré de ses amis et de ses admirateurs, le grand artiste dit adieu à sa ville natale (3), qu'il ne devait plus revoir, mais à laquelle il a légué des tableaux et surtout des centaines d'études dont la valeur artistique est inappréciable.

(1) M. Ingres nous écrivait le 28 septembre 1857 : « Quant au désir émis par quelques-uns de mes concitoyens, de replacer le tableau de *Louis XIII* dans la nef de la cathédrale, je ne le partage nullement et je m'y opposerai même de tout mon pouvoir si je suis consulté. J'ai sollicité avec instance qu'il fût placé dans la sacristie, où il fait on ne peut mieux, et je verrais avec chagrin qu'on l'en enlevât.

« Je vous remercie, etc.   J. INGRES »

Cette lettre suffit pour réfuter l'allégation mensongère d'Abel Hugo, qui prétend, dans la *France Pittoresque*, que la cathédrale de Montauban ne possède qu'une copie du *Vœu de Louis XIII*, faite par une dame, dont il n'indique pas le nom.

Nous pouvons ajouter qu'en mai 1867, le *Courrier* a publié plusieurs lettres adressées de Florence, de 1822 à 1824, à son ami M. Gilibert, dans lesquelles il est très-souvent question du *Vœu de Louis XIII*, destiné à la Cathédrale de la ville de Montauban.

15-18 novembre 1766. — *La grande inondation.* — *L'Intendant de Gourgues.* — *Le poète Jean-Paul Larroque.*

Dans l'éphéméride du 6 janvier, consacrée à l'inondation de 1826, nous n'avons dit que quelques mots du débordement du Tarn en 1766, qui est le plus désastreux de tous ceux dont l'histoire locale a conservé le souvenir(1), et nous nous sommes réservé de compléter le récit de cet évènement d'après les écrits publiés à cette époque.

Pendant l'année 1766, l'intendant de Gourgues avait dû employer la plus grande énergie pour rendre à la province placée sous ses ordres, la sécurité compromise par une bande de voleurs. L'hiver suivant fut très-rigoureux et la plupart des vignes périrent; des brouillards gâtèrent au printemps les récoltes en grains, et des ouragans furieux ravagèrent en été plusieurs paroisses des environs de Montauban. Aussi, malgré l'activité, malgré le dévouement de l'administration de la Généralité, la contrée souffrait considérablement, lorsqu'à la fin de la première quinzaine de novembre des pluies extraordinaires tombées dans les montagnes de la Lozère, où le Tarn prend sa source, firent déborder les eaux de cette rivière.

Le samedi 15 novembre le niveau de l'étiage était déjà dépassé de 3 pieds; la progression fut plus rapide le 16, et le 17 le faubourg Sapiac et la plaine de Pechboyer étaient inondés; sur la rive gauche le Tarn envahit Villebourbon et Gasseras, le Bomi et Lagarde,

---

(1) Dans ses *Mémoires* inédits Natalis rappelle en quelques lignes les dates des inondations dont il avait été le témoin oculaire: 20 décembre 1586, 28 mars 1603, 21 novembre 1609, 24 novembre 1637 et 25 novembre 1645.

Cathala-Coture a écrit les lignes suivantes sur le débordement du Tarn en 1652:

« Cette rivière s'enfla si prodigieusement dans la nuit du 24 au 25 juillet 1652, que dans peu d'heures toute la campagne fut submergée avec les maisons, hameaux et villages qui se trouvèrent sur les bords; tous les moulins de Montauban furent emportés, et presque tout le faubourg de Villebourbon, ainsi que l'église de Saint-Orens, qui était située près du pont: c'était une annexe de la paroisse de Gasseras, située à demi lieue de la ville, près de Montbeton, qui fut emportée aussi par les eaux. A la place de la première de ces deux églises, on en bâtit une depuis dans la grande rue du faubourg, et le curé y fit sa résidence. L'église de Gasseras fut rebâtie et desservie par un vicaire. » — *Hist. du Querci*, t. II, p. 342. — La nouvelle église de Saint-Orens fut bénite le 27 août 1687.

s'étendant jusques à 1500 toises (près de 3 kilomètres) dans les terres.

Du 18 au 19 novembre les eaux atteignirent le maximum, 32 pieds (environ 10 mètres 50 c.) ; le 19 et le 20 la baisse ne fut que de 8 pieds (2 mètres 62 c.) ; mais le 21 la crue se produisit rapidement, et après des alternatives de croissance et de décroissance les eaux rentrèrent enfin définitivement dans leur lit.

Alors on put mesurer l'étendue du désastre : plus de 300 maisons s'étaient écroulées ; un grand nombre d'autres durent être démolies d'urgence ou reconstruites en partie. Les habitants des faubourgs envahis avaient été recueillis par leurs amis des autres quartiers, ou s'étaient réfugiés, avec leurs meubles et ce qui put être emporté, dans les casernes, les couvents, les églises, la cour des aides, le collége, l'hôtel de ville et l'évêché.

Les farines et le minot qui restaient chez les fabricants furent réunis aux Cordeliers, afin d'en régler la consommation. Dans cette circonstance, les principaux minotiers (MM. Rauly, Mariette, Portal et Dumas) assurèrent, avec le plus grand désintéressement, la subsistance des ouvriers, qui se trouvaient privés de travail par suite du chômage forcé des ateliers et des fabriques.

Les fours des quartiers inondés ne pouvaient plus fonctionner ; les moulins d'Albarèdes et de Sapiac avaient perdu leur toiture et celui de Sapiacou, moins endommagé, avait cependant besoin d'être remis en état. Aussi dut-on s'adresser aux villes voisines pour parer aux nécessités de la situation ; non-seulement la population urbaine avait beaucoup souffert, mais encore les cultivateurs d'une grande partie de la juridiction de Montauban avaient perdu leurs récoltes, leurs provisions, leurs bestiaux, et même un grand nombre leur habitation ou les bâtiments d'exploitation.

Malgré la précipitation avec laquelle les déménagements durent être effectués, il n'y eut ni vols ni désordres, grâce aux mesures prises par l'intendant et les consuls, dont les ordres furent ponctuellement exécutés par le régiment de Montauban, activement secondé par la maréchaussée et les soldats du guet.

Après avoir chargé de fer, de plomb et autres choses pesantes le pont de Villebourbon pendant l'inondation, les ingénieurs, préoccupés de l'avenir, firent commencer des avant-becs en éperon, qui ont augmenté considérablement la force de résistance des piles, dont la forme actuelle n'arrête plus les arbres entraînés par la rivière lorsqu'elle sort de son lit.

Sur une pierre encastrée dans le mur de soutènement de la propriété Jourdain, près du pont de Sapiac, une ligne indique la hauteur maximum atteinte par les eaux réunies du Tescou et du Tarn durant l'inondation de 1766.

D'après l'*Histoire du Querci*, en 1773 « les eaux montèrent de quelques pouces plus haut qu'en 1766, et ne causèrent que des alarmes, sans aucun dommage. » — Ce fait nous paraît fort extraordinaire.

Quoi qu'il en soit, depuis le commencement de notre siècle la rivière n'a plus atteint le niveau de 1766, mais elle s'éloigne de la rive gauche et se dirige contre le Cours, dont les berges sont tous les jours rongées : si l'ingénieur chargé de la surveillance du Tarn n'y prend pas garde, la première allée de cette belle promenade sera prochainement perdue par suite des éboulements qui ne peuvent manquer de se produire. Le tir à la cible, s'il n'était définitivement supprimé, rendrait cet effondrement inévitable dans quelques années.

—

De nombreuses relations de l'inondation de 1766 furent publiées à Montauban ; voici les titres de celles que nous avons réunies dans notre collection bibliographique.

Relation du débordement de la rivière du Tarn, survenu le 14 novembre 1766, et des effets qu'il a produits dans la ville de Montauban. — Montauban, imprimerie de la veuve Teulières, imprimeur du roi et de la ville, et se vend chez Charles Crosilhes, libraire. — 7 p. in-4°, avec un titre portant les armoiries de la ville.

Relation du débordement de la rivière du Tarn, arrivé le 15 novembre 1766. Par M. de Bombelles, officier du régiment de Piémont. — Montauban, imprimerie de Jean-Pierre Fontanel, imprimeur du roi. — 4 p. petit in-4°.

Lettre d'un Citoyen de Montauban, écrite à M..... à Paris. — Montauban, imprimerie de la veuve Teulières, et se vend chez Charles Crosilhes, libraire. — 16 p. petit in-8.

L'auteur de cette lettre annonce à son ami l'envoi de *trois relations* imprimées du débordement du Tarn. Sans doute il ne connaissait pas la suivante :

Véritablé détal dé l'aigat de Montalba, en berses coumiques, pér un fabricant. — M.D.CC.LXVII, sans nom de lieu ni d'imprimeur. — 16 p. in-8.

Cette relation est l'œuvre de Jean-Paul Larroque, fabricant, né vers 1720 à Montauban, où il mourut le 10 novembre 1774 ; son nom est inscrit au titre de la seconde édition, imprimée par Charles Crosilhes, dans les premières années de la Révolution ; la quatorzième parut en 1830 ; nous avons publié la *quinzième* en 1872. Et cependant, c'est une œuvre médiocre, et qui a dû sa popularité à l'emploi du langage du pays (1), et surtout au souvenir ineffaçable des désastres de 1766. — Jean-Paul Larroque avait composé quelques poésies patoises et françaises, dont la perte n'est pas très-grande.

15 novembre 1571. — *Bail de l'hôpital de Montauriol.*

L'hôpital de Pechauriol, appelé aussi de Montauriol ou de Notre-Dame, était situé dans la gache du Moustier, à l'entrée de la rue dite aujourd'hui Porte-du-Moustier, du côté du plateau. La date de sa fondation et le nom de son fondateur sont inconnus ; il existait déjà au commencement du XIVᵉ siècle et était affecté aux enfants orphelins. En 1355, un legs de 8 sols 4 deniers tournois fut payé à la « Dona de Lombard, espitaliero del ospital del Móstier. »

Le 17 novembre 1571, les consuls donnèrent à bail la maison et l'hôpital de Pechauriol à Claude de Champagne, chanoine et vicaire-général, qui était rentré à Montauban avec les catholiques après la paix dite de Saint-Germain. D'après l'acte de location qui fut retenu par Mᵉ Pogeti, Claude de Champagne devait habiter

---

(1) En 1826, Ph. Crosilhes imprima le *Détal de l'Aygat dé Mountalba, del més de janbié* 1826, per L (ouis) F (énié), 16 p. in-12. — Ces vers, bien supérieurs à ceux de Larroque, n'ont cependant pas eu la même vogue. — La même année, Fontanel imprima une autre relation en vers, plus que médiocres, par Gimbal et Bonnet, 4 p. in-8°.

cette maison comme chapelain et y faire le service accoutumé.

En 1597, cet hôpital fut destiné aux femmes malades. Le Bret disait en 1686 : « Sa chapelle est petite, mais bien voûtée et paroist fort ancienne. »

Après avoir servi de corps de garde pendant les guerres de religion, cet immeuble fut rendu à sa destination, et la conserva jusque à la vente consentie en 1706, par le syndic des pauvres.

28 novembre 1476. — Louis XI autorise les consuls de Montauban à transférer les prisons dans un lieu plus commode.

Dès la fondation de Montauban, les consuls exercèrent le droit de haute justice, et par suite eurent des prisons, dont ils nommaient le geôlier. La constitution de l'année 1195 fit passer à la commune tous les pouvoirs judiciaires du comte de Toulouse, et investit nos administrateurs du droit de haute, moyenne et basse justice. L'article 28 prescrit la détention de la partie condamnée, dans la Maison commune, si elle refuse d'exécuter le jugement rendu en matière civile. Mais ce privilège fut plusieurs fois diminué ou même annihilé par le pouvoir royal ou par ses représentants, le viguier, le juge mage; toutefois, les magistrats de la cité, profitant des guerres ou des troubles, ne manquaient jamais l'occasion de recouvrer leurs prérogatives.

Les prisons, d'abord placées dans une partie du Château royal (aujourd'hui Maison d'arrêt), n'étant ni sûres ni suffisantes, les consuls demandèrent, en 1472, l'autorisation de les transférer dans un lieu plus commode. Le Roi donna commission, le 16 juin 1472, au sénéchal du Quercy d'examiner cette demande et de s'assurer si, en l'accordant, l'autorité royale n'en souffrirait « aucun préjudice, dommage ou intérêt. » Cette enquête fut favorable.

Le 28 novembre 1476, Louis XI autorisa la translation des prisons dans l'ancienne maison des évêques, que les consuls venaient d'acheter au chapitre, rue de l'Aiguille ou de l'Evêché vieil (aujourd'hui la Comédie), pour en faire leur hôtel-de-ville (voir ci-dessus, p. 28).

Voici le texte des lettres-patentes adressées aux consuls et qui sont transcrites sur les registres des actes de la communauté :

« Loys, par la grâce de Dieu, roy de France, à tous ceux qui ces présentes lettres verront, salut.

« Humble supplication de nos chers et bien amez les consuls de nostre ville de Montauban, en la sénéchaussée de Quercy, avons receue, contenant que ladite ville de Montauban est une bonne ville, à nous appartenant, en laquelle se tient la court et siége principal de nostre sénéchaussée de Quercy et du juge ordinaire dudit Quercy et de ladite ville de Montauban, et en icelle ville et cité a tousjours et de toute ancienneté acoustumé avoir consuls de par nous, et qui, en nostre nom, par priviléges de nos prédécesseurs à eux donnez et octroyez et par nous confirmez, ont juridiction et la première connaissance de toutes causes civiles et criminèlles, et de tous cas et crimes commis et perpétrez en ladite ville et juridiction d'icelle, et avecques ce y ont lesdits suppliants une maison et lieu en icelle ville pour tenir leur court et leur audience, appelée la Maison commune ; aussi ont cloche ou *campane* pour convoquer et assembler le peuple de ladite cité, tant pour nos affaires que ceux de ladite ville, et criée publicque pour faire criz et publications, pouvoir et puissance de créer audit lieu greffiers et notaires de par nous, et plusieurs autres beaux droits, priviléges, libertez et franchises, en laquelle ville de Montauban n'a que unes seules prisons, qui sont en une maison moult ancienne et ruineuse, en laquelle souloit demeurer le séneschal du Quercy, esquelles n'a que une seule fosse et une chambre par-dessus, avecques une autre petite demourance, et n'y a lieu seur pour tenir un criminoux, et sont icelles prisons assises devant la porte de l'esglise (Saint-Jacques), en ladite ville, et tellement que souventes fois quand on y met aucuns prisonniers ils s'échappent d'icelles maisons qui ne sont pas seures, et se vont mettre en franchise dedans ladite esglise; et qui pis est, ne sauroit-on faire séparation diceux prisonniers et prisonnières, dont adviennent plusieurs inconvénients et seroient en danger de plus avenir, si provision n'en estoit par nous donnée.

« Et à cette cause nous ont lesdits suppliants humblement fait supplier et requérir que nostre plaisir soit leur octroyer congié et licence de faire faire aucunes autres seures prisons en ladite ville pour la seureté desdits prisonniers, et sur ce leur impartir nostre grâce.

« Pourquoy nous, ces choses considérées, inclinant à la supplication et requeste desdits suppliants, à iceuls pour les causes des susdites, avons donné et octroyé et par ces présentes de grâce spéciale pleine puissance et autorité royale, donnons congié et licence de faire ou faire faire, construire, bâtir et édifier en ladite ville prisons fortes, pour tenir et mettre prisonniers, malfaicteurs et crimineux, telles qu'ils verront estre affaire en tel lieu que bon leur semblera, et qu'ils verront à ce estre plus propres et convenables, et voulons et nous plaist qu'ils y puissent commettre et ordonner pour la garde desdits prisonniers un geôlier ou garde d'icelles prisons, tel qu'il leur plaira, pourveu que ce ne tourne à aucun préjudice ou dommage à nous ne à nos droits, et que sur lesdites prisons nous aurons et prendrons tel droit que aurons et prendrons sur lesdites autres prisons. Si donnons en mandement par ces mesmes présentes au Sénéschal de Quercy, Juge-Mage et ordinaire dudit lieu de Quercy et de Montauban, et à tous nos autres justiciers et officiers, ou à leurs lieutenants et à chacun d'eux que de nos présens grâce, congié, licence, volonté et octroy, ils fassent, souffrent et laissent lesdits suppliants jouir et user plainement et paisiblement, sans leur faire mettre ou donner, ne souffrent estre fait, mis ou donné ores pour le temps avenir aucun détourbier ou empeschement contraire. Car ainsi nous plaist il estre fait.

« En témoing de ce, nous avons fait mestre nostre scel à ces présentes.

« Donné à Pleisseis du Parc lez Tours, le vingt huictiesme jour de novembre, l'an de grâce mil quatre cens soixante et seize, et de nostre règne lé seiziesme (1). »

D'après la description que Le Bret donne de l'ancien hôtel de ville, — démoli depuis quelques mois et dont le sol doit former la place des Consuls, — les prisons étaient dans le haut de ce bâtiment en 1668 ; il y avait cependant dans le sous-sol un cachot, que les prisonniers désignaient sous le nom d'*ifernet*, c'est-à-dire de petit enfer : la ville n'avait donc pas fait de grandes dépenses pour leur installation. Du reste, il y a toujours eu des prisons au Sénéchal, et depuis huit siècles l'antique château des comtes de

---

(1) Le 16 juin 1472, le Roi étant à Saint-Florent-lès-Saumur, avait déjà donné la même autorisation aux Montalbanais, à peu près dans les mêmes termes. — *Archives de Montauban*, sect. DD, original en parchemin.

Toulouse sert de Maison d'arrêt et de réclusion. Tous les ans le conseil général reconnaît que ces bâtiments sont insuffisants, mais il se contente de voter des fonds pour les assainir, au lieu de décider que la prison départementale sera établie dans un quartier convenable, où l'application du système cellulaire soit possible.

30 novembre 18.48 — *Limouzin-Lamothe, pharmacien-chimiste, poète languedocien.*

Né à Verdun-sur-Garonne le 2 mars 1782, Jean-Philippe-Marc Limouzin-Lamothe avait à peine dix ans lorsque son père et sa mère furent arrêtés et conduits à Toulouse, pendant la Révolution, en même temps que leurs biens étaient mis sous séquestre. A la mort de Robespierre ils recouvrèrent la liberté, mais leur fortune était considérablement réduite.

Le jeune Marc entra à 17 ans dans une grande pharmacie de Toulouse en qualité d'élève, et dut travailler avec une rare énergie pour compléter le peu d'instruction qu'il avait reçue dans la modeste école de Verdun.

A 20 ans Limouzin-Lamothe allait s'établir à Albi, et bientôt il épousa la fille du pharmacien qui lui avait cédé son officine. Alors il entreprit une série de travaux de chimie appliquée et de botanique agricole, qui lui valurent douze médailles d'or et d'argent. On lui doit l'introduction de l'acide muriatique dans la fabrication du pastel, ainsi que la culture du trèfle et des prairies artificielles dans le département, avec le plâtre pour amendement. Pendant trois ans il publia à ses frais un journal mensuel d'agriculture, qui produisit de très heureux résultats; enfin, il s'occupa des épidémies, du magnétisme animal, etc.

Pendant toute sa vie Limouzin-Lamothe avait rimé quelques vers dans le langage du pays, notamment des chansons, des noëls, des fables et même des épigrammes; ces pièces ne manquent pas de verve et d'originalité.

Lorsqu'il mourut à Albi, le 30 novembre 1848, Limouzin-Lamothe était correspondant des sociétés savantes de Montpellier, Toulouse, Bordeaux et Montauban, et faisait partie de la société centrale d'agriculture de Paris. Depuis huit ans il occupait la chaire d'agriculture à l'école normale du département du Tarn; il était, en même temps, essayeur des matières d'or et d'argent.

Novembre 1621. — *Siége de Montauban* (SUITE ET FIN).

XXII. — *2 novembre.* — *Dernières sorties des Montalbanais.*

Le côté du Moustier était toujours le plus menacé et celui qui attirait les plus grandes attentions des assiégés. Il y avait déjà dix toises de murailles abattues ; les ennemis avançaient toujours leur tranchée dans le quartier du marquis de Villeroi, au-delà du Tescou, et avaient jeté une galerie dans le fossé du bastion de Paillas qui leur donnait la facilité de s'attacher au corps du bastion. Il était dangereux qu'au moyen de quelque mine ils ne se procurassent l'entrée du grand fossé du Moustier, et n'emportassent le bastion. On creuse, pour les éloigner, un fourneau au-dessous des deux corps-de-garde placés l'un sur la contrescarpe, et l'autre plus bas sur le penchant vers la rivière. Les Montalbanais rassemblent ensuite leurs meilleures troupes, ne laissant dans quelques postes que les soldats inutiles ou des femmes armées de piques, et forment deux divisions de 450 hommes chacune. Les capitaines Dupui et Boutaric à la tête de la première, et suivis d'un bon nombre de gentilhommes volontaires, passent le Tescou au-dessous du pont de Saint-Etienne, près de l'endroit où cette petite rivière se jette dans le Tarn, fondent sur les tranchées, poussent les ennemis jusques au-delà des deux batteries, y enclouent sept canons, mettent le feu aux affuts, aux gabions et à la poudre, et se retirent presque sans perte à l'approche des royalistes. Mais un capitaine sorti de la ville pour favoriser leur retraite, leur fit manquer le gué de la rivière, et près de 60 s'y noyèrent.

La seconde division, commandée par Durfort, attendit, pour agir, que les corps-de-garde fussent bien pourvus de monde. Il ne doutait pas, avec raison, qu'aux premiers coups de fusil tirés aux tranchées, on ne renforçât promptement tous les postes. Dès qu'il crut son objet rempli, il fit mettre le feu au fourneau. L'effet en fut si heureux, que le premier corps-de-garde, enlevé par ses éclats, tombe sur le second et l'écrase avec tous ceux qui s'y trouvèrent ; plus de cent gentilhommes y périrent.

Durfort se hâte de profiter du désordre que ce coup imprévu avait mis parmi les assiégeants. Il sort sans tarder du bastion de

Paillas, et, descendant par la brèche, il entre dans la galerie, fait sauter dans le Tescou tous ceux qui ont échappé à l'épée de ses soldats, et détruit entièrement la galerie. Le maréchal de Lesdiguières parut le lendemain hors des tranchées, et demanda une trêve pour enlever les morts ; mais on ne put absolument les ôter de dessous les décombres qui leur servirent de tombeau.

Les bastions restèrent alors entièrement libres, et les royalistes ne tentèrent plus de rétablir les ouvrages détruits. Ces deux sorties servirent à fortifier la résolution déjà prise de lever le siége. Si elle eût été exécutée quelques moments plutôt, elle eût sauvé la vie à plus de 500 hommes qui périrent dans ces deux actions.

XXIII. — 4 novembre. — Nouvelles négociations. — Députés envoyés à l'assemblée de Castres.

Malgré toutes ces infortunes, Desplan, négociateur obstiné, n'avait pas abandonné le fol espoir de parvenir à un accommodement. Il s'était rendu auprès du duc de Rohan, et avait obtenu des lettres dans lesquelles le duc exhortait les Montalbanais à envoyer leurs députés à l'assemblée qui devait se tenir à Castres pour travailler à la paix. Le conseil de ville exigea, pour première condition, qu'on n'entreprendrait rien contre la place pendant l'absence des députés. Cet article leur fut accordé avec d'autant plus de facilité, que les assiégeants devaient profiter de cette circonstance pour emporter leur artillerie, et faire tranquillement les préparatifs de retraite.

Après cet accord, on procéda dans le temple, à l'issue du prêche, à la nomination des députés. On choisit Castelnau pour le marquis de la Force ; pour le comte d'Orval, Dupui, capitaine de ses gardes ; Vignaux, pour le régiment du Languedoc ; Dupui, premier consul ; Béraud, ministre qui avait succédé à Chamier ; France-Lamothe, et Noaillan, avocat. Desplan voulait que ces députés se rendissent à Piquecos pour y recevoir leur passe-port ; ils s'y refusèrent, et Desplan fut obligé d'aller lui-même au camp pour le chercher. Il en rapporta un très-ample du Connétable, et les députés partirent avec lui.

XXIV. — 9 novembre. — L'armée royale lève son camp.

Après le départ des députés, le 4, on transporta au quartier du Roi toute l'artillerie du quartier du Moustier ; on n'y laissa que deux canons sur les masures de l'église cathédrale, qui ne firent d'autre dégât à la ville que d'abattre quelques cheminées. Le 7 novembre, avant le jour, toutes les troupes de ce quartier, après avoir vidé les tranchées et mis le feu aux huttes, se mirent en mouvement. Elles défilèrent sur le pont construit au-delà de Sapiac, et se rejoignirent au quartier de Villebourbon. Les deux canons furent transportés avec les autres à Moissac, excepté deux coulevrines qui pour la dernière fois tirèrent quelques coups pendant deux jours. Le maréchal de Chaulnes eut le 9 une nouvelle conférence, à la corne de Montmirat, avec le marquis de la Force et le comte d'Orval, suivis de Lavergne, consul, Constans et Bardon, conseillers au Sénéchal. Cette conférence ne produisit aucun effet. Le même jour 60 hommes, qui étaient partis la nuit précédente de Saint-Antonin, arrivèrent à Montauban sans obstacle, portant avec eux un millier de poudre.

XXV. — *13 novembre. — Le roi quitte Piquecos. — Retour des députés envoyés à Castres.*

Le Roi quitta Piquecos le 10 et logea au château de Montbeton. Le quartier de Montmirat décampa le jeudi 11. Les troupes ayant passé le Tarn sur le pont de la tour de Moncau, restèrent en bataille au bord de la rivière, jusqu'à ce qu'on eût rompu ce pont, dont les bateaux furent descendus à Moissac. Bassompierre, qui s'était posté en-deçà de la rivière, avec 100 chevaux pour protéger ces opérations, escarmoucha avec les Montalbanais presque tout le jour. Mais lorsque le pont fut détruit et l'artillerie embarquée, il prit son chemin vers le Saula, et passa la rivière d'Aveyron au gué du moulin de Parazols, d'où il se rendit aussi à Moissac.

Les députés envoyés à Castres étaient revenus le 10, portant avec eux les articles qui avaient été arrêtés. Bélujon les avait dressés, et le duc de Rohan les avait approuvés sous la condition qu'ils seraient agréés des Montalbanais. Ils contenaient en substance : « Que les assiégés demanderaient pardon au Roi, et à être reçus à un nouveau serment de fidélité pardevant telle personne que sa Majesté voudrait commettre à cet effet, laquelle entrerait dans la ville avec une suite non suspecte, et avec pouvoir de confirmer tous les privilèges, franchises et exemptions des habitants ; que pour marque de soumission, on raserait les cornes de la demi-lune et la contreescarpe de Villebourbon dans trois mois, à compter du jour du départ du Roi, qui serait supplié d'établir dans la ville un siége présidial avec un prévôt et des archers. » Ces articles, lus dans le temple, ne furent pas généralement approuvés, quoique bien modestes et bien avantageux ; l'idée de soumission révoltait des têtes déjà exaltées. On envoya pourtant ces articles au Roi, qui y ajouta la démolition des bastions de Paillas et des Carmes, avec leur demi-lune. Les Montalbanais ne voulurent pas y consentir, et ne donnèrent aucune réponse.

XXVI. — 15 novembre. — Départ de l'armée royale. —
Le siège est définitivement levé.

Toute l'armée royale se trouvant réunie au quartier de Villebourbon, le bruit se répandit qu'elle devait y hiverner et continuer le siége. Afin d'éviter toute surprise, ce poste fut promptement renforcé de plusieurs compagnies, et tous les braves de la ville s'y jetèrent. Cet avis était entièrement faux. En effet, l'armée vida absolument les tranchées, et parut en bataille dans la plaine pendant qu'on brûlait le pont placé au-dessus de Sapiac. Plusieurs matériaux de ce pont échappèrent à l'incendie, et furent la proie des assiégés, qui eurent encore l'audace de pointer ces canons à Montmirat sur l'armée, et de l'obliger à reculer. Le Roi avait quitté Montbeton, le 13 pour aller coucher au château de Castelnau d'Estrétefonds, d'où il partit le lendemain pour Toulouse. Mais l'armée resta sous les armes jusqu'à la nuit, et disparut, laissant de tristes marques de son ressentiment par la destruction et l'incendie des maisons et châteaux des environs ; celui de Montbeton ne fut pas épargné.

Pertes des assiégeants et des assiégés.

Ainsi finit ce siége, l'un des plus mémorables du XVIIe siècle par son issue, après environ trois mois de tranchée ouverte. L'armée royale perdit près de 16,000 hommes tués ou morts de maladie, tandis que la perte des assiégés, d'après l'historien Joly, ne fut que de 600 à 700 bourgeois ou forains. Il faut ajouter qu'en s'éloignant, l'ennemi laissa dans les tranchées des foyers d'infection, et que les Montalbanais furent décimés par une épidémie qui, en deux mois, enleva plus de 2,000 personnes.

Documents à consulter pour une nouvelle histoire du siége.

En commençant le récit du siége de Montauban nous avons dit qu'on ne pouvait pas en écrire l'histoire complète avant d'avoir classé et analysé toutes les pièces justificatives relatives à l'année 1621, qui existent dans nos archives municipales, travail long mais indispensable. Ces documents et les comptes municipaux (1) permettraient de publier une nouvelle édition annotée de l'*Histoire particulière du siége de Montauban*, par H. Joly, réimprimée plusieurs fois, et qui contient des documents importants, dont les originaux ont disparu. On devrait puiser aussi dans les *Mémoires* inédits de Jean Natalis, dans le *Mercure François* de l'année 1621, et enfin dans les nombreux écrits distribués à la même époque, et qui prouvent combien la résistance de notre cité préoccupait tout le royaume.

A quelles causes a-t-on attribué l'insuccès du siége de Montauban?

Pour compléter le récit du siége, donné en éphéméride, il est nécessaire d'indiquer sommairement les causes qui, d'après les contemporains, contribuèrent à l'insuccès de l'armée royale, jusqu'alors toujours victorieuse.

Dans une lettre datée du 8 novembre 1621, et qui fut publiée l'année suivante (2), le connétable de Luynes écrit à M. de Montbazon, que quatre choses ont forcé Louis XIII à lever le siége : 1º le courage inconsidéré de Mayenne, qui a fait périr une grande quantité de noblesse ; 2º la faute commise par les troupes du duc d'Angoulême, en laissant passer un secours, sans lequel les assiégés n'auraient pu tenir plus de trois jours ; 3º la maladie de M. de Montmorency, qui fut la cause du départ, dans une nuit, de 3,000 hommes amenés par lui ; 4º la grande et incomparable maladie qui se mit dans tout le camp royal. En terminant sa lettre, le Connétable annonce que le Roi a laissé au maréchal de Saint-

---

(1) Les dépenses inscrites dans le compte de 1621 s'élèvent à environ 65,000 livres; mais il est certain que cette somme ne représente pas tous les frais occasionnés par le siége, et que la ville ne put se libérer qu'après bien des années.

(2) *Deux Lettres escrites devant Montauban par monsieur le Connestable.* — Paris, 1622, in-4º.

Géran 6,000 hommes de bonnes troupes et 500 chevaux pour garder les villes ou les forts voisins et tenir la campagne, afin de forcer les Montalbanais de se rendre à discrétion.

Le rédacteur du *Mercure François* (1), après avoir reproduit cette lettre, accuse formellement le duc de Luynes d'être le seul auteur de ce siège, fait contre la saison et l'avis de tous ; il ajoute même que tous impôts levés pour les frais de cette guerre, ont été en grande partie détournés par le connétable, qui les employait à bâtir son hôtel de Paris ou à agrandir ses propriétés, tandis que « les soldats placés devant Montauban mouraient de faim et abandonnaient l'armée, faute de paye. »

Natalis, dans ses *Mémoires*, énumère longuement huit causes de l'insuccès de Louis XIII. En premier lieu, le retard à commencer les opérations, ce qui permit aux assiégés de terminer les fortifications (2) sous la direction de l'ingénieur Daffer, « que la ville envoya quérir et entretint à ses dépens. » On y employait journellement 1,000 à 1,200 manouvriers, et tous les habitants de toute condition, hommes ou femmes, allaient travailler aux fossés. Si la ville avait été cernée avant la récolte, il eût été impossible d'y réunir les provisions de tout genre nécessaires à la nourriture d'environ 10,000 hommes, femmes ou enfants, qu'il y avait dans l'enceinte. De plus, à ce moment les Montalbanais « n'avaient que fort peu de poudre, armes et autres munitions de guerre, et d'ailleurs les deux canons nouveaux n'étaient pas encore faits. »

C'est surtout à la protection de providence qu'il faut, d'après la Natalis, rapporter les succès des défenseurs de Montauban. Ce chroniqueur n'oublie pas les femmes, qui, au nombre de plus de 300, armées de piques, de demi-piques, de hallebardes, de faux ou seulement de pierres, culbutaient les assiégeants dans les fossés, y descendaient même, et allaient enclouer les canons jusque dans

---

(1) *Le septième tome du Mercure François*, p. 224. — Paris, 1622, in-8°.

(2) Après les sièges soutenus contre Montluc et Torride, les Montalbanais augmentèrent leurs fortifications, et en avril 1621 Sully en traça de nouvelles, notamment les bastions de Paillas et du Moustier.

les batteries ennemies. Enfin, il reconnaît que la bonne administration des consuls contribua grandement à la résistance des assiégés, car les vivres furent toujours distribués avec ordre, et les poudres étaient maintenues assez abondantes pour que la mousqueterie pût en dépenser 4 quintaux les jours ordinaires, et 10 ou 12 quand il y avait des assauts ou des sorties.

En résumé, nous croyons que les chefs de l'armée royale ne s'entendaient guère, et ne combinaient jamais leurs opérations; presque toujours, soit trahison, soit inexpérience, leurs mines étaient éventées ou tournaient contre eux; enfin, pendant trois mois le temps fut « beau, clair et calme, et il ne plut pas trois fois; » ce qui prouve qu'on ne doit pas attribuer aux pluies ni aux débordements de la rivière, les maladies qui décimèrent l'armée royale, mais plutôt aux chaleurs, à l'abus des fruits, aux privations et surtout aux fatigues incessantes.

Quelles ressources avaient les Montalbanais pour défendre leur cité.

Pour répondre au feu des assiégeants, qui tirèrent 16,052 coups de canons contre la ville, du 1ᵉʳ septembre au 9 novembre, les Montalbanais avaient, au dire de Joly : « 40 pièces sur roues, dont 3 canons de batterie, 2 grosses coulevrines de 18 pieds de long nouvellement fondues, 4 moyennes, 30 pièces de campagne, quelques fauconneaux, et autant d'armes qu'il en fallait pour armer de piques, mousquets et arquebuses à gibier et à croc, » les 4,000 combattants qui défendaient la cité.

Nous avons vu, par une lettre de Montluc, du 6 avril 1565, que Charles IX, à son passage à Montauban, avait fait démolir les fortifications, et acheté l'artillerie, ainsi que les armes et munitions qui auraient pu permettre aux habitants de résister plus tard aux ordres de Sa Majesté.

En venant à Montauban, le 20 août 1629, Richelieu exigea également la démolition des remparts, et de plus négocia l'achat de l'artillerie et des munitions que la ville conservait avec soin depuis le siége de 1621. Le 16 mars 1631, les consuls de Montauban donnèrent quittance à Mᵉ Etienne Japin, conseiller du Roi et trésorier de l'artillerie de France, de la somme de 21,425 livres, pour le paiement des canons et munitions de guerre que la ville avait vendus à Sa Majesté (1). Huit jours après la signature de cette quittance, c'est-à-dire le 24 mars, ordre fut donné, par le sieur de Puységur, commissaire, de parachever la démolition des fortifications.

Cette fois encore, comme en 1565, nos consuls ne renoncèrent pas aux moyens de défendre leur cité si la nécessité se représentait de nouveau. Peu à peu, ils reconstituèrent leurs provisions d'armes et de munitions. Nicolas Poncet, qui était déjà fondeur de la ville en 1615, donna quittance, le 9 octobre 1652, de 80 livres qu'il avait reçues pour « travail et façon de deux pièces coulevrines bastardes, par luy entreprises pour la communauté. »

On s'expliquerait difficilement qu'une ville de troisième ordre ait osé résister à Montluc et à Louis XIII, si l'on ne connaissait l'esprit belliqueux de ses habitants, qui, dès le XVe siècle imposaient à leurs consuls, comme tribut de bienvenue à leurs fonctions, le don d'une arbalète d'acier munie de 25 traits bons et suffisants, et, plus tard, d'un mousquet avec sa fourchette et sa bandoulière.

---

(1) Voici l'analyse de cet intéressant document, qui, croyons-nous, n'a pas encore été publié :

2,000 livres	pour un gros canon pesant 5 milliers, à raison de 40 livres le quintal ;
1,600 —	pour un autre canon courtaud (court, peut-être un mortier), pesant 4 milliers, au même prix ;
2,000 —	pour une grande couleuvrine, pesant 5 milliers, au même prix ;
2,000 —	pour une autre couleuvrine du poids de 1,080 livres, et deux autres pesant ensemble 2,700 livres, à raison de 40 livres le quintal ;
600 —	pour deux fauconneaux, pesant ensemble 1,500 livres, au même prix ;
10,000 —	pour 10,000 boulets, à 20 sols chaque ;
800 —	pour 20 quintaux de poudre menue, à 30 sols le quintal, poids de Montauban ;
750 —	pour 30 quintaux de salpêtre, à 25 livres le quintal ;
120 —	pour 8 quintaux de mèche, à 15 livres le quintal ;
75 —	pour 150 grenades de plomb ;
600 —	pour 60 corselets (petites cuirasses) complets, à raison de 10 livres chacun.

Le tout suivant estimation qui a été faite par MM. de Calvire, président au Parlement de Tolose, et Dubuysson, lieutenant de ladite artillerie ; en présence de MM. Pierre Lavergne, Abel Villeneuve, Pierre Commayras, consuls ; pardevant Naces, notaire royal. — *Livre Benott*, f° 42.

Mois de Décembre.

1ᵣₑ décembre 1793. — Abolition du culte à Montauban. — L'hymne des Marseillais chanté au Temple de la Raison.

Le 30 novembre 1793, tous les citoyens et citoyennes de Montauban furent invités à se rendre le lendemain au Temple de la Raison, ci-devant église Cathédrale, pour assister à l'abolition de l'ancien culte et de ses préjugés. Cette invitation fut faite publiquement à tous les habitants, par quatre officiers municipaux, qui parcoururent toutes les rues, escortés par un piquet de 100 hommes révolutionnaires. « On fit assembler le bataillon du district pour aller audit Temple de la Raison, entendre chanter l'*Hymne des Marseillais* (1), et écouter les citoyens qui monteraient en chaire pour y faire des discours. On avait dressé une idole sur l'autel. »

Tous les jours il passait des convois de paille, de foin et d'avoine pour la cavalerie qui était à Perpignan, comme aussi on avait requis dans les campagnes et les maisons des émigrés des matelas et des couvertures pour les soldats stationnés sur les frontières.

Tous les matins, à 9 heures, on sonnait la *barloque* (la grande horloge) pour annoncer la distribution de pain, qui était faite dans les boulangeries, en présence des commissaires. — *Récit inédit de ce qui s'est passé à Montauban pendant la Révolution.*

(1) Les vers composés à Strasbourg, par Rouget de Lisle, au mois de mars 1792, furent chantés à Marseille, le 24 juin de la même année, sur un air de *Sargines*, opéra de Dalayrac.

La municipalité montalbanaise fit imprimer, vers la fin de 1792, par Fontanel père et fils, l'*Hymne des Marseillais*, air du chœur de la *Caravane du Caire*, suivi de « Couplets ajoutés à cet hymne sur nos exploits en Savoie. »

En 1793 on imprima à Paris la *Marche des Marseillais*, musique du citoyen Novoigille, qui était violoniste du duc d'Orléans avant la Révolution.

L'administration centrale du département du Lot fit imprimer, après l'an VII, à Cahors un *Recueil de chansons patriotiques*, qui commence par l'hymne des Marseillais, air du *Chœur de Sargines*.

Ces diverses indications semblent prouver que Rouget de Lisle n'est pas l'auteur de l'air de la *Marseillaise*, ou du moins que les paroles et la musique n'ont pas été composées en même temps. On sait d'ailleurs que la *Marseillaise* se chante une note par syllabe sur l'air de la *Grâce de Dieu*, et que Louis-Philippe, qui n'aimait pas ce chant, avait fait souvent cette remarque.

M. Fétis, dont l'autorité est incontestable, dit que les airs composés par Rouget de Lisle sont « si médiocres, si nuls, si pauvres de conception et manquent si complètement de tout ce qu'on trouve dans la *Marseillaise*, qu'on sent l'impossibilité d'attribuer à ce dernier morceau et aux autres une paternité commune. »

3 décembre 1535. — Les marchands de Montauban sont exemptés des leudes.

Le Sénéchal de Toulouse rendit une ordonnance, le 3 décembre 1535, qui maintenait en faveur des marchands domiciliés dans la ville de Montauban, l'exemption des impôts connus sous le nom de leudes et gabelles, cette exemption leur était accordée en vertu des priviléges octroyés antérieurement contre les fermiers du domaine du Roi.

5 décembre 1774. — Le baron de Parazols, maréchal de camp.

Antoine-François-Réné de Montratier-Parazols naquit à Montauban le 5 décembre 1744, d'une famille qui était des plus anciennes du Quercy, et dont plusieurs membres s'étaient distingués dans la magistrature ou dans l'armée. Il débuta le 10 avril 1760 comme cornette au régiment de Royal Pologne cavalerie, et devint major au régiment d'Artois cavalerie. Peu après, il passa lieutenant-colonel dans les chasseurs des Trois-Évêchés, et en 1788, avec le même grade, dans les chasseurs du Languedoc ; en 1790, étant en garnison à Aire (Artois), avec ce régiment, il sut maintenir l'ordre et la discipline dans cette place, et mérita les témoignages les plus honorables de la reconnaissance publique.

Nommé lieutenant-colonel de la garde à cheval de Louis XVI, le 13 novembre 1791, de Parazols arma, dans l'espace de cinq semaines, équipa et organisa ce corps de manière à faire son service comme une troupe ancienne et longtemps exercée.

Réné de Parazols émigra en 1792 et ne servit pas sous l'Empire. A la rentrée des Bourbons, il ne put, étant frappé de cécité, leur offrir ses services ; mais Louis XVIII l'éleva, le 5 décembre 1814, au grade de colonel pour prendre rang du 15 novembre 1791 ; le même jour il le créa maréchal de camp et l'admit à la retraite de ce grade. Le baron de Parazols était chevalier de Saint-Louis. Il mourut le 26 novembre 1848, dans son château, près Lafrançaise.

6 décembre 1573. — Henri de Navarre et sa femme accordent une rente perpétuelle au Collège de Montauban.

Dans ses lettres patentes du 6 décembre 1573, Henri, roi de Navarre, seigneur souverain de Béarn, duc de Vendomois, etc., déclara « qu'ayant été prié par les consuls de Montauban d'intercéder envers le roi pour leur permettre de dresser un Collége, il les avait assistés de sa faveur, et que lui-même dotait cet établissement d'une rente annuelle et perpétuelle de 200 livres, en témoignage de l'affection et bonne volonté qu'il portait au bien, accroissement et splendeur de cette ville, ladite somme à prendre sur son domaine du comté de Rodez. »

Marguerite de Navarre, à l'imitation de son mari, accorda, le 28 novembre 1579, une pension annuelle de 200 livres pour l'entretènement du Collége, qui fut construit dans la rue portant aujourd'hui le nom de rue *de l'Ancien-Collége*, et sur l'emplacement occupé par l'hôtel Cartault.

Le 19 octobre 1634, le Collége fut mi-parti entre les catholiques et les protestants; il y eut des professeurs appartenant aux deux cultes jusqu'à l'arrêt du roi, du 12 décembre 1659, qui attribua la direction de cet établissement aux Jésuites. Ces derniers le transférèrent, en février 1677, dans le local où il était encore en 1869, lorsqu'il fut remplacé par le Lycée, et qui est en ce moment occupé par les écoles municipales. La chapelle des Jésuites est devenue l'église paroissiale Saint-Joseph depuis le rétablissement du culte sous le Consulat.

7 décembre 1779. — L'abbé de La Tour lègue aux Frères une maison et les livres qu'il s'était réservés en leur donnant sa bibliothèque.

L'abbé de La Tour, doyen du chapitre cathédral de Montauban, donna, par testament du 7 décembre 1779, 100 livres à l'hôpital et 300 aux communautés de la ville, à la condition de dire des messes pour le repos de son âme. Il légua aux pauvres sa maison de la rue des Soubirous, estimée 4,500 livres, « pour servir à l'instruction des enfants et en faire des écoles plus commodes et plus à portée que celles des faubourgs ; son revenu sera employé, partie à acheter quelques récompenses pour les enfants, partie à aider à l'entretien des maîtres, le tout par les mains et le ministère des Frères des écoles chrétiennes, qui en feront l'emploi selon leur sagesse et sans avoir aucun compte à rendre. »

L'abbé de La Tour légua son mobilier, estimé 400 livres, aux

Frères, ainsi que tous ses écrits et les livres qu'il avait retenus en leur donnant sa bibliothèque, laquelle devait être conservée soigneusement; sa volonté était que la lecture de ses livres fût accordée au public, dans le temps et de la manière que les supérieurs le jugeraient convenable.

Ce vénérable prêtre désigna l'abbé Belvèze, préhendé au chapitre, pour son héritier, en exprimant le désir d'être enterré dans le cimetière de Sapiac, au milieu des pauvres. Ce vœu fut exaucé, et une croix indique le lieu où il repose depuis le 20 janvier 1780.

Le 26 mars 1787, le supérieur général des Frères consentit à ouvrir la bibliothèque le mercredi et le vendredi, de 9 à 11 heures et de 3 à 5 heures après-midi, excepté en septembre et octobre, espérant que la ville donnerait 300 livres à un second Frère comme au premier, qui ne pouvait suffire. D'après le règlement, il était défendu de prêter les livres au dehors. Tous les dons faits pour augmenter cette bibliothèque devaient rester la propriété des Frères.

Le frère Odile était bibliothécaire lorsque le 21 décembre 1791 les Frères furent expulsés de leur maison.

Pendant la Révolution, les livres de l'abbé de La Tour et ceux qui provenaient des couvents furent entassés dans une dépendance de la ci-devant Cathédrale, où ils étaient encore le 20 janvier 1802, lorsque la police dressa un procès-verbal constatant qu'une partie de ces livres avaient été volée.

L'abbé Goutte fut nommé bibliothécaire le 25 juin 1805.

7 décembre 1690. — Etat des régents et régentes de la ville de Montauban. — Nombre d'élèves admis gratuitement dans les écoles.

D'après un état dressé par l'intendant Le Goux de la Berchère. le 14 janvier 1690, et un autre du 7 décembre de la même année, les consuls de Montauban avaient ainsi fixé le chiffre des élèves, qui devaient être admis gratuitement dans les écoles de la ville, en même temps que le nombre et le traitement des instituteurs :

Pour le quartier de l'Hôtel de ville (alors situé dans la rue dite de la Comédie), il y avait deux régents recevant 100 livres, et qui étaient tenus d'admettre gratuitement 20 élèves pauvres.

Pour le quartier de Montmirat, 2 régents à 100 livres, recevant chacun 20 élèves gratuits.

Villebourbon avait 2 régents ; Villenouvelle, Sapiac, le Moustier et le Fau, chacun un régent, dont le traitement était de 100 à 120 livres; mais ces instituteurs devaient recevoir gratuitement *tous* les enfants de leur quartier.

Albefeuille-Lagarde, qui fit partie de la communauté de Montauban jusques en 1790, n'avait qu'une régente, payée à 60 livres et recevant aussi tous les enfants pauvres.

Les régents et les régentes payaient alors le loyer des locaux qu'ils occupaient, et en compensation percevaient le montant de la rétribution scolaire.

Indépendammment de ces régents, il y avait quatre écoles de filles tenues par les *Dames de Paris* (dites aujourd'hui Dames Noires): une dans la ville et trois dans les quartiers de Villenouvelle, Villebourbon et Sapiac.

En ce moment l'administration de la cité n'avait pu encore réaliser le projet formé en 1688, d'augmenter le nombre des régents et des régentes. Ce projet portait qu'il devait y avoir dans le quartier des Jésuites (du Collége), 1 régent.

—	des Nonnains (de la Cathédrale),	2	id.	2	régentes.
—	de Montmirat,	1	id.	2	id.
—	de l'Hôtel de ville (de la Comédie),	2	id.	2	id.
—	de Villenouvelle,	2	id.	2	id.
—	de Sapiac,	2	id.	2	id.
—	de Lacapelle,	2	id.	2	id.
—	de Villebourbon,	2	id.	2	id
	Total.	14		14	

Ces 28 instituteurs ne devaient recevoir que 1,540 livres, et la rétribution payée par les enfants.

De ces renseignements il résulte, ce nous semble, qu'en tenant compte des temps, l'administration de la cité se préoccupait alors d'une manière sérieuse de l'instruction élémentaire, et que les enfants pauvres étaient admis gratuitement dans les écoles comme de nos jours.

9 décembre 1518. — *Les prédications de Frère Thomas Illyricus à Montauban.*

Les consuls de Montauban pour l'année 1518 ont relaté dans le registre des recettes et des dépenses de la ville, le passage de Thomas l'Illyrien, de l'ordre des Frères Mineurs, qu'on nommait ordinairement le *saint homme*, et dont les prédications firent grand bruit à Toulouse et dans plusieurs autres villes du Midi. Cet orateur devait, en effet, avoir une grande éloquence, pour produire la sensation constatée dans la relation officielle que nous allons reproduire (1) ; ce récit donnera une idée de la manière dont nos consuls rédigeaient leurs comptes au commencement du XVIe siècle.

« Le 9 du mois de décembre dernier (1518), étant avertis que le discret homme Thomas Ylericus, d'Esclavonie, était à Verdun, nous y avons envoyé Pierre Delmas pour le requérir de venir ici pour nous prêcher la parole de Dieu, ainsi qu'il savait le faire. Le même jour, ledit Delmas est parti, à la nuit, parce que nous étions prévenus que le lendemain, après le sermon, il (le Frère Thomas) allait à Toulouse. Il a loué un cheval à Margasole. Il a coûté 3 sous. Il a loué aussi le Rougillon, parce qu'il connaissait le chemin et aussi pour lui tenir compagnie, parce qu'il faisait fort obscur. Avons donné 1 sous 10 deniers pour la dépense, tant pour lui que pour le cheval, et pour ledit Rougillon 4 sous 6 deniers.

« Nous avons établi la chaire dans le cimetière du Moustier, (aujourd'hui enclos des Pères missionnaires de Saint-Théodard). Nous avons commis Antoine de Lacroix et Gautier de La Ferrière, menuisiers, pour faire la chaire, ainsi que l'indiquerait le

---

(1) La relation dont nous donnons la traduction d'après M. Devals, est écrite en langue romane, encore employée souvent dans les actes officiels. Afin qu'on puisse la comparer au patois de nos jours, nous publions ici le texte du premier alinéa :

« .., Lo IX del mes de dezembre, nos abertitz que lo discret home fra Thomas Ylericus, d'Esclabonia, hera Berdu, hy aben tramès Peire del Mas per lo requesta de benir de part desa per nos predigua la paraulo de Diu, ausi que sabia el bo far. Es partit lodit del Mas lodit jorn la neit per so que heren abertitz que lendoma aprep lo sermo sennabo ha Tholose. Ha logat hun rosy de Margasola ; ha costat III sols ; ha logat lo Rogilho per so que sabia lo quamy et ausy per li far compania per so que hera fort escur. Habem donat I s. X d. per la despensa, tant per el que per lo rosy, que per lodit Rogilho IIII s. VI d.

gardien que menait ledit Frère Thomas. Ils y ont veillé toute la nuit.

« J'ai fourni pour faire porter les livres dudit Frère Thomas, 2 sous; pour 5 pouchons d'hypocras, 1 livre 7 sous 6 deniers; pour du poisson pour le vendredi et le samedi, 1 sous 10 deniers.

« Plus nous avons payé à Bermond Vigier, barbier, pour avoir fait la barbe et la couronne, tant à Frère Thomrs qu'à trois autres Pères, 3 sous 4 deniers.

« Ledit Frère Thomas ayant dit que les hommes ne fussent point mêlés avec les femmes, furent commis pour nous aider, pendant la nuit, à faire ranger les gens : Jean Tessendier le vieux, Géraud Tournier, Pierre Brassac, Pierre Delmas, Pierre Devolvé et autres.

« Le sermon commença vers cinq heures, et il dura quatre heures environ. On estimait qu'il y avait de quinze à seize mille personnes. Toute la nuit il était arrivé des gens à foison. Frère Thomas dit, au sermon, qu'on changeât de place pour qu'il prêchât le lendemain, parce qu'il viendrait tant de monde qu'on ne pourrait entrer sur l'emplacement actuel, et qu'il avait résolu de faire un beau sermon.

« On visita tous les lieux où il y avait de la place. Il fut arrêté que le plus grand emplacement était au grand pré des Frères-Mineurs (aujourd'hui enclos des Ursulines). Ledit Lacroix et Couzy le menuisier furent chargés d'aller démonter la chaire qui était audit cimetière, et de la rétablir dans ledit pré. Ainsi fut fait.

« Plus, parce que ledit Frère Thomas voulut, le samedi matin, entendre la messe avant de monter en chaire, nous avons fait célébrer ladite messe devant Notre-Dame de Montauriol, par M. Jean Reygade, 1 sou 7 deniers.

« Plus, nous avons payé pour un mors de bride de l'âne dudit Frère Thomas, 6 sous.

« Plus, à la femme de Bartot, parce que, sur notre commandement, elle a donné asile à deux pauvres femmes repenties qui suivaient ledit Frère Thomas, 10 sous.

« Il a été dit par une foule de gens qu'on évaluait à vingt-cinq mille le nombre de personnes présentes audit sermon. Ce sermon a duré près de cinq heures.

« Toute la susdite dépense monte 6 livres 6 sous 6 deniers. »

Dans *l'Histoire de Notre-Dame d'Arcachon et du B. Thomas Illyricus, son fondateur*, publiée à Bordeaux en 1872, le P. Delpuech donne des détails intéressants sur le célèbre prédicateur, qui serait né vers le milieu du XVe siècle, à Osimo, dans la Marche d'Ancône, de parents Illyriens. Entré fort jeune dans l'ordre des Frères Mineurs de l'Observance, et après avoir professé et évangélisé en Italie, il vint porter la parole divine dans le Midi de la France, notamment à Bordeaux, où il séjourna quelque temps. A Toulouse, il était gardien de son couvent vers 1519, et prêchait sur la place Saint-Georges, « parce que les églises étaient trop petites pour contenir les grandes foules qui couraient à ses prédications. » Florimond de Ræmond dit que lorsque le Frère Thomas arrivait dans une ville, « le peuple accourait de dix lieues à la ronde pour voir ce saint homme, de sorte qu'il était forcé de prêcher sur les places publiques, car les églises les plus grandes étaient trop petites pour recevoir l'infinie multitude qui venait l'ouïr. »

La *Biographie universelle*, la *Biographie toulousaine*, et le P. Delpuech ne font pas mention des prédications du célèbre Minorite dans notre ville ; le chanoine Perrin, dans son *Histoire de Montauban*, dit seulement que le Frère Thomas l'Illyrien avait prédit, en passant dans notre cité, que la Réforme ne tarderait pas à s'y introduire.

9 décembre 1682. — *Manuscrits et actes de l'abbaye de Moissac envoyés à Colbert.*

Dans le mois de juillet 1681, Foucault, intendant de la généralité de Montauban, envoya au ministre Colbert 200 manuscrits de l'abbaye de Moissac, et, comme compensation, offrit aux chanoines la somme de 1,200 livres destinées à l'achat d'ornements d'église.

Le 9 décembre 1682, Foucault envoya encore à Colbert plusieurs actes curieux tirés des archives de l'abbaye de Moissac, et dont le plus ancien était une bulle du pape Serge, de l'an 1009, dans laquelle le Souverain Pontife exhorte les chrétiens à venir rétablir avec lui le saint sépulcre, que le roi de Babylone avait détruit, à la suscitation des Juifs. D'après les *Mémoires* de Foucault, cette bulle était le seul acte du pape Serge qui eut paru ; elle est conservée à la Bibliothèque nationale, section des manuscrits, et a été publiée. Le catalogue des manuscrits de Moissac est imprimé dans les *Mémoires de Foucault*, p. 119, et dans les *Etudes sur Moissac*, par M. Lagrèze-Fossat, t. 1er, p. 358.

12 décembre 1659. — *Académie protestante de Montauban.* — *Sa fondation* — *Sa translation à Puylaurens.*

Dans le synode national tenu à Montpellier par les Eglises réformées de France, du 26 au 30 mai 1598, il fut décidé qu'une Académie ou Université serait créée à Montauban, que l'on consacrerait 10,000 livres à son organisation et 1,100 écus à son entretien annuel. Le 31 octobre 1600 furent adoptés, dans le temple, les règlements de cette Académie, à laquelle on affecta une partie des bâtiments du Collège, agrandis par l'acquisition de l'hôpital de Parias et de plusieurs maisons de la rue de l'*Ancien Collège*.

D'après ces règlements, le personnel enseignant devait être composé de « docteurs et professeurs publics en théologie, jurisprudence, médecine, mathématiques, langue hébraïque et grecque, et de professeurs qui enseigneraient la physique, la logique, l'éloquence et la grammaire; » mais ce plan trop vaste dut être réduit, et l'on se borna à l'enseignement de la théologie et des connaissances humaines qui en sont les auxiliaires indispensables.

Comme la Faculté actuelle de Montauban, l'Académie comprenait une division de philosophie et une de théologie ; ses cours furent bientôt suivis par de nombreux élèves, dont quelques-uns venus d'Ecosse : mais une partie ne se destinait pas à la carrière évangélique, et tenait seulement à obtenir le diplôme (1) de maître

(1) Nous avons été assez heureux pour sauver de la destruction un de ces diplômes, imprimé sur parchemin. Il fut délivré le 22 août 1658 à Samuel Olivier, de Montauban, après des examens présidés par Pierre Cruvel, recteur et professeur. Ce diplôme porte à gauche les armes de Louis XIII; au milieu, les armoiries de la ville de Montauban; et à droite, le sceau de l'Académie, dont nous donnons ici une réduction. Le texte et le nom du candidat sont imprimés; mais les signatures ci-après sont autographes :

MARTELLUS, *professor ;* E. VERDERIUS, *Verbi Divini minister et S. Theologiæ professor;* GAILLARDUS, *pastor Ecclesiæ Montalbanensis.*

ès arts, lequel correspondait à peu près à celui de bachelier.

Parmi les professeurs on cite : Michel Bérauld, qui joua un grand rôle dans notre cité; Bernard Sonis, Robert Constantin, Daniel Chamier, tué pendant le siége de 1621, et surtout Jean Caméron. La chute de La Rochelle et la soumission de Montauban privèrent l'Académie de la plus grande partie de ses ressources; aussi pendant quelque temps il n'y restait qu'un seul professeur. Cependant, vers 1646 les études reprirent leur activité, grâce à la nomination de Paul Charles, qui fut adjoint à Antoine Garissoles, un des personnages les plus importants de cette époque.

Le Collége ayant été mi-parti entre les catholiques et les protestants, par lettres-patentes de 1631-33, il en résulta un antagonisme, auquel se mêlèrent les étudiants, les professeurs et la plupart des Montalbanais; les troubles qui éclatèrent et se prolongèrent pendant plus de deux ans, eurent pour conséquence regrettable la suppression des professeurs protestants du Collége, et la translation de l'Académie à Puylaurens, par arrêt du conseil du 12 décembre 1659.

Deux professeurs, Jean Verdier et André Martel, suivirent seuls l'Académie dans l'Albigeois; mais le synode provincial vota des fonds pour le recrutement de nouveaux professeurs, et la ville de Puylaurens s'imposa des sacrifices pour lui offrir un local convenable et un subside annuel; un imprimeur montalbanais y transporta même ses presses. Aussi de 1660 à 1685 cet établissement fut prospère, les cours ne cessèrent jamais, les chaires furent toujours occupées, notamment par André Martel, Théophile Arbussy, Antoine Pérès, Jean Bon et Elie Ramondou. Le 5 mars 1685, quelques mois avant la révocation de l'édit de Nantes, l'Académie de Puylaurens fut supprimée, comme celles de Sédan et de Saumur.

M. Michel Nicolas, qui a déjà esquissé l'histoire de cet établissement (1), dans un discours prononcé en 1871, à la rentrée de la

---

(1) « Le fond général et commun de l'enseignement donné dans l'Académie de Montauban, dit M. Michel Nicolas, fut la doctrine calviniste. Chaque professeur, en entrant en charge, faisait acte d'adhésion à la confession de foi de La Rochelle, qui en est un résumé fidèle. Mais cette doctrine ne fut pas répétée machinalement, comme une lettre morte ou une affaire de tradition ou de convention, depuis l'origine de l'Académie jusqu'à sa fin. Des modifications y furent insensiblement introduites, de telle sorte qu'elle passa successivement par diverses nuances de plus en plus adoucies. »

Faculté de théologie, prépare depuis plusieurs années une histoire complète de l'ancienne Académie, de ses professeurs et des élèves qui en furent la gloire, tels que Jean Claude, Matthieu Larroque, de Dubourdieu, de La Placette, David Martin, l'académicien Pélisson, l'helléniste Dassier, l'historien Rapin de Thoiras, Daniel Duncan. Nous faisons des vœux pour la prochaine publication de cet intéressant ouvrage, qui viendra combler une lacune des annales montalbanaises.

15 décembre 1581. — *Louis Rabier, imprimeur, quitte Montauban pour aller à Orthez.*

Les consuls Laplanche et Coderc furent informés, le 15 décembre 1581, que Louis Rabier, imprimeur, voulait quitter Montauban pour aller en Navarre, malgré le contrat par lequel il s'était engagé, en recevant 100 livres, à rester dans notre ville sa vie durant.

A la requête de Satur, leur syndic, les consuls menacèrent Rabier de saisir ses presses et ses meubles. Mais son avocat soutint qu'il était possible à son client d'avoir et de diriger en même temps des presses à Montauban et en Béarn ; Satur répondait que c'était là une feinte, l'intention de l'imprimeur étant de ne plus revenir.

Sur la recommandation d'Henri de Navarre, les consuls finirent cependant par autoriser Rabier à transporter une de ses presses avec quelques caractères à Orthez, à condition que ce matériel serait renvoyé avant 6 mois à Montauban. Ces conditions furent acceptées, mais Rabier ne les remplit pas : il resta en Béarn et y mourut vers 1606, ainsi que nous l'avons dit dans *un chapitre de l'histoire sur l'Imprimerie à Montauban*, publié en 1872.

16 décembre 1550. — *Guillaume Bigotius, lecteur en philosophie dans les écoles de Montauban. — Ses aventures.*

Par délibération du 16 décembre 1550, les consuls de Montauban et les représentants de l'évêque Jean de Lettes chargèrent Guillaume Bigot (*Bigotius*), docteur en médecine et maître ès arts, des fonctions de lecteur en philosophie dans les écoles publiques de la ville, qui comptaient alors plus de 1,200 écoliers.

Le traité conservé dans les archives est passé en présence de « messieurs maistres Jehan Constans le vieulx, licencié ez droitz ;

Nicolas Mabruni, marchand, et maistre Gérauld Naucelle, notaire, consuls de la ville de Montaulban... et maistre Ramond Scorbiac, notaire et secrétaire de Révérend Père en Dieu Mgr Jean de Lettes, évesque de Montauban..., lesquels ont baillé à monsieur maistre Guillaume Bigotius, docteur en médecine, et maistre ez arts, illec présent et acceptant, la charge de lecteur à faire chascun jour une lecture d'une heure en philosophie dans les escoles publiques d'icelle ville..... sauf la vacation du jour du jeudi de chaque septmaine et les jours de festes du dimanche et solempnes de Nostre-Seigneur, Nostre-Dame, et des Appostres et Evangélistes et aultres festes que la cour de parlement de Tolose n'entre point et les mois de juillet et aoust.

« Et ce pour le terme de deux ans et demy commencez du premier jour du moys de janvier prochainement venant...

« Et pour ce faire, messieurs les consuls et Escorbiac, aux noms que dessus, lui ont constitué gages de quatre cents livres par an, payables chaque mois la douziesme partie... »

Sur ce traitement, l'évêque s'engageait à payer 300 livres pour les 2 ans et demi, et le restant était à la charge des consuls. Dans le cas où les écoles seraient fermées pour cause de peste, Bigotius devait recevoir son traitement, mais en se tenant à la disposition des consuls pour aller lire hors de la ville; de son côté, ce professeur s'engageait à remplacer les leçons qu'il serait forcé d'interrompre par suite de maladie.

Le dit traité fut signé en présence de Guillaume de Lanes, docteur; Jean de la Roche, aussi docteur en théologie; Pierre de Tilh, prêtre de Villemade, et Arnauld Pogeti, notaire royal. Les signatures des consuls sont suivies de celles de Scorbiac et Bigotius.

En marge de l'acte ci-dessus analysé est inscrite une nouvelle convention faite le 22 février 1551, « entre demoiselle Jeanne de Calle, femme et ayant procure de Bigotius, qui a dit et confesse avoir esté payée et satisfaicte entièrement, de la part du dit seigneur évesque.... de la tierce partie de la somme contenue audit instrument (acte), comme de l'accord qui a esté depuis fait entre lesdits messieurs les consuls et Scorbiac, d'une part, et ledit Bigotius d'aultre, avec l'instrument retenu par Me Berenguier Bironis, notaire... En tesmoin de quoy me suis soubzsigné.   POGETI. »

Suit une quittance de 364 livres 8 sols 10 deniers, donnée également par la femme de Bigotius, le 5 mars 1551, aux consuls, pour la part du traitement qui était à la charge de la ville.

Il résulte de ces documents que Guillaume Bigotius n'a rempli sa charge que du 1er janvier 1550 (car l'année ne commençait qu'en mars), jusqu'à la fin de février 1551, c'est-à-dire environ 14 mois, pour lesquels il a reçu la somme ci-dessus indiquée.

La mention de ces actes dans l'inventaire de nos archives dressé par Pierre Le Clerc prouve, ce nous semble, que la nomination de Bigot avait quelque importance. En effet, ce professeur jouissait d'une certaine réputation. Né à Laval en juin 1502, et pour ainsi dire abandonné à lui-même, il eut une jeunesse fort orageuse, et ne se livra à l'étude que bien tard. Sans maîtres il apprit le grec, la philosophie, l'astrologie et la médecine ; puis il suivit en Allemagne Bellay de Langey, qui était chargé d'une mission secrète par François Ier.

Reçu professeur de philosophie à Tubingue, Bigot visita diverses cités allemandes, provoquant les plus célèbres docteurs à des discussions théologiques, dont il ne sortait pas toujours vainqueur. Enfin, après avoir obtenu le titre de docteur en médecine, il rentra en France, espéra pendant quelque temps obtenir une chaire à Paris, en refusa une à Padoue, et alla à Nîmes pour en restaurer l'Académie. Mais là aussi il se fit des ennemis par ses épigrammes, et dut même recourir au parlement de Toulouse pour être maintenu dans sa charge.

Après avoir vendu son patrimoine à Laval, il se rendait à Nîmes en passant par Toulouse, où étaient restées ses deux filles et sa femme, lorsqu'il apprit que sa compagne l'avait trompé, et qu'une main inconnue avait puni le séducteur de la même façon qu'Abélard.

Accusé par ses ennemis d'avoir été complice de cette vengeance, Bigot vit bientôt ses forces épuisées par le chagrin et sa bourse ruinée par les frais de justice. Cette triste affaire n'était pas encore terminée, lorsqu'il fit imprimer à Toulouse, en 1549, son ouvrage intitulé *Christianæ Philosophiæ præludium*. Lassé de tant d'attaques, il dit dans son livre « que les astres lui promettent qu'il mourra vers le nord et hors de sa patrie ; qu'ainsi, il souhaite pouvoir être en état de se retirer de cette terre ingrate, et d'aller mourir à Metz. »

Nous ignorons si ce professeur, — qui fut aussi poète, — réalisa son désir de mourir à Metz : ce qui est incontestable, c'est qu'après avoir formulé ce vœu en 1549, il passa plus d'un an (1550-1551) à Montauban, où sa femme fut autorisée à donner quittance de la somme à lui due par l'évêque et la ville : ce qui permet de dire que l'aventure de Toulouse n'est peut-être pas authentique.

Les biographes, et notamment M. Haureau dans l'*Histoire littéraire du Maine*, ignorent la date et le lieu de la mort de Bigot, mais croient qu'il ne vécut pas longtemps après 1550.

Aucun ne fait mention de son séjour à Montauban, et son nom ne se trouve point dans le Tableau des régents des écoles de notre ville, de 1474 à 1570, dressé par M. Devals, quoique dans les archives soit conservé l'original du traité passé avec ce professeur. Aussi nous a-t-il paru intéressant d'indiquer ce fait aux bibliographes qui s'occupent des écrivains du XVIe siècle, et d'analyser un document qui n'a pas encore été signalé.

19 décembre 1795. — Organisation des commissaires de quartier à Montauban.

Le conseil général de la communauté de Montauban fut convoqué le 12 février 1736, pour délibérer sur une affaire importante, car il s'agissait de la propreté et en même temps de la tranquillité de la ville.

Assistaient à cette délibération : MM. de Savignac, juge-mage, *président*; Maury, conseiller du roi, premier consul ; Messire Henry de Gironde, seigneur de Latour, second consul; Marquayret, avocat, troisième consul ; Creysseil, avocat, quatrième consul ; Messire de Boissy, vicaire général de Mgr l'Evêque. — MM. Brassard, Nazarines, Timbal, Causse, Galibert et Constans, avocats ; Darassus-Laterrasse père, Meilhan, Bonrepos de Chastanier, Marquayret-Lagarrigue, Peyronnenc, Rozières, Darassus-Laterrasse fils, Viguié, Daurat, Carrère, Petit, Poncet, Brandoux, *membres du conseil général*; Dufau, *procureur et syndic* de la commune ; Vignières, *avocat et syndic*.

A l'ouverture de la séance, M. Maury, premier consul, représente que les rues de la ville sont très-mal nettes, soit à cause de la négligence des particuliers, soit parce que l'adjudicataire de l'enlèvement des boues ne fait pas circuler ses tombereaux dans toutes les rues : on voit devant les maisons des décombres et des pièces de bois; les cheminées ne sont pas ramonées, et il arrive journellement des incendies; pendant la nuit, on entend des bruits et des querelles dans la plupart des quartiers; enfin, les cabarets restent ouverts jusqu'à des heures indues.

Et comme messieurs les consuls sont dans l'impossibilité d'exercer seuls une surveillance efficace, le premier consul propose de diviser la ville en 10 quartiers, et de confier la police de chaque quartier à un ou plusieurs commissaires. Cette proposition est adoptée, et voici les noms des 22 personnes notables qui voulurent bien accepter ces charges, qui répondent aujourd'hui aux fonctions des commissaires de quartier :

1er quartier, Constans et Galibert, avocats;
2e — Darassus-Laterrasse Belvèze et Murasson, avocats;
3e — Causse et Garrigues, avocats;
4e — Peyronnenc et Meilhan;
5o — Vignières, avocat, et Poncet, marchand;
6e — Brassard et Murtiel, avocats;
7e — Barthe Petit et Crozailles.
8e — Forestier et Loupiac, avocats; Carrère, marchand;
9e — Rozières père;
10e — Cahusac, avocat; Marquayret et Lagarrigue.

La ville était divisée en 6 quartiers; le 7e comprenait Villebourbon; le 8e, Villenouvelle; le 9e, Sapiac, et le 10e, les faubourgs du Moustier et de Lacapelle.

Le 29 frimaire an II (19 décembre 1793), le conseil général de la commune de Montauban s'occupa également des commissaires de police des quartiers.

Étaient présents : les citoyens Périés-Labarthe, *maire*; Sirac, Lugan, Combettes, Bosquet, Plancade, Payes, P. Foissac, Montagne, Lacaze-Germa, *officiers municipaux*; Constans, *procureur de la commune*; Rivals, Conte, Albrespy, Malfré, Delmas, Caminel, Seguy, Lagravère, Revellat, J. Foissac, Anglas, Poncet-Delpech, **notables**.

Le procureur de la commune dit que les commissaires de police établis en vertu de la loi du 22 juillet 1791, sont en quelque sorte les pères, les surveillants, les censeurs de tous les citoyens de leur arrondissement; ils doivent surveiller la conduite de tous les individus, dénoncer tout ce qui leur paraît contraire à l'ordre public ou aux bonnes mœurs, et surveiller également ceux qui vendent des subsistances.

En conséquence, il propose de publier l'état nominatif des commissaires, avec la désignation de leur quartier; chaque commissaire aura deux suppléants pour le remplacer au besoin. L'un ou l'autre devront tous les jours se rendre chez les boulangers du quartier pour assister à la vente et distribution du pain, en examiner la qualité et vérifier le poids.

Le conseil approuva ces propositions et divisa la ville en 6 quartiers : 1° la ville proprement dite, formait 22 moulons ayant chacun 1 commissaire et 2 suppléants; 2° la rue Civique (Villebourbon), 18 moulons; 3° Saint-Antoine (Villenouvelle), 9 moulons; 4° le Moustier, 2 moulons; 5° Lacapelle, 2 moulons; 6° Sapiac, 2 moulons. En tout, 55 moulons, 55 commissaires et 110 suppléants, dont il serait trop long de donner les noms.

Aujourd'hui il y a 27 commissaires de quartier pour la ville de Montauban et ses faubourgs, et 32 pour la banlieue. Leurs fonctions sont moins importantes qu'en 1793, et beaucoup moins recherchées qu'en 1736.

19 décembre 1824. — Inauguration du pont de Moissac.

Avant le XIII° siècle il existait à Moissac un ancien pont, qu'un document de 1337 signale comme étant dans le plus mauvais état, sur lequel « les hommes et les bêtes n'osaient plus passer. » Refait de 1505 à 1509, et composé de six piles en briques avec des arches en bois, ce pont fut renversé par la violence des eaux en 1518 et rétabli presque immédiatement dans les mêmes conditions.

Pour arrêter l'amiral Coligny, qui menaçait la ville à la tête des calvinistes, les Moissagais coupèrent leur pont en 1560, et pendant plus de deux cent cinquante ans en réclamèrent inutilement la reconstruction. Leurs vœux semblaient devoir être bientôt réalisés en 1787, lorsque Louis XVI mit à la disposition de l'administration provinciale des ressources pour l'établissement de plusieurs ponts ; mais la Révolution fit oublier ces projets.

Cédant aux sollicitations de nos administrateurs, à son passage à Montauban, Napoléon Ier rendit le 29 juillet 1808 un décret ordonnant la reconstruction du pont de Moissac, dont les piles furent fondées peu de temps après. La chute de l'Empire amena la suspension des travaux jusques en 1820, et la dernière pierre fut enfin posée le 19 décembre 1824.

Le *Journal de Tarn-et-Garonne* donna de longs détails sur cette solennité, à laquelle assistèrent le préfet et les sous-préfets du département; Mgr de Cheverus et M. l'abbé de Trélissac, son vicaire-général ; l'ingénieur en chef et les ingénieurs d'arrondissement ; les autorités civiles et judiciaires de Moissac et de Castelsarrasin.

Après la bénédiction du pont, une médaille commémorative, frappée pour la circonstance, fut distribuée aux principales autorités présentes à cette cérémonie, ainsi qu'aux députés et au commandant du département. Nous avons sous les yeux un exemplaire de cette médaille, qui porte : au droit, l'effigie de Charles X ; au revers, la légende suivante :

« PONT MARIE-THÉRÈSE A MOISSAC.

« La clef de la dernière voûte a été posée le 19 décembre 1824,
« jour anniversaire de la naissance de Madame la Dauphine.
« Charles X régnant. S.Ex. le Cte Corbière, ministre de l'Intérieur.
« M. Becquey, conseiller d'Etat, directeur général des ponts-et-
« chaussées et des mines. M. de Limairac, préfet du département
« tement de Tarn-et-Garonne. M. Bertheau-Duchesne, ingé-
« nieur en chef. M. Pellégrini, ingénieur ordinaire, chargé des
« travaux. »

Sous le second Empire le pont Marie-Thérèse devint le pont Napoléon, et ce nom a été probablement changé depuis la République de 1870.

21 décembre 1791. — *Expulsion des Frères de la Doctrine chrétienne.*

Un arrêté pris le 17 décembre 1791, par le directoire du département du Lot, ordonna l'expulsion des Frères des écoles chrétiennes, et la création de nouvelles écoles dans les locaux occupés à Montauban par ces instituteurs depuis un demi siècle.

En conséquence, les citoyens Périès-Labarthe, maire ; Jeanbon Saint-André, Malfre, Dubois aîné et Pécourt, officiers municipaux, signifièrent aux Frères, le 21 décembre 1791, d'avoir à quitter leurs maisons *dans les 24 heures* ; ils les autorisèrent cependant à emporter les effets et le mobilier qui leur était nécessaire.

Cet ordre de déguerpir fut signifié aux Frères : Zozime, Pétroine, Zachée, Oger, Rufinien, Aurélien, Siffrédi et Odile ; ce dernier remplissait les fonctions de bibliothécaire, ainsi que nous l'avons déjà dit.

27 décembre 1605. — *Robert Constantin, professeur au Collége et à l'Académie de Montauban.*

Parmi les professeurs du Collége de Montauban dont le nom est resté, nous devons citer : « Robert Constantin, docteur en médecine, professeur ès-lettres grecques, natif de Normandie, » qui fut chargé en 1571, par les consuls, « de lire publiquement es escholes de cette ville en qualité de principal régent. » Plus tard, il enseigna les lettres dans le nouveau Collége et il l'administrait encore en 1595.

D'après les biographes, Robert Constantin, né à Caen au commencement du XVIe siècle, fut élève de Jules-César Scaliger, qui en mourant à Agen le pria de se charger de la publication de quelques ouvrages restés inachevés. Ce legs littéraire lui valut la haine de Joseph Scaliger. Robert Constantin se rendit ensuite en Allemagne en 1558, et, pendant son séjour, visita les écoles les plus célèbres. De retour à Caen en 1561, il obtint trois ans après le grade de docteur médecin, ce que Nicéron semble contester, contrairement à la qualification que lui donnent nos consuls de 1571.

Ayant été accusé d'insinuer, dans ses explications du texte grec des épîtres de saint Paul, des opinions favorables au protestantisme, il fut forcé de quitter la Normandie, et se retira dans le Béarn, où il professa la langue grecque à l'Académie d'Orthez ; puis il vint à Montauban en 1571 et y exerça la médecine, tout en enseignant les belles-lettres dans nos écoles.

Les biographes ajoutent que Constantin parvint à un âge très-avancé et qu'il mourut dans l'indigence en Allemagne. Grâce aux patientes recherches de M. Michel Nicolas, nous savons que l'auteur du *Lexicon græco-latinum*, plusieurs fois imprimé à Genève, et de divers autres ouvrages, mourut le 27 décembre 1605 à Montauban, où il occupait la chaire de grec à l'Académie protestante.

Constantin s'était marié le 21 octobre 1572, avec Peyronne Imbert. Non seulement ce professeur si érudit ne mourut pas dans le besoin, car il possédait divers immeubles dans sa ville adoptive, mais encore il avait près de lui ses deux filles, qui s'y étaient mariées très-richement.

28 décembre 1600. — Statuts des Chirurgiens de Montauban.

Les statuts des anciennes corporations de Montauban sont transcrits sur le *Livre noir* et le *Livre jaune* de nos archives municipales, ou conservés en original dans ce dépôt. Ces règlements, datés du XVIe siècle pour cinq corporations et du XVIIe pour les autres, sont très-intéressants.

Le principe de ces associations était, non la liberté, mais la protection du travail. Les *maîtres* jouissaient de tous les droits attachés à leur profession par les statuts, et ils acquéraient ces privilèges par une épreuve qui consistait dans l'exécution d'un chef-d'œuvre, et un examen passé devant les maîtres jurés, élus par leurs confrères. Ces *bailles* avaient pour mission de faire observer les règlements et de visiter les boutiques; chaque corporation choisissait son patron, sa bannière et souvent ses armoiries; les règlements professionnels étaient approuvés par les consuls et par le sénéchal.

Le 13 février 1791 ces corporations, déjà supprimées en 1776, furent définitivement abolies.

Pour donner une idée de l'importance de ces sociétés, nous empruntons à une étude spéciale (1) l'analyse des statuts des chirurgiens de Montauban, approuvés le 28 décembre 1600.

« Le mot *chirurgien*, au XVIIe siècle comme au moyen-âge, ne

(1) *Les statuts des corporations professionnelles de Montauban*, au commencement du XVIIe siècle, par M. G. Bourbon, archiviste de Tarn-et-Garonne.

répond en aucune façon à l'idée qu'il représente aujourd'hui. Les fonctions de celui qui était pourvu de ce titre se réduisaient alors à « phlébotomiser » les malades, à panser les blessures, et à remettre avec plus ou moins d'habileté les membres « endommagés. » Le chirurgien était en même temps dentiste et barbier (1), et par sa condition sociale il était l'inférieur et le serviteur très-humble du médecin pourvu du grade de licencié ou de docteur. En compensation, il était à peu près l'égal de l'apothicaire, dont la profession était, comme la sienne, assujettie à l'épreuve de la maîtrise. Voici en résumé quelle était l'organisation de la corporation des maîtres chirurgiens à Montauban au commencement du XVIIe siècle.

Deux maîtres chirurgiens jurés étaient chargés de veiller à l'observation des statuts et de présider l'examen des candidats à la maîtrise. Ils étaient élus annuellement par tous les maîtres-chirurgiens exerçant dans la ville de Montauban. L'épreuve à subir par le compagnon qui voulait passer maître est réglée comme il suit :
« L'examen sera fait en telle manière que celui qui voudra passer
« maistre ayt à faire 2 lancettes bonnes et suffizantes, au jugement
« desdits maistres jurés, et demeurera à la boutique de chascung
« maistre juré pour faire sa lancette ; phlegbotomera toutes les
« vaines (sic) qu'on a accoustumé de saigner au corps humain ;
« pensera les malades qui luy seront offertz, et sera interrogé par
« lesdits maistres du nom des la maladie et de remèdes convenables,
« à celle fin que lesdits maistres puissent selon Dieu et conscience
« faire jugement de sa suffizance ou insuffizance. Et par ainsain
« sera ung mois, c'est assavoir quinze jours en la boutique de
« chaque juré. »

Cette longue épreuve, où l'on imposait au candidat l'obligation de fabriquer lui même les instruments dont il devait faire usage, se terminait par des interrogations « sur la phlegbotomie, sur « l'anatomie, et autres concernant ledit art. » — Le candidat reconnu capable était immédiatement présenté aux consuls, et admis à prêter

---

(1) Un arrêt des consuls de Montauban, en date du 3 juillet 1765, défendit aux maîtres chirurgiens « de friser, pommader, poudrer, ni mettre aux fils ou en « papillote les perruques, et de rien faire qui serve pour l'agrément et l'arrangement de la tête, soit pour l'homme, soit pour femme, soit par eux-mêmes, soit par leurs garçons, à peine de confiscation des outils et de cent livres d'amende. » (Archives municipales, série HH, 6e section.)

le serment professionnel. Une fois passé au rang des maîtres, le chirurgien pouvait exercer son art en toute sécurité (Voir ci-dessus, p. 83, le privilége de barbier-perruquier, donné le 9 juin 1771, à Jean Sarrat). Il lui était défendu, sous peine d'amende, de « soustraire ung malade » au confrère qui jouissait des mêmes prérogatives ; mais il était efficacement protégé contre les « tailheurs de pierre ou de rupture, ou « abatteurs de captaractes, et aussy arracheurs de dents, » qui auraient entrepris de « travailler dudit art dans la ville de Montauban sans licence des maîtres chirurgiens. »

En temps d'épidémie, la profession de chirurgien et barbier pouvant devenir dangereuse et par conséquent moins recherchée, on s'écartait un peu de la sévérité habituelle : « afin d'aiguilhonner « quelqu'un de ladite profession de s'attendre à servir librement « les personnes frappées de maladie, » on exigeait seulement une bonne attestation des maîtres, et l'on dispensait de la formalité de l'examen. »

29 décembre 1485. — Mort de Jean de Montalembert, évêque de Montauban.

Jean de Montalembert, né à Poitiers, prieur de Saint-Martin des Champs au diocèse de Paris, abbé de Saint-Gilles en Berry, de Gimont en Gascogne, prieur de Cayrac près de Réalville, licencié en droit, fut élu évêque de Montauban par le chapitre cathédral, et confirmé par l'archevêque de Toulouse, le 23 août 1470, en attendant les bulles du pape Jules II, datées du 14 juillet 1471, et malgré l'opposition du chapitre collégial de Sapiac, qui n'avait pas concouru à cette élection.

Le 25 janvier 1472, le nouvel évêque consacra la belle église des Jacobins, commencée en 1303 et achevée seulement vers 1350, et qui fut détruite pendant les guerres de religion.

Mgr de Montalembert fut député avec Fargues, chanoine de son chapitre, aux Etats généraux réunis à Orléans en septembre 1478, pour aviser aux moyens d'exécuter la pragmatique sanction. Cette assemblée, renvoyée à Lyon au mois de mai 1479, fut interrompue par la guerre de Flandres.

Parmi les actes administratifs de Jean de Montalembert, il en est un qui fait connaître l'existence d'une chapelle dont Le Bret ne parle pas, et qui était située sur le ruisseau Lagarrigue, tout près de la porte du Griffoul, et portait le nom de *Notre-Dame de Vaguet* ou *Baguet*. Le pont qui joint la ville au faubourg Villenouvelle porte encore le nom de *poun de Baguet*. L'évêque de Montauban y établit le 12 avril 1479 deux marguilliers, qui étaient à la nomination de curé de Saint-Jacques, et devaient entretenir cette chapelle au moyen des offrandes déposées dans un tronc. Cet oratoire était spécialement affecté au service de la confrérie ou corporation des parfumeurs, et une indulgence de 40 jours était gagnée par les personnes pieuses qui le visitaient le samedi ou les jours de fêtes de la Sainte-Vierge.

Notre éminent prélat consacra une partie de sa fortune à l'agrandissement de l'église Saint-Jacques de Montauban et à la construction de l'église Saint-Benoît de Moissac. Il résidait souvent à l'abbaye de Saint-Gildas, située dans le Berry, où l'on croit qu'il mourut ; mais l'on n'est pas d'accord sur la date de sa mort, que des historiens fixent au 27 ou 29 décembre 1483, et d'autres entre le 22 février et le 7 mai 1484. — Voir l'*Histoire de l'Église de Montauban*, n° X, p. 12.

29 décembre 1655. — Le Consulat de Fontneuve est réuni au consulat de Montauban.

Conformément à la requête de leurs consuls, les habitants et bien tenants du lieu de Fontneuve, juridiction de Montauban, furent incorporés au consulat et taillable de cette dite ville, pour ne composer à l'avenir qu'un seul et même consulat et corps de communauté, sous l'administration et conduite des consuls dudit Montauban.

L'acte d'union fut passé le 29 décembre 1655, avec l'autorisation du roi, devant M° Adrien Martrès, notaire royal audit Montauban, entre les consuls et MM. Jean Darassus, conseiller du roi, magistrat au présidial ; Jacob de Thiery Sabonnière, Arnaud Brassard, Jean de Noalhan et Pierre Lavernhe, avocat en la cour, faisant pour les habitants de Fontneuve.

Cet acte porte que les habitants de Fontneuve jouiront de tous les priviléges et avantages dont jouissent ceux de Montauban ; les consuls de cette ville auront en seul les droits de justice et police dans la paroisse de Fontneuve, feront l'assiette de l'impôt, la levée des tailles et autres impositions, comme des autres paroisses du consulat de Montauban. La paroisse de Fontneuve sera jointe à la gâche (quartier) de Campagne, et ses dettes seront supportées par la communauté.

Les archives de Montauban possèdent bien peu de documents relatifs à Fonneuve, antérieurs à l'acte d'union de 1635, et il est impossible d'expliquer la disparition complète des registres des délibérations de ce consulat. Voici l'analyse des pièces les plus importantes qui ont échappé à cette destruction.

D'après une transaction passée en 1305, entre les consuls de Montauban et ceux de Fontneuve, les habitants de ce consulat étaient exempts de payer à la ville les leudes et péages et pouvaient faire entrer leurs vins ; mais leurs consuls étaient « faits d'autorité des consuls de Montauban. »

En mai 1493, lettres patentes de Charles VIII, sur la requête des consuls de Fontneuve, en la terre de Tulmont, contenant que Bar, Bertrand, seigneur du lieu, vicomte de Bruniquel, leur octroya des priviléges, entre autres que chaque laboureur du lieu qui labourerait avec bœufs, vaches ou autre bétail paierait au vicomte, pour raison de la queste et service du bois de Ramier, une éminée de froment et une éminée d'avoine, chaque an, à la Saint-Julien, mesure de cette ville, et celui qui labourerait avec une bête seule, un quart de froment et autant d'avoine ; lequel privilége le roi confirme et de nouveau octroie que les deux consuls de Fontneuve porteront un chaperon mi-parti de rouge et de noir, et auront un sergent et un greffier.

Un arrêt du parlement de Tolose, du 17 mai 1494, cassa une ordonnance de Guillaume de Saint-Géry, commissaire, qui avait permis aux consuls de Fontneuve d'avoir un chaperon mi-parti de rouge et de noir.

Henri II en 1548 et Charles IX en 1565 confirmèrent les priviléges de Fontneuve.

Le 25 juin 1489 Guillaume Cabrillac et Pierre Caudier, laboureurs, prêtèrent serment comme consuls de Fontneuve, dans la maison de ville et devant les consuls de Montauban.

Le 7 avril 1632, reconnaissance fut faite au Roi, par les consuls de Fontneuve, de l'entière paroisse.

En 1699, autre reconnaissance par le sieur Tieys à MM. Dariat et Darassus, seigneurs directs et universels à titre d'inféodation, en qualité d'engagistes de Sa Majesté, de l'entière terre et paroisse de Fontneuve, juridiction de Montauban.

D'après le « livre terrier et cadastre du lieu de Fontneuve, » fait en 1595, il y avait 83 propriétaires résidant sur la paroisse, 38 domiciliés à Montauban et 17 forains. Sur le cadastre de 1658, les 108 propriétaires sont inscrits sans distinction de résidence. Après l'acte de réunion les propriétés sont cadastrées dans la gache de Campagne.

Dans le bureau de l'état civil de Montauban sont conservés, en registres ou en liasses, les actes des baptêmes, mariages et décès de 1660 à 1792 de la paroisse de Fontneuve, qui s'étendait jusques aux portes de Montauban et qui cependant faisait encore partie du diocèse de Cahors au moment de la formation de notre nouveau diocèse en 1808.

31 Décembre 1879. — Les hivers les plus rigoureux à Montauban.

Notre dernière éphéméride de l'année était naturellement destinée à rappeler les hivers les plus rigoureux dont nos contrées ont gardé le souvenir ; mais nous ne pensions pas, il y a quelques mois, qu'à la fin de 1879 nous aurions à subir des froids aussi vifs, et qui donnent beaucoup trop d'actualité aux renseignements recueillis à ce sujet.

Avant l'invention du thermomètre, il était impossible d'apprécier, d'une manière exacte, le degré d'abaissement de la température : on était forcé d'indiquer seulement les résultats qui s'étaient produits. Aussi avons-nous peu de renseignements qui remontent au-delà du dernier siècle.

Nos historiens racontent que l'hiver de 1441-42 retint Charles VII à Montauban, depuis la Noël jusqu'au 26 février : « En ce temps-là, dit Le Bret, gellèrent si fort les rivières du pays de Gascoigne, de Languedoc et de Quercy, tellement que nuls bateaux ne pouvoient aller par les champs à cheval ne à pié, pour les neiges qui estoient cheutes sur la terre. La Hire, qui accompagnait le roi, mourut dans notre ville en février 1443 et fut provisoirement enterré derrière le maître-autel de la cathédrale du Moustier. »

L'hiver de 1709 paraît avoir été aussi désastreux pour le Quercy que pour le nord de la France. Le froid dépassa à Paris 23 degrés; la Méditerranée et la Manche gelèrent en plusieurs endroits ; la misère fut extrême, et l'on assure que les cloches gelèrent en sonnant. Il y eut en Gascogne cinq *pans* de neige.

« L'année 1709, dit Cathala-Coture, fut remarquable par l'hiver le plus rigoureux dont l'histoire a conservé le souvenir. Le Quercy, quoique au midi de la France, en éprouva toutes les rigueurs. C'était peu que de voir les rivières glacées à plusieurs pieds de profondeur, et la glace même résister aux fardeaux les plus lourds. On entendait dans les forêts les chênes se fendre avec un bruit épouvantable ; la terre était jonchée de gibier et d'oiseaux de toute espèce; les animaux domestiques mouraient dans les étables. Les hommes même ne furent point à l'abri des effets meurtriers de cet hiver désastreux. Les uns conservèrent toute leur vie une partie de leur corps engourdie et les autres virent leurs membres glacés tomber par lambeaux. Les fruits de la terre périrent presque tous ; les vignes furent emportées, perte immense pour les habitants de Cahors, dont le revenu consiste surtout dans le produit de leurs vignes, et d'autant plus douloureuse, qu'elle ne pouvoit être réparée de plusieurs années. »

On cite aussi les hivers de 1766, 1789, 1793 et 1795, qui furent très-froids. Pendant cette dernière année, la flotte hollandaise, arrêtée par les glaces, fut prise par la cavalerie française.

L'hiver de 1812, si rigoureux dans la partie septentrionale de l'Europe, et qui causa le désastre de notre grande armée en Russie, ne fut pas relativement aussi dur pour notre province.

En 1819-20, l'hiver avait été d'abord très-doux, mais dans les premiers jours de janvier le froid devint si vif, que le 11 le thermomètre descendit de 10 à 12 degrés (Réaumur) au-dessous de la glace. Pendant deux ou trois jours, quelques amateurs purent patiner ou se promener sur le Tarn, dans la partie en amont de Sapiac, la seule dont la glace avait assez de consistance pour inspirer quelque sécurité. Malgré la rigueur du temps, beaucoup de dames eurent le plaisir de traverser la rivière sur la glace. « On estime, disait le *Journal de Tarn-et-Garonne*, que la gelée surpasse celle de 1795 et qu'elle égale celle de 1788-89, qui fut de si longue durée. »

Plusieurs de nos lecteurs n'ont pas oublié les grands froids qu'ils eurent à supporter en décembre 1829 et janvier 1830. Pour ceux qui sont trop jeunes pour en avoir été les témoins, nous allons reproduire les détails publiés dans les journaux de cette époque :

28 décembre : « Le froid qui règne depuis longtemps vient d'acquérir une intensité telle, qu'il est difficile de le supporter. Hier le thermomètre descendit à 11 degrés au-dessous de zéro, et ce matin il est arrivé à 13. C'est à peu près à ce point que s'arrêta le froid du mois de janvier 1820, depuis lequel on n'en avait pas éprouvé d'aussi violent. La rivière du Tarn est fortement prise dans tous les endroits où il n'y a pas de courant rapide ; dans les autres la glace s'étend sur presque toute la surface de l'eau. Heureusement la neige qui est tombée pendant plusieurs jours, conserve les récoltes et les préserve de l'influence meurtrière de cette terrible gelée. »

4 janvier 1830 : « Depuis la Noël, le froid s'était soutenu entre 10 et 12 degrés au-dessous de zéro d'après le thermomètre de Réaumur ; il était même descendu à 13 et 14 dans deux matinées. Aujourd'hui il n'est plus qu'à 5 degrés, mais les rivières restent prises, et supportent aisément le poids des curieux qui vont en foule les traverser. »

18 janvier : « La semaine qui a fini hier a été encore plus rigoureuse que les semaines précédentes, où le thermomètre était cependant de 12 à 14 degrés au-dessous de zéro. Le 15, il a dépassé 14 degrés et le lendemain il est descendu au-dessous de 16 (ce qui représente 20 degrés centigrades). Aujourd'hui, le vent du sud a succédé aux vents du nord et du nord-ouest qui dominaient depuis la Noël, et tout fait espérer le dégel. »

25 janvier : « Enfin le froid a disparu ; hier matin a eu lieu la débâcle du Tarn. Le froid n'a pas fait aux fruits de la terre le mal qu'on redoutait ; mais les vignes déjà taillées auront beaucoup souffert. Le verglas a causé de nombreux accidents. »

De 1830 à 1870 il n'y eut pas de grand hiver dans le Sud-Ouest. Mais dans l'année si néfaste de la guerre avec l'Allemagne, tout sembla conspirer contre la France. A Paris, la gelée dura deux mois, et le thermomètre descendit à 21 degrés. A Montauban nous souffrîmes aussi, mais bien moins : il y eut 10 degrés le 30 décembre 1870 et 12 le 5 janvier 1871; le Tarn resta gelé durant plusieurs jours, la neige tomba en grande quantité, et le verglas interrompit souvent les communications.

L'hiver de 1879 a déjà été désastreux pour Paris, où la température s'est longtemps maintenue à 18, 20 et jusqu'à 23 degrés au-dessous de la glace. A Montauban, le mois de décembre qui finit aujourd'hui, a été aussi très-froid. Depuis le 5, le thermomètre est resté au-dessous de zéro; il a même dépassé plusieurs fois 10 à 11 degrés, et la rivière n'a cessé d'être gelée en tout ou en partie; mais, presque tous les jours, un soleil splendide nous a invités à promener, malgré la bise du nord ou du nord-ouest qui régnait. Quelques imprudents ont traversé le Tarn en amont de la ville. Pendant que dans le Nord et même dans le Midi la neige était très-abondante, il n'en est tombé ici qu'une seule fois, et elle a immédiatement disparu de nos rues ; il est même à regretter qu'elle n'ait pas été plus épaisse dans la campagne, où elle aurait préservé les récoltes en terre. Le dégel est commencé depuis le 30 décembre.

D'après un dicton, les rigueurs de l'hiver sont surtout à redouter dans les années dont le millésime finit par le chiffre 9. Cette opinion populaire a été en partie justifiée à Montauban par les années 1709, 1788-89, 1809-10, 1819-20, 1829-30 et 1879-80.

Espérons que dans le mois de janvier qui commence demain, le froid ne fera pas un retour subit et que, contrairement à 1830 et à 1871, la nouvelle année ne viendra pas ajouter aux souffrances de celle qui l'a précédée.

P. S. — L'hiver de 1880-81 a été très long et très rude dans nos contrées. Le 15 janvier 1881, le thermomètre baissa presque subitement; dans la nuit suivante il descendit à Montauban à 15 degrés 1|2 au-dessous de zéro, et dépassa même 20 degrés dans plusieurs parties du département de Tarn-et-Garonne, où il causa de grands dommages aux vignobles.

Additions et Corrections.

Page 13. — *Population de Montauban.* — En 1789 la population de notre ville dépassait 25,000 âmes ; un arrêté du 18 ventôse an II (8 mars 1794) la portait à 30,000 ; en ce moment elle est au total de 26,952, dont 16,779 agglomérée et 2,991 flottante.

Pages 15 et 62. — *Foires.* — Une affiche du 25 décembre 1808 annonce qu'en exécution du décret impérial du 17 juillet de la même année, les neuf foires de la ville de Montauban se tiendront aux époques ci-après : 2 janvier et 3 février, durant 1 jour; 19 mars, 3 jours ; lendemain de Quasimodo, 1 jour; lendemain de l'Ascension, 3 jours; 26 juillet, 3 jours; 9 septembre, 1 jour; 13 octobre, 3 jours, et 1er décembre, 1 jour.

Une ordonnance du 22 juillet 1818 fixe à 8 jours la durée des foires des 20 mai, 26 juillet et 20 novembre.

L'*Annuaire de Tarn-et-Garonne* pour 1881 indique les foires de Montauban aux 19-20 mars, 26-27 juillet, 13-14 octobre, et le 1er samedi de chaque mois, c'est-à-dire que les 3 anciennes foires ont une durée *légale* de deux jours, et qu'on donne le nom de foire au marché du premier samedi de chaque mois.

Page 17. — *Cloches et canons.* — Un décret du 23 février 1793 autorise les communes à convertir en canons une partie de leurs cloches. — La Convention décréta, le 23 juillet 1793, qu'il ne serait laissé dans chaque paroisse qu'une seule cloche, et que toutes les autres seraient converties en canons.

Page 52. — *Mgr. de Cheverus.* — L'ancien évêque de Boston fut nommé à l'évêché de Montauban par une ordonnance royale du 13 janvier 1823, qui en même temps nommait à Orléans l'abbé Brumault de Beauregard, désigné en 1817 pour notre évêché, mais qui n'avait pas reçu ses bulles.

Pages 34 et 242. — *Artillerie de la ville.* — Dans la nouvelle édition de l'*Histoire de Montauban*, t. II, p. 24, on trouve l'inventaire des objets existant dans l'arsenal en 1542; il y avait 18 pièces d'artillerie, probablement comprises dans les 25 que le roi acheta en 1565.

Page 65. — *De Beloy.* — Sur le registre de la confrérie de Saint-Fabien et Saint-Sébastien, établie dans l'église de Montpezat, un chanoine Beloy est inscrit dans la liste des sociétaires.

Page 75. — *Place publique.* — Dans l'acte du 10 février 1314, relatif aux revenus de la ville consacrés à la bâtisse du pont, il est fait mention des « tables que la commune louait aux marchands qui étalaient sur la place. » Le 2 avril 1620, la Chambre de l'édit de Castres repoussa la prétention des marchands drapiers, d'empêcher les marchands forains d'étaler sous les couvertes.

Page 79. — *Fête de l'Etre suprême.* — Cette fête fut probablement fixée au 20 prairial (8 juin 1794), qui était un décadi du calendrier républicain, un dimanche du calendrier grégorien et le jour de la Pentecôte, afin de favoriser l'alliance des anciens dogmes avec le déisme, ce qui expliquerait l'éclat de sa célébration.

Page 105. — *Monnaie frappée à Montauban.* — Nous avons reproduit le texte de la commission donnée au sieur de Valada et autres, le 15 juillet 1628, pour dresser un bureau de monnaie à Montauban. Nous aurions dû faire remarquer que deux gouverneurs de notre cité avaient déjà obtenu cette marque de confiance.

En effet, dans la remarquable monographie consacrée à *Rapin-Thoyras et sa famille,* par M. Raoul de Cazenove, nous trouvons la pièce suivante :

« Henry, prince de Navarre, Loys de Bourbon, prince de Condé, au sieur de Rapin, gouverneur de la ville de Montauban, salut :

« Estant bien et duement advertis du peu de moiens que les habitants du ressort de la Cour du Parlement de Toloze faisant profession de la religion réformée ont de recevoir des bonnes villes dudit pays desquelles l'entrée leur est défendue, aucune pièce d'or ou d'argent monnoye desquelles toutefois ils ne scauraient se passer, soit pour le commerce ou pour la nécessité du recouvrement des vivres qui leur sont nécessaires, Nous avons, pour obvier aux incommoditez susdites, permis et permettons par ces présentes faire battre en ladite ville de Montauban sur le coing toutes fois et armoiries du Roy, toute espèce de monnoye d'or ou d'argent ou selon que vous verrez que la nécessité le requerra, pourvu qu'elles soient du poids et alloye porté par les ordonnances de sa Majesté, et ce par provision et jusqu'à ce que estant lesdites villes capitales de ce ressort réduites sous l'obéissance du Roy et non autrement en soit ordonné. De ce faire nous avons donné pouvoir, commission et mandement par ces présentes que nous avons signé de nostre main.

A Montreuil le Bellay, près Saumur, le quatorzième jour de décembre mil cinq cent soixante-huit.

    HENRI.   LOYS DE BOURBON.

Au revers de l'original on lit : « Les présentes patentes furent publiées et enregistrées à Montauban le 5 janvier 1569, à la réquisition du seigneur gouverneur et pardevant les magistrats consuls et conseillers des habitants de ladite ville assemblés en corps. »

Combien de temps fonctionna cet atelier ? Nos archives municipales ne le disent pas ; et quoique le document qui précéde porte la mention de son enregistrement par nos consuls, nous ne le connaîtrions pas, si M. Raoul de Cazenove n'avait pu le faire copier dans les archives privées de l'empereur Guillaume (1). Du reste, il est possible qu'Antoine de Rapin n'ait pas donné suite à ce projet, car quelques mois après (juin 1569) il fut remplacé dans le gouvernement de Montauban par Antoine de Monclar.

M. Devals ignorait ce fait important lorsqu'il publia en 1857 sa *Notice sur la monnaie frappée à Montauban pendant les guerres de religion*, notice qu'il compléta pour le *Moniteur de l'Archéologue* (1868, p. 376). Mais dans ce dernier travail notre regretté archiviste publia à ce sujet la lettre suivante de Henri IV, dont l'original est conservé par la famille de Scorbiac, et qui fut imprimée dans le *Recueil de lettres missives du Roy de Navarre*.

« A Monsr. de Scorbiac, Conseiller du Roy mon seigneur, en sa Court de Parlement de Tholoze et Chambre de l'Edict.

---

(1) La lettre adressée à Antoine de Rapin faisait partie d'une collection d'autographes achetée par le roi Frédéric-Guillaume IV, au conseiller Dorow, qui l'avait eue du colonel Rapin-Thoyras, le dernier des descendants directs de Pierre de Rapin-Thoyras, l'auteur de l'*Histoire d'Angleterre*.

Monsr. de Scorbiac, Je vous envoye la commission que j'ay faict expédier pour faire battre toutes espèces d'or et d'argent et monnoye permises, qui ont cours en ce royaulme, pour la faire exécuter à Montaulban pour le bien de ladicte ville et tous le païs. Je vous envoie par mesme moyen la commission et pouvoir pour Durand de la Sarrète, de Villefranche de Rouergue, pour estre maistre de la monnoye audict Montaulban, et la battre et faire battre. J'escrips aux habitants de la ladicte ville et aultres circonvoisins, de faire quelque notable somme pour ayder au payement de nostre secours estranger à leur arrivée en France, sans lequel je prévois que nous serons mal servis, vous priant d'y apporter aultant de remontrances et de persuasion comme la nécessité de cette affaire le requiert, et vous y employer de tout vostre pouvoir, à ce que cette affaire s'exécute. C'est pour le bien général et particulier d'un chascun, et pour nostre salut et conservation commune, et crains que si nous défaillons à nous mesme, les moyens que Dieu nous a mis en main nous défaillent et nous soyent ostez. Je vous recommande au reste nos affaires, et vous prye vous asseurer tousjours de ma bonne volonté, comme aussy je prye le Créateur vous tenir, Monsr. de Scorbiac, en sa saincte et digne garde. — De La Rochelle, ce xxiiije juillet 1587.

Vostre meilleur et plus affectionné amy.

HENRY. »

L'atelier établi à Montauban et placé sous la direction de Durand de la Sarrète, fut autorisé à « battre toutes espèces d'or et d'argent et monnoyes permises qui ont cours dans le royaulme. » Probablement Henry de Navarre créa cet hôtel de monnaie pour suppléer à la rareté du numéraire, qu'il n'avait pu faire cesser même en envoyant dans notre ville au commencement de 1587, une quantité considérable de liards frappés à son coin, mais dont personne ne voulait à cause de leur mauvais aloi.

Les divers documents que nous avons cités, prouvent évidemment qu'en 1587, comme en 1568 et 1628, si les Montalbanais avaient frappé de la monnaie, c'était toujours avec l'autorisation de leurs princes. Et l'on s'explique pourquoi il a été impossible de reconnaître les pièces sorties des ateliers provisoires de Montauban, frappées aux coins de France et à la marque de Paris.

Page 107. — Thomas Neveu. — La bibliothèque de Chartres possède un manuscrit de ce jurisconsulte : *Libellus Magistri Nepotis de Monte-Albano in sacros libros Decretalium,* in-f°, provenant du chapitre de Chartres.

Page 178. — Lamothe-Cadillac. — Dans le catalogue de la bibliothèque de Michel Chasle, vendue en juin 1881, était inscrit un manuscrit dont voici le titre : *Relation du sieur de la Motte-Cadillac,* capitaine en pied, ayant une compagnie de la marine au Canada, ci-devant commandant de Missili-Makinak (autrement dit *Isle de la tortue*) et autres postes dans les pays éloignés où il a été pendant trois années. Ce 21 juillet 1718. »

Ce manuscrit, format in-12 et inédit, a été acheté par M. Pierre Margry, qui doit le publier dans le V° tome de son ouvrage sur les *Découvertes et Etablissements des Français dans l'Ouest et le Sud de l'Amérique du Nord.* Il ne contient pas de détails biographiques, et ne fait que rappeler le commandement de Lamothe-Cadillac à Missili-Makinak. En 1714 cet officier avait 57 ans.

Dans les archives du département, fonds de l'Evêché, il y a des « Dispenses de parenté pour noble Barthélemy de Grégoire et Marie-Thérèse de la Mothe Cadillac, habitants de Castelsarrasin, et pour Etienne de Grégoire et Marie de Moulis, de Castelsarrasin.

Page 185. — Siège de Villemur. — Voir dans les *Mémoires de la Ligue,* t. V, p. 187, une « Lettre contenant le vrai et entier discours tant du siège de Villemur que de la défaite de M. le duc de Joyeuse, signé de Cl. de la Grange, qui habitait Montauban.

Page 192. — Palais de la Cour des Aides. — Le nouveau Palais fut construit sur le quai en 1671.

Page 205. — Eglise Saint-Orens. — Cette église, construite en 1652-60, remplaça celle qu'avait emportée l'inondation de 1652.

Page 207. — Eglise Cathédrale. — D'après M. Moulenq, les plans de ce monument furent dressés par Cotte ; mais nous savons que les travaux étaient dirigés en 1696 par l'architecte Totin, en 1722 par Simon, et en 1733 par de Larroque, qui les termina en 1739.

Table des Ephémérides.

	Pages.
1 janv 1879. Presse périodique du département de Tarn-et-Garonne	3
6 janv. 1826. Débordement du Tarn. — Dévouement de Mgr de Cheverus	4
7 janv. 1269. Donation à l'hôpital Saint-Etienne du Tescou.	5
12 janv. 1665. Pierre Fermat, de Beaumont ; sa mort	6
14 janv. 1867. J.-D. Ingres ; sa mort, son monument	7
15 janv. 1764. Naissance du général Portal	8
17 janv. 1776. La dame Delisle, directrice d'une troupe de comédie et d'opéra bouffe. — Le général Delisle de Falcon, vicomte de Saint Geniès, son fils	9
20 janv. 1364. Prise de possession de Montauban au nom du roi d'Angleterre	9
28 janv. 1672. Mort du chancelier Pierre Seguier ; origine de sa famille	11
1 févr. 1790. Élections municipales à Montauban	13
3 févr. 1790. Incendie du château de Camparnaud	14
6 févr. 1540. Navigation du Lot	15
9 févr. 1547. Foires de Montauban (voir aussi p. 62 et 270)	15
11 févr. 1792. Fermeture de la cathédrale	16
13 févr. 1791. Serment civique demandé aux prêtres	16
16 févr. 1794. Arrêté supprimant les marques extérieures du culte. — Transport des cloches à la fonderie de canons (voir aussi p. 270)	16
20 févr. 1369. Impôt sur les vins et les grains	17
22 févr. 1790. Installation de la municipalité de Montauban.	17
1 mars 1606. Sorbin, évêque de Nevers, né à Montech	19
2 mars 1700. Police de la voirie à Montauban	20
4 mars 1799. Destitution des officiers municipaux	20
6 mars 1724. Prix du pain, de la viande et du poisson	21
8 mars 1750. Achat de deux pompes à incendie. — Arrivée d'un pompier à Montauban	21

276   TABLE DES ÉPHÉMÉRIDES.

9 mars 1789. Election des députés chargés de rédiger le cahier de doléances aux Etats généraux et de le porter à l'assemblée de la sénéchaussée du Quercy. — Remise de ce cahier au Jugemage de Montauban	22
8 mars 1780. Réduction du nombre des membres du conseil général de Montauban................	23
12 mars 1794. Arrêté du représentant Bô, prescrivant la démolition des clochers....	24
13 mars 1790. Projet de fédération des gardes nationales..	25
16 mars 1789. Assemblée générale à Cahors des trois Ordres du Quercy. — Députés aux Etats généraux.	25
17 mars 1724. Françoise de Boissy, née à Montpezat, première supérieure des Écoles chrétiennes de Cahors.	27
24 mars 1795. Première messe célébrée après la Terreur....	28
25 mars 1791. Hôtel de l'Evêché acheté par la ville......	28
31 mars 1834. Installation de l'Ecole normale............	30
1 avril 1575. Abraham Isarn, vice-roi d'Arménie........	31
2 avril 1788. Privilége pour le théâtre de Montauban et de plusieurs villes du Sud-Ouest...........	32
2 avril 1790. Don patriotique de la ville de Nègrepelisse.	32
4 avril 1467. Achat de l'Ile du Tarn..................	33
6 avril 1565. Lettre de Montluc aux consuls de Montauban. — Artillerie vendue au roi (v. p. 34 et 242)	33
6 avril 1795. Vol d'assignats chez le citoyen Bergis, caissier.	35
9 avril 1456. Lettres de Charles VII défendant d'enlever aucun Français à ses juges ordinaires....	35
9 avril 1638. Transaction entre la ville et les Jacobins, sur l'argenterie saisie par les consuls de 1562..	35
13 avril 1285. Le consulat à Montauban. — Réglements pour la nomination des consuls........	36
13 avril 1492. Entrée de l'évêque Jean d'Oriolle.........	37
15 avril 1677. Lettre de Louis XIV annonçant la nomination du duc de Roquelaure au gouvernement de la Guyenne — Te Deum chanté à l'occasion de la prise d'Ypres..............	37
15 avril 1779. Débuts d'une troupe de comédiens français et italiens. — Son répertoire..........	38
16 avril 1278. Fontaines de l'Oulette et du Griffoul établies aux frais de Jean d'Hélies.............	39
22 avril 1568. Jacques d'Arpajon tué devant Montech. — Bernard-Roger de Comminges, vicomte de	

		Bruniquel, meurt sous les murs de Castelsarrasin..................................	42
23 avril	1816.	Nouvelle crue du Tarn..................	44
29 avril	1778.	Mariage du comte de Pluvié et de Thérèse de Guibert.............................	44
29 avril	1386.	Les habitants de Montauban dispensés de loger les gens de guerre..................	45
3 mai	1778, 79-80.	Séances publiques de l'Académie de Montauban consacrées à l'agriculture...	46
7 mai	1748.	Naissance d'Olympe de Gouges. — Son fils.	49
9 mai	1653.	Lettre de Louis XIV au président d'Aussonne, nommé conseiller du roi...............	51
10 mai	1744.	Premières écoles des Frères à Montauban.	51
11 mai	1824.	Mgr de Cheverus nommé évêque (voir p. 70)	52
11 mai	1573.	Banquet des consuls de Montauban........	53
13 mai	1290.	Arnaud de Parias fonde l'hôpital de ce nom..	55
14 mai	1457.	Transaction entre le viguier royal et les consuls sur l'exercice de la justice......	55
14 mai	1788.	Le conseil de la ville demande des prières publiques à cause de la sécheresse......	56
15 mai	1650.	Lettre du duc d'Epernon au président d'Aussonne sur les troubles du Quercy......	56
16 mai	1800.	Projets de canaux dans les environs de Montauban, Toulouse, Castres, Alby, et pour la communication des deux mers..	57
16 mai	1808.	Projet d'acquisition, par la ville, de l'ancien jardin de l'évêque. — Sa description....	59
22 mai	1759.	Durée des foires de Montauban fixée à 5 jours	62
24 mai	1612.	Pierre de Beloy ; sa famille (voir p. 274)....	64
25 mai	1747.	Règlement pour la préseance des corps constitués de la ville.....................	67
25 mai	1622.	Saint-André de Monbrun nommé au commandement des gens de guerre du Bas-Quercy.	69
31 mai	1649.	Lettre du duc d'Epernon au président d'Aussonne sur la défaite des rebelles à Libourne.	70
3 juin	1356.	Vente des eaux, rivages et moulin de Sapiac.	71
3 juin	1551.	Etablissement d'un poids public.........	71
6 juin	1658.	Le parlement de Toulouse permet aux merciers d'étaler sous les couvertes (v. p. 274)	72
6 juin	1811.	Armoiries de la ville. — Origine du nom de Montauban. — Sceau du Chapitre.......	74
8 juin	1794.	Fête de l'Etre suprême et de la Nature (v. p. 274)	79

9 juin	1659.	Achat de la place des Nonnains, aujourd'hui de la Cathédrale	83
9 juin	1771.	Privilége de barbier-perruquier	83
10 juin	1759.	Logement et mobilier fournis par la ville à M. de La Valette, maréchal de camp	84
14 juin	1365.	Formule d'acte au XIVe siècle	86
16 juin	1551.	Les Etats du Quercy s'opposent à l'impôt de la gabelle et du sel	86
16 juin	1788.	Reconstruction du pont de l'Abbaye	86
21 juin	1618.	Eclipse de soleil. — Météore. — Comète	86
21 juin	1660.	Tremblement de terre à Montauban	87
21 juin	1793.	Exécution de l'abbé Clavières, curé de Caussade, et de quinze de ses paroissiens	87
22 juin	1358.	Montalbanais autorisés à chasser le sanglier	88
22 juin	1794.	Les Montalbanais taxés à demi livre de pain	89
24 juin	1266.	Fondation de l'hôpital Notre-Dame	89
26 juin	1369.	Le duc d'Anjou donne 80 francs d'or aux Montalbanais pour la défense de la ville	90
27 juin	1746.	Portrait de l'intendant Lescalopier	90
1 juillet	1777.	Le premier Journal publié à Montauban	91
4 juillet	1592.	Joyeuse ravage les environs de Montauban	93
5 juillet	1700.	Nouvelle cloche pour la grande horloge	94
6 juillet	1760.	La ville achète le Petit jeu de l'aume pour en faire une salle de spectacle	95
7 juillet	1624.	Le vicomte Louis d'Arpajon lève un régiment contre les Montalbanais	96
8 juillet	1840.	Souscription pour le rétablissement des campaniles de la cathédrale	97
9 juillet	1715.	Location de la tour de Lautier pour y placer une horloge	97
11 juillet	1858.	Création du Jardin d'horticulture et d'acclimatation. — Inauguration et expositions	99
14 juillet	1794.	Fête du quatorze juillet, anniversaire de la Fédération et de la Prise de la Bastille	101
15 juillet	1628.	Commission donnée au sieur de Valada pour dresser un bureau de monnaie (v. p. 271)	103
17 juillet	1632.	Installation du Sénéchal et du Présidial	105
21 juillet	1412.	Rémission aux Montalbanais du meurtre de Thomas Neveu et Arnaud Ratier (v. p. 274)	106
24 juillet	1793.	Manufacture d'armes à Montauban	107
25 juillet	1587.	La peste à Montauban	108
27 juillet	1824.	Arrivée de Mgr de Cheverus	110

TABLE DES ÉPHÉMÉRIDES.

1 août	1808.	Sulfatation du blé par Bénédict Prévost....	113
5 août	1799.	Interdiction de 41 écoles de Montauban...	114
5 août	1819.	Voiture-moulin. — Diligence avec pompe à vapeur. — Frégate à roues............	116
6 août	1792.	Proclamation de la Patrie en danger. — Enrôlement des volontaires..............	116
6 août	1874.	Lagrèze Fossat, de Moissac ; sa mort, ses écrits...........................	117
7 août	1770.	La Légion corse formée à Montauban par Guibert.........................	119
13 août	1797.	Acte de probité de M. de Cieurac-Godaille..	120
15 août	1816.	La fête de l'Assomption à Montauban, et la Légion de Tarn-et-Garonne............	121
25 août	1742.	Société littéraire de Montauban ; ses membres. — Première séance publique.......	124
17 août	1621.	Le siége de Montauban..............	128
1 sept.	1682.	Fêtes données à Montauban à la naissance du duc de Bourgogne................	133
3 sept.	1660.	Vincent de Paul achète un terrain au faubourg du Moustier pour y établir le Séminaire .	136
3 sept.	1720.	Réunion de plusieurs paroisses à la seigneurie de Villemur	137
3 sept.	1817.	L'école mutuelle du Temple consistorial..	138
4 sept.	1406.	L'évêque Raymond de Bar; sa famille.....	138
4 sept.	1759.	Entrée du maréchal duc de Richelieu, gouverneur de la Guyenne.............	140
6 sept.	1828.	Les droits d'octroi à Montauban, 1828-1878.	144
9 sept.	1321.	Consulat de Montauban supprimé par le parlement de Paris ; son rétablissement sur la demande du pape Jean XXII.....	145
9 sept.	1335.	Transaction entre l'évêque et les consuls...	146
10 sept.	1828.	Décès du comte Andreossi..............	147
12 sept.	1809.	Arrêté sur la police rurale et la vente des raisins	148
14 sept.	1780.	Baptême de Jean-Auguste-Dominique Ingres.	149
15 sept.	1567.	Une pêche miraculeuse.................	150
15 sept.	1724.	Réception de l'intendant Pajot	150
18 sept.	1563.	Sénéchal de Montauban transféré à Moissac ; sa composition en 1625................	150
25 sept.	1762.	Mort de Michel de Verthamon. — Translation de ses restes mortels dans la chapelle de l'hospice. — Écrits de cet évêque.......	154

25 sept.	1825.	Le général Bessières, maire de Montauban.. 154
28 sept.	1329.	Règlement fait par les consuls pour la fabrication et la marque des poids et mesures. 157
1-30 sept.	1621.	Siége de Montauban (suite) 159
1 oct.	1341.	Guasbert-Duval, de Donzac, archevêque de Narbonne.......................... 163
3 oct.	1760.	Le colonel Boudet, de Caussade.......... 163
3 oct.	1848.	Donation à la ville de Montauban, par Espieute, pour l'établissement des Frères. — Fondation des Ecoles chrétiennes par J.-B. de La Salle................... 164
4 oct.	1858.	Le docteur Combes-Brassard............. 168
oct.	1777.	Lettres de noblesse accordées à Dominique de Lesseps; sa famille................ 169
7 oct.	1793.	Arrêté relatif au Maximum............... 170
7 oct.	1793.	Maisons de réclusion à Montauban........ 172
13 oct.	1793.	Destruction des tableaux et portraits de l'hôtel-de-ville 173
14 oct.	1879.	Louis Belmontet; sa mort, ses œuvres...... 173
16 oct.	1730.	Lamothe-Cadillac, de Castelsarrasin, fonde la ville de Détroit (Etats-Unis); sa famille (voir p. 274) 178
19 oct.	1592.	Le duc de Joyeuse noyé dans le Tarn. — Cantique à Dieu sur la délivrance de Villemur (v. p. 274)..................... 183
20 oct.	1843.	Louis Pernon, bienfaiteur de Lafrançaise... 185
23 oct.	1679.	Le Cours Foucault; tracé primitif de cette promenade, son entretien à l'adjudication. 186
28 oct.	1842.	Lettre d'Ingres, relative à l'achat de son buste pour le Musée........................ 188
24 oct.	1796.	Tableaux rendus à l'église Saint-Jean de Villenouvelle 189
oct.	1661.	Translation de la Cour des Aides à Montauban. (v. p. 274) 190
1-31 oct.	1621.	Siége de Montauban (suite).............. 192
1 nov.	1632.	Louis XIII à Montauban................. 200
1 nov.	1739.	Consécration et dédicace de la cathédrale ; sa description (v. p. 274)................. 204
2 nov.	1808.	Création du département; cantons supprimés. 208
3 nov.	1810.	Installation de la Faculté de Théologie protestante ; sa création et son organisation. — Doyens et professeurs, de 1810 à 1879. 211

TABLE DES ÉPHÉMÉRIDES.

6 nov.	1843. L'église de l'hospice de Montauban. — Tombeau des Sœurs et des Bienfaiteurs......	215
9 nov.	1829. Les Osages à Montauban................	216
14 nov.	1842. Rapport au Conseil municipal sur le projet de chemin de fer du Centre.............	217
12 nov.	1614 et 15 juin 1649. Incendies de la place publique de Montauban; sa reconstruction........	219
12 nov.	1826. Ingres à Montauban. — Son tableau le *Vœu de Louis XIII*; lettre d'Ingres à ce sujet..	224
15 nov.	1766. Grande inondation. — L'intendant de Gourgues. — Le poète Larroque..	227
15 nov.	1571. Bail de l'hôpital de Montauriol............	230
28 nov.	1476. Louis XI autorise le transfert des prisons...	231
30 nov.	1848. Limousin-Lamothe, chimiste, poète languedocien............................	234
1-15 nov.	1821. Siége de Montauban (suite et fin). — Causes de son insuccès. — Artillerie et munitions vendues au Roi..................	235
1 déc.	1793. Abolition du culte. — L'hymne des Marseillais; l'auteur de sa musique......... ...	243
3 déc.	1535. Les marchands de Montauban exempts des leudes.............	244
6 déc.	1573. Henri de Navarre et sa femme donnent une rente perpétuelle au collége............	244
7 déc.	1779. L'abbé de La Tour lègue une maison et le restant de sa bibliothèque aux Frères....	245
7 déc.	1690. Etat et traitements des régents. — Nombre d'élèves admis gratuitement............	246
9 déc.	1518. Prédications de Thomas Illyricus	248
9 déc.	1682. Manuscrits de l'abbaye de Moissac envoyés à Colbert	250
12 déc.	1650. Académie protestante de Montauban transférée à Puylaurens; sceau et diplôme........	251
15 déc.	1581. Louis Rabier, imprimeur, quitte Montauban pour aller à Orthez..................	253
16 déc.	1550. Guillaume Bigot, lecteur en philosophie dans les écoles de Montauban ; ses aventures.	253
19 déc.	1793. Les commissaires de quartier en 1736 et 1793; division de la ville..............	256
19 déc.	1824. Inauguration du pont de Moissac.........	256
21 déc.	1791. Expulsion des Frères...................	259

27 déc. 1605. Robert Constantin, professeur au Collége et à l'Académie.................................. 260
28 déc. 1600. Statuts des chirurgiens.................. 261
29 déc. 1483. Mort de l'évêque Jean de Montalembert..... 263
29 déc. 1655. Le Consulat de Fontneuve réuni au Consulat de Montauban........................... 264
31 déc. 1879. Les hivers les plus rigoureux à Montauban.. 266

ADDITIONS ET CORRECTIONS.

Population de Montauban 13, 14, 270
Foires de Montauban......................... 15, 62, 270
Cloches et canons........................... 17, 94, 270
Mgr de Cheverus............................... 52, 270
Artillerie de la ville........................ 34, 242, 271
Pierre de Beloy................................ 65, 271
Place publique; étalage des marchands............. 73, 271
Fête de l'Etre suprême......................... 79, 271
Monnaies frappées à Montauban................. 103, 271
Thomas Neveu................................ 107, 274
Lamothe-Cadillac........................ 178, 182, 274
Siége de Villemur............................. 185, 274
Palais de la cour des Aides................... 192, 274
Eglise Saint-Orens............................ 205, 274
Eglise Cathédrale; ses architectes.............. 207, 274

Table sommaire

DU SIÉGE DE MONTAUBAN EN 1621.

		Pages.
Nombreuses relations de ce siége		128
10 août 1621.	Louis XIII tient conseil à Agen, sur la question de savoir s'il faut ou non assiéger Montauban	129
17 août.	Le Roi se rend au château de Piquecos; menu de son premier dîner	129
20 août.	Le duc de Sully se rend à Montauban	131
26 août.	Le capitaine Sauvage et son domestique sont arrêtés comme espions	131
31 août.	Incendie de deux moulins à poudre	132
1er septembre.	Les assiégeants ouvrent le feu de toutes les batteries	159
4 septembre.	Le marquis de Thémines et le comte de Bourfranc sont tués à la corne de Montmirat	160
16 septembre.	Le duc de Mayenne est tué devant le bastion de Villebourbon	160
20 septembre.	Les femmes se distinguent à la défense du bastion du Moustier	161
25 septembre.	Explosion d'une mine à la corne de Montmirat	162
27 septembre.	Secours envoyé par le duc de Rohan	162
1er octobre.	Les négociations échouent de nouveau	192
4 octobre.	L'artillerie du quartier du Roi est portée au quartier du maréchal Saint-Géran	193
7 octobre.	Le Connétable et le duc de Rohan, dans leur entrevue à Reyniès, font un traité de paix qui n'est pas approuvé par le Roi	193
10 octobre.	Les hostilités sont reprises	194
11 octobre.	Les assiégés enlèvent une coulevrine. — Le maréchal de Thémines abandonne son commandement	195

17 octobre. Grand assaut en présence du Roi. — Le ministre Daniel Chamier est tué........ 195
24 octobre. Nouvelle sortie des assiégés. — Marthe Carnus encloue un canon des ennemis......... 197
27 octobre. Le connétable de Luynes essaie de renouer des négociations qui échouent encore.... 198
28 octobre. Les Montalbanais lancent sur les assiégeants une lourde machine remplie de feux d'artifice........................... 198
31 octobre. La levée du siége est résolue............. 199
2 novembre. Dernières sorties des Montalbanais...... 235
4 novembre. Nouvelles négociations. — Députés envoyés à l'assemblée de Castres.............. 236
9 novembre. L'armée royale lève son camp............ 236
13 novembre. Le roi quitte Piquecos. — Retour des députés envoyés à Castres.................. 237
15 novembre. Départ de l'armée royale. — Le siége est définitivement levé................... 238
Pertes des assiégeants et des assiégés..................... 238
Documents à consulter pour une nouvelle histoire du siége. 239
A quelles causes a-t-on attribué l'insuccès du siége de Montauban ?............................. 239
Quelles ressources avaient les Montalbanais pour défendre leur cité.. 241
Canons et munitions de guerre vendus au Roi............. 242

Table des Matières
PAR ORDRE ALPHABÉTIQUE.

A.

Abbaye de Montauriol, 59, 78, 219.
— de Saint-Marcel, 15.
— de La Garde-Dieu, 15.
— de Moissac, 122, 254, 264.
Abolition du culte, 16, 243.
Académie de Montauban, 46, 144, 152.
Académie protestante ; fondation, translation, sceau, diplôme, 55, 212, 251, 260.
Acte de baptême d'Ingres, 119.
Acte du XIVᵉ siècle, 46.
Administration du Lot, 115.
Agriculture (séances de l'Académie consacrées à), 16.
Agriculteurs (filles d') dotées par l'Académie, 46.
Aillaud (l'abbé), poète, 225.
Alba (signification du mot), 74.
Aliès (sieur d'); sa maison, 83, 202.
Ambres (marquis d'), lieut. du roi, 133.
Amiel fonde l'hôpital Notre-Dame, 89.
Andreossi meurt à Montauban, 147.
Anglais (les) à Montauban, 9, 53, 90.
Anjou (le duc d') donne 80 fr. d'or, 90.
Arbalètes données par les consuls, 53.
Arcis (d'), sculpteur de la cathédrale, 207.
Architectes de la cathédrale, 97, 98, 205, 274.
Architectes de la ville, 99, 222, 223.
Argenterie des Jacobins, 35.

Armoiries de Montauban, 74, 159.
Arpajon (duc d'), 42, 96.
Arpajon lève un régiment, 96.
Artillerie de la ville, 12, 33, 53, 90, 241, 242, 270.
Assemblée de la Haute-Guyenne, 93.
Assemblée des trois ordres du Quercy, 25
Assignats volés ; leur valeur, 35, 172.
Assomption (fête de), 121.
Aubry de Gouze, commandant de la Guyenne, 50.
Augustins (couvent des), 13.
Auriol : voir sceau du chapitre, 78.
Aussonne, cons. du roi, 51, 56, 70.
Aveyron (canalisation de l'), 58.

B.

Bar (R. de), évêque; sa famille, 138.
Barbiers-perruquiers, 83, 262.
Bardon-Tauge, ancien officier, 84.
Barloque ou grande cloche, 95, 98.
Banquet des consuls de Montauban, 53.
Bas de soie (fabriques de), 64.
Béjaune, tribut des consuls, 53.
Bellet, bénéficier du chapitre, 127, 153.
Belmontet, député et poète, 173.
Beloy (Pierre de); sa famille, 64, 271.
Belvèse (famille), 17, 22, 23, 137, 246.
Benesville, architecte des couvertes et du temple, 222.
Béraldi, intendant, 55.
Bérauld (Pierre), ministre, 128.

Bergis (famille), 35, 81, 94, 100.
Bernady, poète et professeur, 82, 114.
Berry (duc de) en Guyenne, 45.
Bertier (Pierre de), évêque, 29, 59, 136, 223.
Bessières, général, 154; maréchal, 156.
Bibliothèque de l'abbé de La Tour, 245.
Bigot, professeur à Montauban, 253.
Biographie de Tarn-et-Garonne, 6, 9, 19, 49, 64, 96, 119, 120.
Bioule (charte de), 157.
Biron (duc de), 25.
Blazy de Bernoy, écuyer, 18, 125.
Bô, représentant du peuple, 24.
Boennier, architecte du roi, 99.
Boissy (Françoise de), supérieure des écoles chrétiennes, 27.
Bonafous (Noble Jean de), 35.
Bonnard, prof. à la Faculté, 112, 211, 214.
Bonnet, musicien, 9, 81.
Boudet, colonel, 163.
Bourdais, architecte, 30.
Bourgogne (duc de), 133.
Bourreuil, ingénieur, 58.
Brassard, avocat, 105, 201, 264.
Breteuil (de), évêque, 26, 56.
Broca (de), 126.
Brumauld de Beauregard, évêque, 52, 270.
Bruniquel (vicomte de), 42.
Buisson d'Aussonne, président, 181.
Bulletin archéologique, 30.
Bulletin catholique, 3.

C.

Cadastres, 12, 66, 266.
Cahiers des Etats généraux, 22.
Cahuzac (famille de), 65, 133.
Caminel, lieutenant criminel, 18, 23.
Campaniles de la cathédrale, 97, 208.
Camparnaud : incendie du château, 14.
Canaux projetés dans le Midi et pour réunir les deux mers, 57.

Candale (duc de), 70.
Cantique sur la délivrance de Villemur, 183.
Cantons supprimés en 1880, 209.
Capella (de), insp. des ponts et chaussées, 217.
Capronis (Mme), institutrice, 114.
Capucins (couvent des), 172, 202.
Carcan (colonne du), 72.
Cardaillac (Guillaume), évêque, 147.
Carmes (couvent et église des), 13, 44, 52, 71, 121.
Carrère, maire, 84, 95, 125, 141, 150, 257.
Casernes de Montauban, 30, 152.
Castelsarrasin assiégé, 42.
Cathala-Coture, historien, 60, 65, 59, 92, 104, 125, 151, 187, 206, 224, 227, 267.
Cathédrale ancienne, 59.
Cathédrale nouvelle, 16, 80, 83, 97, 98, 102, 112, 121, 143, 150, 153, 173, 190, 204, 224, 246, 274.
Caumont (de La Force), 28, 83, 122.
Caussade, 27, 87.
Cazalès (famille de), 15, 144.
Chalais (Pierre de), évêque, 139.
Chamier, ministre, 195, 236, 252.
Champ de Mars, voir Cours Foucault.
Chandos, lieutenant du roi Édouard, 10.
Chapelle Saint-Berthoumieu, 109.
Chapelle N.-D. de Montauriol, 249.
Chapitre cathédral, 68, 78, 136, 150.
— Saint-Etienne, 35, 268.
Charles VII défend d'enlever les Français à leurs juges ordinaires, 35.
Charles VII et Charles IX à Montauban, 28, 34, 266.
Chasse au sanglier, 88.
Chasteau-neuf, 10, 29.
Châteaux (incendie de), 14.
Château-royal (maison d'arrêt), 34, 35, 105, 151, 231.
Chatelet, fondeur de canons, 108.
Chaunac, chef des volontaires, 15, 18.

TABLE ALPHABÉTIQUE.

Chemins de fer de la région, 58, 217.
Cheverus, évêque, 4, 52, 110, 259, 270.
Chirurgiens (statuts des), 261.
Cieurac (de), maire, 13, 15, 17, 120.
Cimetière de Montauriol, 137.
Civilité (la) et les principes d'arithmétique, 154.
Clairisses (couvent des), 83, 88, 139, 172.
Clavière, curé de Caussade, est exécuté avec 15 de ses paroissiens, 87.
Clochers; arrêté de démolition, 24.
Cloches de la tour Lautier, 17, 94, 98.
Cloches des églises envoyées à la fonderie de canons, 16, 108.
Cloches de l'église Saint-Jacques, 95, 98.
Coderc (Pierre), imprimeur, 105, 128.
Colbert, évêque, 29, 55, 61, 152, 204, 215.
Collége de Montauban, 13, 30, 55, 77, 82, 192, 244, 251, 260.
Colonnes du *Laurier* et du *Carcan*, 72.
Combes-Dounous, helléniste, 211.
Combes-Brassard, docteur médecin, 168.
Comédie et comédiens, 9, 38, 95.
Comète (une) en 1618, 86.
Comminges, vicomte de Bruniquel, tué sous Castelsarrasin, 42.
Commissaires de quartier, 256.
Confréries, 21, 121.
Consécration de la cathédrale, 204.
Conseil général et de ville: voir Consuls.
Constans (famille), 23, 192.
Constantin, professeur à Montauban, 260.
Consuls, consulat, 23, 28, 35, 36, 53, 55, 56, 63, 68, 71, 73, 126, 145, 146, 256, 264.
Coras (Jacques de), poète, 74, 106.
Cordeliers (couvent des), 13, 25, 89, 228.
Corps constitués; préséance, 67.
Couderc, ingénieur, 18, 57, 61, 168.
Cour des Aides, 51, 68, 125, 169, 190, 271.
Cours Foucault, 30, 103, 110, 117, 186.

Cours normal d'institutrices, 30.
Coutumes de Montauban, 10, 20, 36, 37, 62, 71, 76, 105, 146, 148, 172, 231, 265.
Couvents: voir au nom de chaque.
Couverts de la place, 72, 219.
Croix en fer de la place, 72.
Crosilhes, imprimeur, 23, 92, 170, 229, 230.
Culte et marques extérieures supprimés, 16, 243.

D.

Dames Noires ou de Paris, 172, 205, 247.
Dames de Nevers et cours normal, 30.
Darassus, consul, 18, 140, 264.
Dassier, 83.
Debia et Delmas, 23.
Débordements du Tarn, 4, 44, 150, 227.
Défense d'enlever les Français à leurs juges naturels, 35.
Défense de la ville, 90.
Delfios, chanoine, 83, 125.
Delisle (dame), direct. du théâtre, 9, 38.
Delpech-Saintou, de Caussade, 88.
Dénombrement de la ville, 70, 91.
Denrées (prix des), 21, 54.
Département de Tarn-et-Garonne: création, composition, 30, 208.
Depeyre, député du Quercy, 26.
Députés du Quercy aux États généraux, 22, 25.
Descaussat, imprimeur, 154.
Despax, fondeur de canons, 108.
Des Prez, évêque, 12, 66, 151.
Destruction de tableaux et portraits, 173.
Détroit, ville des États-Unis; sa fondation, 178, 274.
Dettes de la ville en 1793, 30.
Devals, historien, 53, 71, 76, 104, 136, 157.
Diligence à vapeur, 116.
Directoire du département, 170.
Division de la ville en quartiers, 13, 257.

Documents historiques sur le Tarn-et-Garonne, par Fr. Moulenq, 139.
Don patriotique de Nègrepelisse, 32.
Doney, évêque, 137, 153.
Doyens et professeurs de la Faculté, 214.
Dubourg, évêque, 216.
Dubreuilh, trésorier de France, 125.
Dufaur de Pibrac, 15, 86.
Dupuy-Monbrun, 47.
Durban, trésorier de France, 47.
Duval de La Mothe : voir La Mothe.

E.

Eclipse de soleil en 1618, 86.
Ecole mutuelle du Temple, 138.
Ecole normale de Montauban, 30.
Ecoles chrétiennes, 27, 51, 164.
Ecoles (interdiction de 41) en 1799, 114.
Ecoles publiques, 55, 114, 245, 246, 253.
Edicts et arrêts notables, 11.
Edits de la Cour des Aides, 69, 70.
Eglise de l'hospice, 154, 215.
Eglise Saint-Etienne (Sapiac), 6, 35, 205.
Eglise Saint-Jacques, 17, 45, 75, 95, 144, 202.
Eglise Saint-Jean (Villenouvelle), 13, 189, 205.
Eglises Saint-Orens et de Gasseras, 13, 139, 146, 227.
Elections municipales, 13, 54.
Election (bureau de l'), 68.
Encontre (Daniel), professeur à la Faculté, 211, 214.
Enrôlement des volontaires, 116.
Entrée de l'évêque Jean d'Oriolle, 37.
Entrée du duc de Richelieu, 140.
Entrée de Louis XIII, 200.
Epernon (duc d'), 56, 70, 183.
Escorbiac (famille d'), 11, 18, 125, 173, 219, 254.
Espieute, bienfaiteur des Frères, 52, 164.
Estillac (le comte d'), 144.
Etalage sous les couvertes, 72, 73, 271.

Etats généraux et du Quercy, 15, 22, 25, 86.
Etex, sculpt. du monument d'Ingres, 8.
Etudes historiques sur Moissac, par Lagrèze-Fossat, 119.
Etymologie du nom de Montauban, 74.
Evêché : suppression, rétablissement, 29, 52, 60, 137.
Evêché (hôtel de l'), 28, 68, 137, 143.
Evêques de Montauban, 25 (voir à leur nom).
Evêques de Cahors, 25, 27.
Expositions d'horticulture, 99.

F.

Fabriques et manufactures, 64.
Faculté protestante, 172 ; professeurs, création, 211.
Faydel, député du Quercy, 86.
Fédération des gardes nationales, 25.
Fermage des piliers de la place, 73.
Fermat (Pierre), mathématicien, 6, 66.
Fermeture de la cathédrale, 16.
Fête à la naissance du duc de Bourgogne, 133.
Fête de l'Assomption, 121.
Fête de saint Louis, 126.
Fêtes publiques, 79, 101, 126, 133, 140, 225.
Flore de Tarn-et-Garonne, 119.
Foires et marchés de Montauban, 15, 62, 270.
Fonderie de canons, 17, 108.
Fontaines de l'Oulette et du Griffoul, 39.
Fontanel, imprimeur, 80, 102, 169, 229.
Fontneuve : consulat, paroisse, 44, 264.
Forestier, consul, avocat, 125, 140, 257.
Fornier, poète et chroniqueur, 219.
Fortifications de la ville, 17, 34, 86, 90.
Fossal (ruisseau du) ou Lagarrigue, 41.
Foucault, intendant, 133, 186, 250.
France de La Gravière, 12, 130, 162, 236.

Frégate à vapeur, 116.
Frères des Ecoles des chrétiennes, 51, 115, 152, 153, 164, 245, 259.
Frères de Marie, 30.
Frères Mineurs, 90, 248, 250.
Frères Prêcheurs, 35, 90.
Frézals, organiste, 81.
Frézières, bienfaiteur des Frères, 166.
Frossard, prof. à la Faculté, 212, 214.
Furbeyre, 18, 23, 49, 65.
Furgole, jurisconsulte, 181.

G.

Gaches (*Mémoires* de), 42.
Galabert d'Aumont, conseiller, 125.
Garat, ex-constituant, 173.
Gardes nationales, 25, 35, 80, 117.
Garrisson (famille), 120, 121, 173.
Gatereau, syndic de la ville, 144, 173.
Généralité de Montauban, 210.
Gens de guerre (logement des), 44, 69.
Gilibert, ami d'Ingres, 226.
Gironde (famille de), 18, 44, 62, 100, 138, 225.
Garissoles, professeur et ministre, 250.
Gouges-Carton, député du Quercy, 26.
Gouges (Olympe de) et son fils, 49.
Gourgues (de), intendant, 49, 119, 227.
Goutte (l'abbé), bibliothécaire, 246.
Goux de la Berchère, intendant, 205, 246.
Guasbert-Duval, archevêque, 163.
Guibert (famille de), 34, 44, 45, 119.
Grandpré : voir Perrin de Grandpré, historien.
Grégoire (famille de), 181.
Grésigne (forêt de), 58.
Griffoul, Griffoulet, fontaines, 39, 109.

H.

Haultin (Denis), imprimeur, 67, 185.

Hélies (Jean d'), donne pour les fontaines, 39.
Henri de Navarre, 93, 244, 253.
Héricourt, maréchal de camp, 44, 123.
Histoire de l'affliction de la ville de Montauban, par Jean Fornier, 219.
Histoire de l'Eglise de Montauban, par l'abbé Camille Daux, 147, 264.
Histoire de Montauban (voir Le Bret).
Histoire du Querci (voir Cathala-Coture).
Histoire manuscrite de Montauban (voir Perrin de Grandpré).
Hivers les plus rigoureux, 266.
Hôpitaux de la ville : voir ci-après.
Hôpital général Saint-Jacques, 55, 151, 166, 205, 215.
Hôpital de Lautier, 55, 97, 222.
Hôpital Notre-Dame ou Montauriol, 55, 89, 230.
Hôpital de Parias, 55.
Hôpital Saint-Roch, des pestiférés, 109.
Hôpital Saint-Etienne du Tescou, 5, 147.
Horloge (grande), 94, 95, 97.
Hôtel-de-ville, 28, 71, 94, 173, 232.
Hôtel de l'Evêché acheté par la ville, 28.
Hubard, peintre, 90.

I.

Ile du Tarn, 33, 135.
Illyricus (Thomas), prédicateur, 248.
Impôts sur les vins, grains, etc., 17, 86.
Incendie de châteaux, 14.
Incendies de la place publique, 219.
Ingres (J.-D.), peintre, 7, 149, 188, 206, 224.
Inondations du Tarn : voir débordements.
Isarn, vice-roi d'Arménie, 31.
Instruction gratuite, 30, 247.
Instituteurs et institutrices, 30.
Intendants : voir à leur nom, et 30, 173.

J.

Jacobins (couvent et église des), 13, 34, 35, 40, 109, 263.
Jacques II à Montauban, 60.
Jardin de l'évêque, 59.
Jardin d'horticulture, 99.
Jean XXII, pape, 145.
Jeanbon-Saint-André, 103, 106, 108, 260.
Jésuites : collége et église, 55, 245.
Jeu de paume, 95.
Journal de la Généralité (1777), 38, 91.
Journaux publiés dans le département en 1879, 3, 91.
Journaux d'agriculture, 3, 48.
Joyeuse ravage Léojac, 93 ; noyé dans le Tarn, 183.
Juge-mage de Montauban, 22, 233.
Justice (exercice de la), 55, 146.

L.

Lade, procureur de la ville, 18, 46.
La Force, général, 4, 96, 110, 156, 225.
La Garde-Dieu, abbaye, 15.
La Garrigue, 18, 23, 40, 58, 89.
La Gravière (famille), 12.
Lagrèze-Fossat, historien, 15, 117.
La Laque à Montauban, 58.
Lamothe-Cadillac, fondateur de la ville de Détroit (Etats-Unis), 178, 274.
La Mothe (de), 9, 22, 56, 106, 125, 126.
Lanouzelle, fondeur de cloches, 94.
Lapierre (Arnaud), 23, 95.
Larroque, poète patois, 230.
Larroque, architecte de la cathédrale, 97, 98, 205.
La Salle, fondateur des Frères, 167.
Lastours (château de), 15.
Latour, premier consul, 187, 201.
La Tour, doyen du chapitre, 46, 125, 153, 245.
Lautier (tour, hôpital), 55, 94, 222.

La Valette, maréchal de camp, 26, 81, 141.
Lazaristes (séminaire établi par les), 136.
Lebreton, architecte-paysagiste, 99.
Le Bret, historien, 59, 104, 137, 223, 231, 266.
Le Clerc (famille), 32, 71, 74, 255.
Le Franc de Pompignan et de Lacarry, 49, 94, 125, 191.
Legendre, intendant, 92, 94, 224.
Légier, imprimeur, 154.
Légion corse formée à Montauban, 119.
Légion de Tarn-et-Garonne, 121.
Lepelletier, premier préfet, 210.
Lescalopier, intendant ; son portrait, 90, 126.
Lesdiguières (le maréchal), 129.
Lesseps (famille de), 15, 169.
Lettes (Jean de), évêque, 253.
Leudes et gabelles, 244, 265.
Libourne (rebelles de), 70.
Limairac, préfet du départ., 4, 110, 259.
Limouzin-Lamothe, chimiste-poète, 231.
Livres des archives, 37, 63, 66, 72, 84, 200, 261.
Logement des gens de guerre, 45.
Lombard, principal du collége, 18.
Lonjon de Laprade, 125.
Lostanges (de), sénéchal, 85, 106.
Lot (navigation du), 15.
Louis XIII à Montauban, 129, 200.
Lycée, 245.

M.

Maison communale : voir hôtel-de-ville.
Maison d'arrêt : voir château-royal.
Maisons de réclusion en 1793, 172.
Majorel, juge-mage, 23, 26.
Maleville de Condat, 113.
Manufacture d'armes à Montauban, 107.
Manuscrits de l'abbaye de Moissac, 250.
Maraval, professeur, 18.

Marchands drapiers et merciers, 63, 72, 73, 244, 271.
Mariage du comte de Pluvié-Guibert, 44.
Mariages patriotiques, 80.
Mariette-Auriol, 21, 23, 108, 228.
Marqueyret, avocat, 46, 83, 187.
Marseillaise (la), et Rouget de Lisle, 103, 243.
Massip, poète, 127.
Matériaux pour l'histoire de Montauban, 146.
Maury, maire, 98.
Maximum (le) à Montauban, 170.
Mémoires de Natalis, 86, 109, 227.
Mémoire sur la Généralité, 92, 221.
Messe célébrée après la Terreur, 28.
Meurtre de Neveu et de Ratier, 106, 274.
Mialaret, procureur, 18, 56, 173.
Minot (fabrique de), 64.
Miran (comte de), 125.
Miséricorde (couvent de la), 40.
Missionnaires diocésains ou de Saint-Théodard, 137, 248.
Mobilier de M. de La Valette, 81.
Moissac, 14, 117, 122, 129, 250, 258.
Monnaie (billonnage de la), 10.
Monnaie frappée à Montauban, 103, 271.
Montalbanais taxés à 1/2 livre de pain, 89.
Montalbanais exemptés de péages, 90.
Montalembert (Jean de), évêque, 263.
Montauban (étymologie du nom de), 74.
Montauban réuni à la couronne, 10.
Montauban livré aux Anglais, 9.
Montauriol, abbaye, 137.
Montech assiégé par les Montalbanais, 42, 43, 136.
Montluc; lettres aux consuls, 33.
Moulins de Montauban, 71, 106, 108, 146, 166, 227.
Municipalité de Montauban, 7, 10, 17, 108, 115, 117.
Murviel (Anne de), évêque, 136, 202.

Musée de Montauban, 7, 10, 188.

N.

Napoléon Ier à Montauban, 30, 208, 259.
Natalis (P. de), 84, 86, 109, 125, 128, 227.
Navarre de Montaut, 97.
Nepos, châtelain de Roquebrune, 106.
Nicolas (Michel), professeur à la Faculté, 214, 252, 261.
Niel, maréchal, à Montauban, 100.
Notre-Dame du Carmel, 121; de Montauriol, 121; du Montement, 122; de Lorm, 136; de Vaguet, 263.
Nouvelles littéraires, 126.

O.

Octroi (produit des droits d'), 144.
Officiers municipaux, 13, 17, 20, 23.
Officiers de l'élection, 68.
Olivier, architecte diocésain, 97, 137.
Olivier (d'), 31, 136.
Oriole (Jean d'), évêque, 37, 109.
Orval (comte d'), 69.
Osages (les) à Montauban, 216.
Oulette, fontaine, 40.

P.

Pacot, architecte des couvertes, 223.
Pajot, intendant; sa réception, 150.
Pain taxé aux Montalbanais, 89.
Pain, vin, viande, poisson (prix), 21.
Parazols (de), général, 141, 244.
Parias (Arnaud de) et son hôpital, 55.
Paroisses réunies à la seigneurie de Villemur, 137.
Pastoret, poète, orateur populaire, 81, 103.
Patrie (la) proclamée en danger, 116.
Péage (dispense de), 90.
Pêche miraculeuse, 150.
Pellot, intendant, 98, 99.

Pérignon, maréchal de France, 8.
Pernon, bienfaiteur de Lafrançaise, 185.
Perrin de Grandpré, histor., 139, 150, 250.
Peste (la) à Montauban, 108.
Pièces jouées à Montauban en 1779, 38.
Pissote (la), ruisseau et moulin, 83, 146.
Place publique ou des couvertes, 42, 72, 117, 219, 271.
Place de l'Horloge ou de la Boucherie, 98, 106.
Place des Nonnains, d'Armes ou de la Cathédrale, 83, 123, 143, 192.
Planques (usine des fontaines à), 42.
Pluvié-Guibert, 44.
Poids et mesures, poids public, 7, 71, 157.
Police de la voirie et rurale, 20, 118.
Pompes à incendie et pompiers, 21.
Poncet, fondeur et artilleur de la ville, 105, 242.
Poncet, avocat, et sa famille, 22, 26, 32, 93, 105, 149, 242, 257.
Pont de l'Abbaye, 86; de Vaguet, 263.
Pont de Moissac, 258.
Pont du Tarn, 10, 29, 33, 37, 228.
Pont Montmirat ou Pellot, 109, 186.
Population de Montauban, 13, 14, 270.
Population du département; sa diminution en 70 ans, 210.
Portal (famille), 8, 18, 22, 41, 248.
Portes de la ville, 42, 202.
Portrait des consuls, 90, 173.
Poux, délégué des médecins, 23.
Pradal (de), conseiller, 125.
Prades (l'abbé de), 154.
Prax-Paris, député, maire, 7, 100.
Preissac (comte de), 45.
Préséance des corps constitués, 67.
Présidial : voir Sénéchal.
Prévost de Saint-Cyr, colonel, 44, 122.
Prévost (Bénédict), professeur à la Faculté, 113, 212, 214.
Prières pour demander la pluie, 56.

Prince Noir (le) à Montauban, 10.
Prisons de la ville, 28, 172, 203, 231.
Privilége pour le théâtre, 9, 32.
Privilége du barbier-perruquier, 83.
Priviléges de la ville (voir Coutumes).
Prix des denrées, 21, 53, 54, 179.
Procession de Saint-Bernard, 69.
Procession du Saint-Sacrement, 68.
Procession du 15 août, 121.
Promenades, 7, 30, 40, 59, 99, 103, 150, 186, 188.
Pullignieu, premier président, 149.
Puylaurens (l'Académie transférée à), 251.
Puylauron (paroisse de), 138.
Puy-Monbrun, 18.

Q.

Quartiers de la ville, 89, 217, 257.

R.

Rabastens, sénéchal du Quercy, 36, 105.
Rabier, imprimeur à Montauban, 253.
Raisins (entrée et vente des), 118.
Ramier ou bois de Tulmont, 10, 30, 41, 54, 265.
Ratier, seigneur de La Mothe, 106, 274.
Réclusion (maisons de), 172.
Regangac (Valet de), 18.
Régents et régentes des écoles, 246.
Régiments : Pologne, Languedoc, Touraine, 13, 14, 16, 214.
Relations des débordements du Tarn, 229.
Répertoire du théâtre en 1779, 38.
Richelieu (maréchal de), 9, 32, 38, 140.
Robert-Fonfrède, pasteur, 113.
Rochechouard (de), marquis de Fandoas, 144.
Rohan (Henry de), 69, 103, 129.
Roquelaure, gouvern. de la Guyenne, 37.
Rosière (une) à Lafrançaise, 185.

TABLE ALPHABÉTIQUE.

Rous de Fénayrols, 112, 122.
Rue de l'Aiguille ou l'Abescat, 28, 231.
Rue de la Pissotte ou Notre-Dame, 83, 146.
Rue de la Sabatterie-grosse ou d'Auriol, 223.
Rue des Bains ou de l'Evêché, 143, 146.
Rue des Parias ou de l'Ancien Collège, 55, 245.
Rue des Soubirous, 55.
Rue du Temple-Neuf ou du Vieux-Palais, 143, 192.
Rue Saint-Louis ou Grande Rue, 143.
Ruelles : Jullia, Combes, Meulan, 40, 83.

S.

Saint-André Monbrun, 69.
Saint-Béarn, 125.
Saint-Florentin (comte), 68, 126.
Saint-Geniès, général, 9, 46.
Saint-Luc (marquis de), 23, 70.
Saint-Marcel, abbaye, 15.
Saint-Sardos, vicaire à Sapiac, 16.
Saint-Simon (duc de), 202.
Sainte-Claire (couvent de), 83, 88, 139, 172.
Salle de spectacle, 91, 99.
Sanglier (chasse du), 38, 88.
Satur (Pierre de), 8, 35, 253.
Sceaux de l'abbaye, du chapitre, etc., 78.
Sécheresse extraordinaire, 56.
Séguier (famille du chancelier), 11, 139.
Selves, homme de loi, 173.
Séminaires de Montauban, 136, 166, 172, 216.
Sénéchal et Présidial, 22, 26, 35, 36, 45, 68, 71, 73, 105, 150, 231.
Serment civique des prêtres, 16.
Siége de Montauban, 128, 159, 192, 235.
Simon, architecte de la cathédrale, 98.
Simonet, directeur du théâtre, 52.
Société d'horticulture, 99; son *Annuaire*, 101.

Société littéraire de Montauban, 124, 126, 152.
Société populaire et Club, 79, 81, 101, 170, 182, 192.
Sœurs de Saint-Vincent, 215.
Sorbin, évêque de Nevers, 19.
Soie (tirage et fabriques), 64.
Souquet, droit sur la vente du vin, 10.
Statues de la cathédrale, 17, 207.
Sulfatation du blé, 113.
Superficie du département, 210.
Suppression des marques extérieures du culte, 16.

T.

Tableaux et portraits de consuls, 90, 173.
Tableaux de l'église Villenouvelle, 189.
Tapisseries et mobilier en 1789, 85.
Tarn : voir débordements.
Te Deum chanté pour les fêtes, 37, 68, 133, 143.
Temple de la Raison, 16, 80, 82, 102, 243.
Temples des réformés, 28, 44, 222.
Terray, intendant, 49.
Teulières (famille), 18, 23, 47, 48, 69, 92, 173.
Théâtre de Montauban, 9, 32, 38, 56, 95.
Thémines (le maréchal de), 91, 93, 183.
Tombeau des sœurs de l'hospice, 216.
Tour de Lautier ou de l'Horloge, 94, 95, 97.
Transaction entre l'évêque, le viguier et les consuls sur la justice, 55, 146.
Transaction entre la ville et les Jacobins sur l'argenterie saisie en 1516, 35.
Trélissac (de), évêque, 30, 52, 111, 215, 259.
Tremblement de terre, 87.
Trésoriers de France, 68, 142.
Triadou, fondeur de canons, 108.
Tribunaux du département en 1790, 210.
Troubles du Quercy, 15, 56.

U.

Ursulines (couvent des), 90, 249.

V.

Vaïsse, Emile, 19.
Valada (famille de), 35, 103, 271.
Vaubecourt, évêque, 98.
Vers à soie, 64, 100.
Verthamon, évêque, 48, 105, 126, 143, 151, 165, 205, 215.
Valette-Penot et Laurent, peintres, 96.

Vialètes-d'Aignan et de Mortarieu, 18, 59, 212.
Viguier royal, 35, 45, 52, 55, 106, 146.
Villemur (siége de), 183, 274.
Villeneuve (de), préfet, 138.
Villerme, fondeur de cloches, 95.
Vincent de Paul et le Séminaire, 136.
Voirie (police de la), 20.
Voiture-Moulin, 116.
Vœu de Louis XIII, tableau d'Ingres, 121, 206, 224.

Y.

Ysarn de Capdeville, 29, 113: voir Isarn.

Table alphabétique
POUR LE SIÉGE DE MONTAUBAN.

A.

Angoulême (duc d'), 130, 239.

B.

Bardon-Lalanne, capitaine, 130, 162.
Bardon, conseiller au sénéchal, 237.
Bassompierre, maréchal de camp, 237.
Beaufort, capitaine, 162.
Bérauld, ministre, 128, 236.
Bonnencontre, consul, 128.
Bourfranc (comte de), 130, 131, 160.
Boutaric, capitaine, 197, 235.

C.

Carmaing, maréchal de camp, 195.
Carnus, Marthe, encloue un canon, 193.
Castelnau, fils du duc de La Force, 130, 236.
Chamier, ministre, 195, 196, 236.
Chappes (régiment de), 159.
Chaulnes (le maréchal de), 162, 198, 237.
Chevreuse (duc de), 131.
Constans, enseigne, 130, 192.
Constans, conseiller au sénéchal, 237.

D.

Damet, fils du duc de La Force, 197.
Darassus, enseigne, 130.

Desplan, négociateur, 236.
Dupuy (Jacques), premier consul, 128, 132, 194, 195, 235, 236.
Dupuy, capitaine des gardes du comte d'Orval, 236.
Durban, enseigne, 130.
Durfort, capitaine, 130, 195, 235.

F.

France, capitaine, 130, 162, 236.
Femmes signalées pour leur bravoure, 161, 196, 198.

G.

Gardesi, ministre, 130, 198.
Gasc (Guillaumette), tuée sur un bastion, 161.
Grammont, maréchal de camp, 195.
Guiso (duc de), 130, 160, 161.

H.

Histoire particulière de Louis XIII, par Hérouard, 130.
Histoire du siège de Montauban, par H. Joly, 128, 196, 238, 239.

J.

Joly, ministre, 128, 196, 238.

L.

La Force (marquis de), 130, 132, 191, 198, 237.
Lareyneville, lieutenant de maréchal, 197.
Lavergne, consul, 192, 237, 242.
Le Clerc, conseiller au Sénéchal, 192.
Lesdiguières (le maréchal), 129, 132.
Louis XIII, 129, 130, 131, 193, 194, 196, 197, 199, 238, 239.
Luynes (le connétable de), 129, 130, 160, 162, 193, 195, 198, 199, 236, 239.

M.

Mayenne (duc de), 129, 130, 131, 159, 160, 230.
Mémoires sur le siège, par Natalis, 128, 196, 239, 240.
Mercure français, 239, 240.
Moissac (Louis XIII à), 129, 130.
Moncaud, capitaine, 197.
Montbeton (château de), 199, 237.
Montmorency (le maréchal de), 239.

N.

Natalis, consul, 128, 196: voir ces *Mémoires*.
Noailhan, avocat, 236.

O.

Orval (comte d'), 130, 132, 236, 237.

P.

Pauliac (Jeanne), tuée en combattant, 161.

Peirebosc, capitaine, 130, 195.
Penavaire, capitaine, 130.
Peschels, capitaine, 130.
Pierre, capitaine, 160.
Piquecos (château de), 130.
Praslin (le maréchal de), 162.

R.

Reyniès, capitaine, 130, 161, 193, 197.
Ribérac (comte de), 160.
Rohan (duc de), 129, 160, 193, 193, 236, 237.
Roufflo, capitaine, 130.

S.

Saint-Géran (le maréchal), 131, 193, 197, 199, 239.
Saint-Orce, commandant de compagnie, 130.
Savignac, gentilhomme, 130, 195.
Sauvage, capitaine, 131.
Schomberg (comte de), 160, 194, 199.
Scorbiac, enseigne, 130.
Sully (duc de), 130, 131.

T.

Thémines (le maréchal de), 129, 160, 161, 192, 193.
Trabuc, enseigne, 130, 160.

V.

Vendôme (duc de), 129.
Vialettes, enseigne, 130.
Viguery, consul, 198.
Vignaux, commandant, 130, 195.
Villars (marquis de), 160.
Villeroi (marquis de), 160.

www.ingramcontent.com/pod-product-compliance
Lightning Source LLC
Chambersburg PA
CBHW071415150426
43191CB00008B/919